SPIELWELTEN
für
Kinder bauen

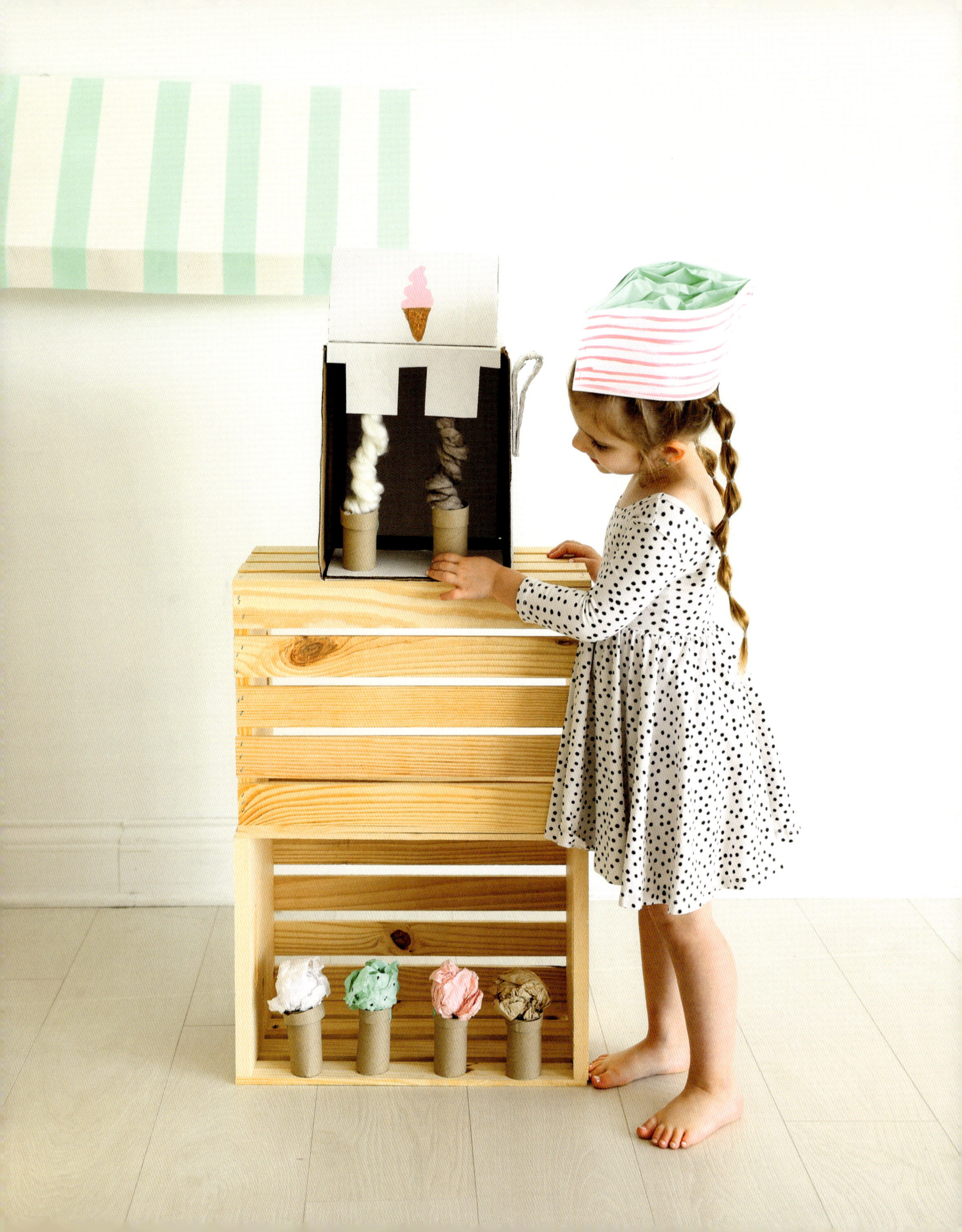

SPIELWELTEN für Kinder bauen

Spielerisch lernen
und den Alltag entdecken.
Poststation, Marktstand,
Klassenzimmer und vieles mehr

Caitlin Kruse *und* Mandy Roberson,
Gründerinnen von MAGIC playbook™
mit Emma Johnson, M.S.

CV

Impressum

Originalausgabe unter dem *Titel Pretend Play Workshop for Kids* (2023) erschienen bei:

Gestaltung: Megan Jones Design
Fotografie: Raven Vasquez

Für die deutsche Ausgabe:
Projektmanagement: Xenia Kuczera
Lektorat: Uta Koßmagk
Übersetzung: Mareike Weber
Satz: satz & repro Grieb, München
Umschlaggestaltung: Dominik Günzinger
Herstellung: Julia Hegele
Printed in China

★★★★★

Sind Sie mit diesem Titel zufrieden? Dann würden wir uns über Ihre Weiterempfehlung freuen. Erzählen Sie es im Freundeskreis, berichten Sie Ihrem Buchhändler oder bewerten Sie bei Onlinekauf. Und wenn Sie Kritik, Korrekturen, Aktualisierungen haben, freuen wir uns über Ihre Nachricht an: Christian Verlag, Postfach 40 02 09, D-80702 München oder per E-Mail an lektorat@verlagshaus.de.

Unser komplettes Programm finden Sie unter

www.christophorus-verlag.de

In diesem Buch wird aus Gründen der besseren Lesbarkeit das generische Maskulinum verwendet. Weibliche und anderweitige Geschlechteridentitäten werden dabei ausdrücklich mitgemeint, soweit es für die Aussage erforderlich ist.

Die Deutsche Nationalbibliothek verzeichnet diese Publikation in der Deutschen Nationalbibliografie; detaillierte bibliografische Daten sind im Internet über http://dnb.d-nb.de abrufbar.

ISBN 978-3-8411-0317-8

MIX
Papier | Fördert gute Waldnutzung
FSC® C016973

Kreativ-Service

Sie haben Fragen zu unseren Büchern und Materialien? Wir beraten Sie gern rund um alle Kreativthemen. Rufen Sie uns einfach an. Wir interessieren uns auch für Ihre eigenen Ideen und Anregungen. Sie erreichen uns per E-Mail kreativ-service@c-verlag.de oder unter der Telefonnummer 0049-89-1306 99 577.

Besuchen Sie uns im Internet: **www.christophorus-verlag.de** & **www.selbstgemacht.de**

Für unsere Kleinen:
Brody, Isla, Luca, Piper, Flora, Alice und Zooey

Möget ihr den Zauber eurer Kindheit
für immer mit euch tragen.

INHALT

EINFÜHRUNG

Was ist deine schönste Kindheitserinnerung? Denk zurück an diese sorgenfreien Tage, als du pure Lebensfreude gespürt und immer ein breites Lächeln im Gesicht gehabt hast. Woran erinnerst du dich? Vielleicht bist du durch den Rasensprenger gerannt oder hast mit Bruder oder Schwester Puppentheater gespielt und dich dabei kaputtgelacht. Oder vielleicht hast du dir aus einem alten Kühlschrankkarton ein Raumschiff gebaut und den ganzen Tag so getan, als wärst du ein Astronaut. Uns war nicht bewusst, dass diese unbeschwerten Spiele, die unseren Kummer vertrieben und unsere Vorstellungskraft beflügelt haben, uns bis ins Erwachsenenalter positiv beeinflussen können.

Jetzt, als Erwachsene mit kleinen Kindern, sind wir mega fokussiert drauf, dass unsere Kinder jeden Meilenstein erreichen. Gespannt und besorgt fragen wir uns, wie diese kleinen Personen sich entwickeln, und ob sie sich gern an ihre Kindheit erinnern werden. Als wäre der monumentale Druck der modernen Erziehung nicht schon groß genug, verspüren wir ständig den Drang, herauszufinden, wie wir diese paar kurzen frühen Jahre mit den Kleinen in unserem Leben so magisch wie möglich gestalten können. Wenn wir auf unsere Kindheit zurückblicken, ging es in diesen simplen Augenblicken reiner kindlicher Glückseligkeit immer um Spielen und Vorstellungskraft. Ob wir Forts aus alten Windelkartons gebaut, Zoos für unsere Kuscheltiere eingerichtet oder unsere Bücherregale in kleine Büchereien verwandelt haben, das sind die schönsten Erinnerungen. Mit der Geschäftigkeit des modernen Lebens und der Technologie, die in allen Bereichen präsent ist, haben wir uns der Aufgabe verschrieben, den einfachen Zauber der Kindheit zurückzuholen. Man hat ständig das Gefühl, sein Kind für irgendwelche Aktivitäten anmelden, ihm irgendwelche Fähigkeiten beibringen oder ihm teure Spielsachen kaufen zu müssen, die ihm beim Lernen und seiner Weiterentwicklung helfen sollen. Manchmal vergessen wir darüber, welchen Zauber es hat, einfach nur so zu tun als ob. Diese frühen Jahre legen den Grundstein für lebenslange Kreativität, Forschergeist und soziale und emotionale Entwicklung. Der Wunsch, den Zauber der Kindheit zurückzubringen, hat uns drei Mütter zusammengebracht – Caitlin und Mandy als die Kreativen mit sechs kleinen Kindern insgesamt, und Emma als frischgebackene Mutter und Expertin für frühkindliche Erziehung. Wir wollten einfache Möglichkeiten finden, Vorstellungskraft und Spiel in unserer modernen Welt zu fördern.

So entstand unsere Marke Magic Playbook, und so kam es, dass wir dieses Buch für euch geschrieben haben. Ob ihr Eltern oder Großeltern, Lehrer oder Betreuer in einer Kita seid, wir sehen euch. Wir kennen die Schwierigkeiten moderner Elternschaft und wissen, welcher Druck auf euch lastet, diese Jahre mit Kleinkindern in eurem Leben zu etwas ganz Besonderem zu machen. In diesem Buch findet ihr zwölf einfache Spielwelten, die so tun als ob. Wir lassen sie bei uns zu Hause mehrere Wochen aufgebaut. Wie wir mit unseren Kindern erleben konnten, ist das, was man für die wenigen Minuten, die man zum Aufbau einer Spielwelt braucht, zurückbekommt, unbezahlbar. Manchmal brauchen unsere Kinder nur den einfachen Rahmen einer solchen Spielwelt, um stundenlang Eiscafé, Bücherei oder Privatdetektiv zu spielen.

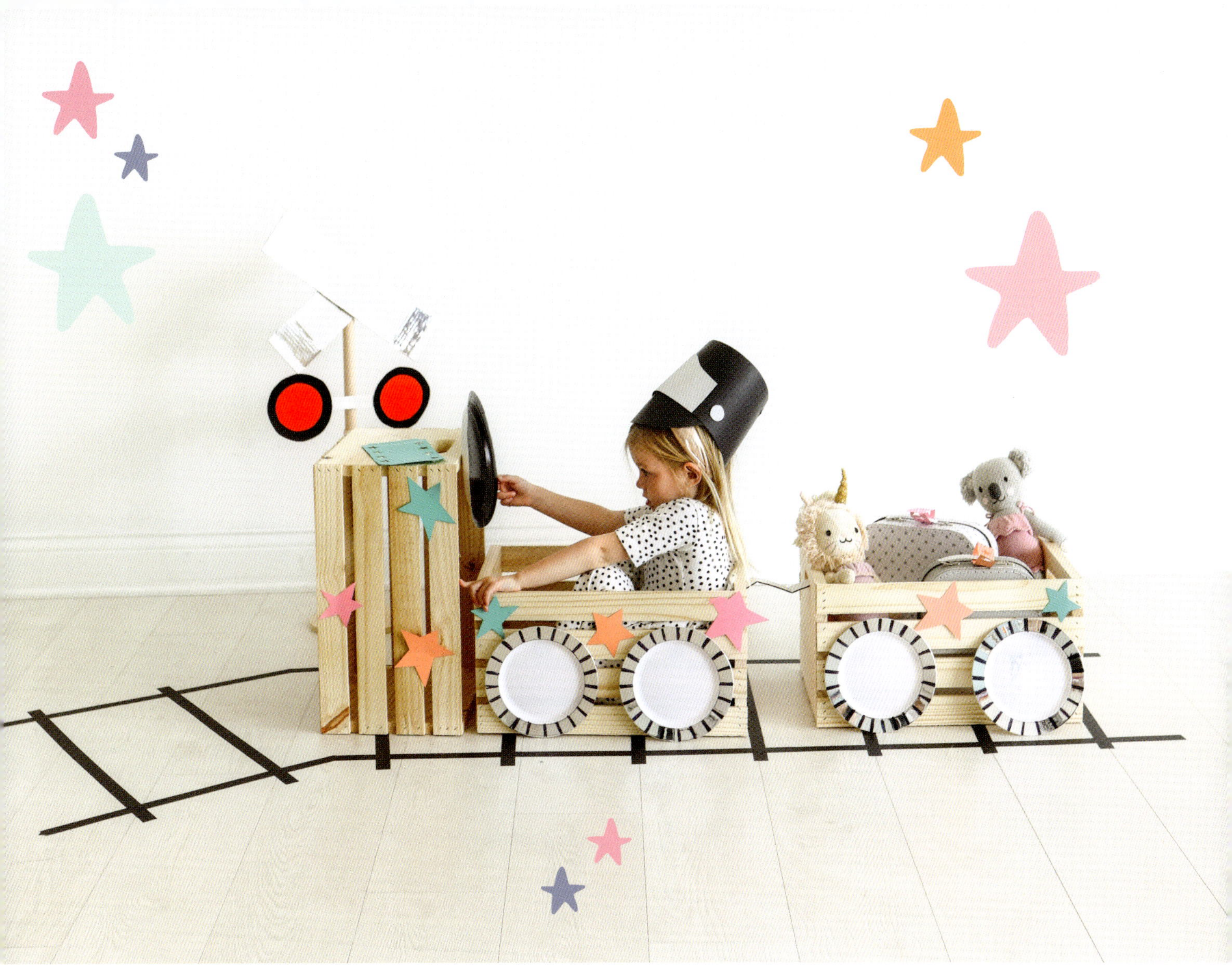

Bewahrt dieses Buch im Spielzimmer oder gut erreichbar auf dem Bücherregal auf. Ihr braucht keine teuren Materialien oder eine künstlerische Ader. Wir zeigen euch, wie ihr mit dem, was da ist, Spielszenen aufbauen und die Vorstellungskraft eures Kindes mit den einzelnen Themen anregen könnt. Wir hoffen, dieses Buch erinnert euch daran, dass der Zauber der Kindheit noch immer existiert. Ihr habt die Macht, ihn hervorzuholen. Jetzt spielt und habt Spaß dabei!

MAGIC playbook™

SO BENUTZT MAN DIESES BUCH

Wir beabsichtigen, euch mit diesem Buch dazu zu inspirieren, Spielwelten zu gestalten, die für euch und eure Kinder funktionieren. Entscheidet selbst, in welcher Reihenfolge und Geschwindigkeit ihr sie realisiert. Ihr müsst nicht jede Spielwelt, jede Aktivität und jedes Projekt in der angegebenen Reihenfolge umsetzen; wir ermutigen euch sogar dazu, es nicht zu tun! Lest und überlegt euch, welches Kapitel euch und eure Kinder am meisten anspricht, und da fangt ihr an!

Lasst euch Zeit! Spielt ausgiebig mit einer Spielwelt, bevor ihr die nächste einrichtet. Wir lassen jede Spielszene ungefähr einen Monat aufgebaut. So hat euer Kind viel Zeit, sich voll ins Spiel zu vertiefen, und ihr habt genug Zeit, die Utensilien für die nächste Spielwelt zusammenzusuchen. Seht eurem Kind beim Spielen zu, und beobachtet, wann es bereit dafür ist, zur nächsten Szene zu wechseln.

Denkt daran, spielen soll Spaß machen, also habt Spaß mit diesem Buch! Habt nicht das Gefühl, dass das, was ihr für euer Kind gestaltet, genauso aussehen muss wie hier im Buch. Das sind Anregungen, aus denen ihre eure eigenen Spielwelten kreieren könnt. Wir geben euch immer wieder Tipps und ermutigen euch, Gegenstände zu verwenden, die ihr schon im Haus habt. Wenn ihr so wie wir gern bastelt, bekommt ihr viele Anleitungen, wie ihr die Requisiten herstellen könnt, die wir verwendet haben. Im ganzen Buch findet ihr Kästen mit zusätzlichen Informationen:

Erwachsenen-Tipps helfen euch bei der Gestaltung der Spielwelt, wir bieten euch Zeitspar-Tipps oder sagen euch, was ihr verwenden könnt, wenn ihr den einen oder anderen Gegenstand nicht zu Hause habt.

Wir lernen etwas hebt die edukative Komponente der Aktivitäten hervor, wie Mathematik, Naturwissenschaften oder sprachliche Fähigkeiten.

Altersgerechte Anpassung bietet Vorschläge, wie man die Aktivitäten für ältere oder jüngere Kinder abwandeln kann.

Geschicklichkeitstraining zeigt, welche Fähigkeiten euer Kind insbesondere bei jeder Aktivität trainieren wird, zum Beispiel feinmotorische Fähigkeiten.

Erweitere das Spiel zeigt weitere Ideen, was man noch Lustiges machen kann, oder wie man die vorhandenen Materialien anders benutzen kann.

Was, wenn euer Kind nicht mit der Spielwelt spielen will? Das kennen wir alle: Ihr seid begeistert, was ihr für euer Kind kreiert habt, ihr seid sicher, dass es das toll finden wird, und nach zwei Minuten geht es einfach weg. Was jetzt?

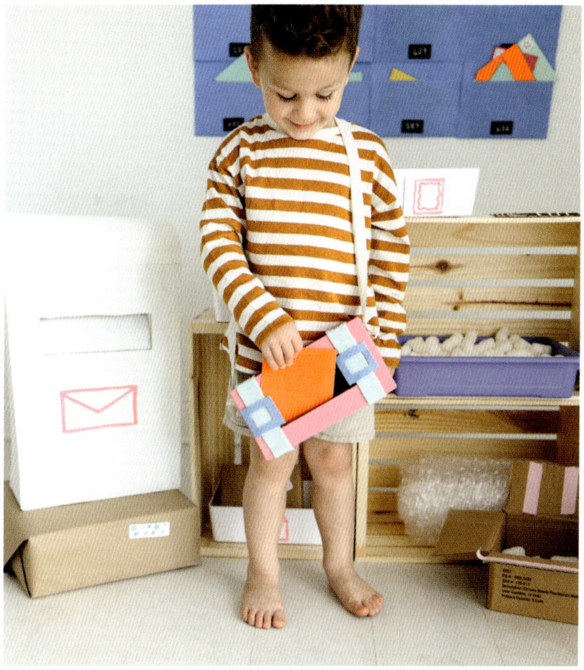

Denkt an die Aufmerksamkeitsspanne, die euer Kind je nach Alter hat. Euer Kind hat pro Lebensjahr ungefähr zwei bis drei Minuten Aufmerksamkeitsspanne, bei einem fünfjährigen Kind kann man also davon ausgehen, dass es sich etwa 10 bis 15 Minuten auf eine Aktivität konzentriert. Dazu kommen noch Faktoren wie Interesse, Müdigkeit oder Hunger, die auch eine Rolle spielen. Wenn ihr die durchschnittliche Aufmerksamkeitsspanne eures Kindes im Hinterkopf behaltet, kann euch das helfen,

DURCHSCHNITTLICHE AUFMERKSAMKEITSSPANNE VON ZWEI- BIS SECHSJÄHRIGEN	
2-jähriges Kind	4 bis 6 Minuten
3-jähriges Kind	6 bis 9 Minuten
4-jähriges Kind	8 bis 12 Minuten
5-jähriges Kind	10 bis 15 Minuten
6-jähriges Kind	12 bis 18 Minuten

nicht zu viel zu erwarten. Das ist einer der Gründe, wieso wir empfehlen, die Szenen mehrere Wochen aufgebaut zu lassen; so kann euer Kind immer mal wieder weiterspielen und erlebt im Lauf der Zeit intensivere Spielmomente.

Man kann auch die Interessen des Kindes einbeziehen, um es für das Spiel zu begeistern. Wenn euer Kind eine bestimmte Sendung mag, lasst die Figuren mitspielen und zum Beispiel Patienten in der Arztpraxis sein. Oder wenn es gern schreibt, legt Schreibblöcke und Stifte in eurer Spielwelt bereit. Wenn es Autos liebt, baut zusammen ein paar Autos aus Kartons, mit allen Einzelheiten, auf die es Wert legt, und tut so, als würdet ihr *beide* eure Autos waschen, nicht nur du. Ihr seht schon, was wir meinen: Wenn es etwas gibt, was euer Kind toll findet, baut es ins Spiel ein – das sorgt für mehr Spaß!

Überlegt euch, was euer Kind schon erlebt hat. Wenn es noch nie Zug gefahren ist, fällt es ihm vielleicht schwer, sich vorzustellen, wie es ist, mit dem Zug zu verreisen. Das soll nicht heißen, dass ihr nicht spielen könnt, ihr würdet Zug fahren, aber es kann sein, dass euer Kind etwas mehr Anregung braucht. Eure örtliche Bücherei ist eine tolle Quelle für solche Situationen. Ihr könnt euch erkundigen, welche Bücher zum Thema sich dafür eignen, die Kreativität sprühen zu lassen. Für andere Szenen, wie zum Beispiel ein Café, das ihr öfter besucht, nehmt euch beim nächsten Besuch etwas Zeit, um mit eurem Kind auf Einzelheiten zu achten, und erinnert es dann beim Spielen daran.

Bringt es dazu, alle Leute, die in der Situation dabei sein könnten, in Betracht zu ziehen. Helft ihm, sich zu überlegen, wer noch da sein könnte. In einer Kunstgalerie zum Beispiel könnten Künstler, Besucher, Kuratoren, Sicherheitsleute sein oder auch Führungen stattfinden. So kann dein Kind in eine andere Rolle schlüpfen und der Szene eine neue Wendung geben.

WAS IST SO-TUN-ALS-OB UND WARUM IST ES WICHTIG?

Das ist genau das, wonach es sich anhört: Kinder tun so, als wären sie woanders oder jemand anders und spielen in diesen Szenarien. Sie tun so, als wären sie Detektive, oder stellen sich vor, dass sie auf dem Mond sind. Entweder sie spielen alleine, oder ein Erwachsener baut ihnen die Kulisse auf, aber so oder so profitieren sie von dieser Art Spiel. Sie begreifen die Welt; sie üben Dinge, die für sie neu, aufregend oder spannend sind, und entwickeln so ein besseres Verständnis dafür. Das kann auch zu einem Gefühl für Kontrolle und Beherrschung führen, was für kleine Kinder, die so viele Fähigkeiten erlernen müssen, tröstlich sein kann. Dieses So-tun-als-ob hat auch bedeutende soziale und emotionale Vorteile. Die Kleinen üben, den Blickwinkel von anderen einzunehmen, was Empathie und ein tieferes Verständnis für andere Menschen fördern kann. Sie können große Gefühle in einem sicheren Umfeld kennenlernen. Wir ermutigen Kinder ja nicht immer dazu, Frust oder Eifersucht zu zeigen, aber beim Spielen sind all diese Gefühle erlaubt.

Und zu guter Letzt ist So-tun-als-ob hervorragend zur Entwicklung der sprachlichen Fähigkeiten geeignet. Die Kinder müssen kommunizieren, was sie sich vorstellen, damit andere mitmachen können. Und wenn dein Kind in eine neue Rolle schlüpft oder so tut, als wäre es woanders, wird es wahrscheinlich Wörter benutzen, die es sonst nicht jeden Tag benutzt. Die Raumstation könnte zum Beispiel Gespräche über Sterne, Planeten, Orbit und wissenschaftliche Experimente anregen. Und wenn Kinder so tun, als wären sie Erwachsene, verändert sich oft ihre Sprache, weil sie versuchen, die Erwachsenen um sich herum nachzuahmen.

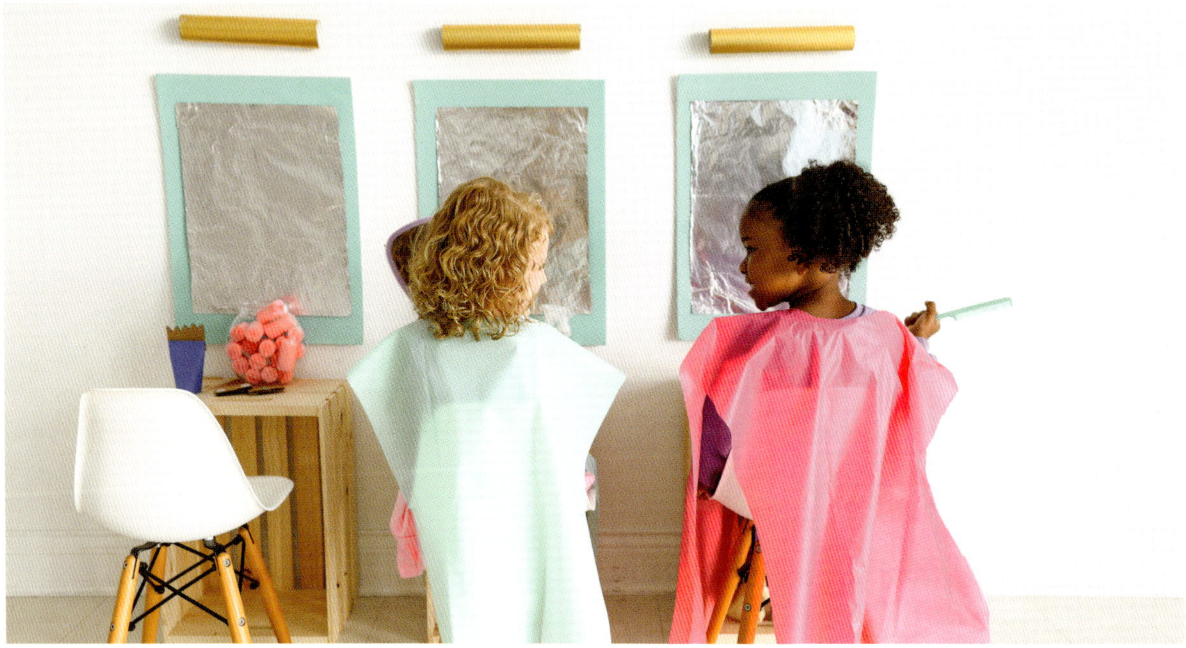

MATERIAL

Ein paar Materialien haben wir immer gern zur Hand:

- **Klebstoff:** Heißkleber, extra starker Klebstoff und Klebestift – wir verwenden alles.
- **Klebeband:** Malerkrepp, Duct Tape und Washi Tape sind unsere Favoriten. Wir lieben Washi Tape zum Dekorieren und auf Gegenständen, wo wir es leicht wieder abziehen können (wie vom Fußboden!). Auch Malerkrepp ist dafür gut geeignet.
- **Leichtschaumplatten:** Leicht, aber stabil und einfach zu dekorieren, haben wir sie für all unsere Projekte parat.
- **Holzkisten:** langlebig und vielseitig einsetzbar, können gestapelt werden, um eine Arbeitsfläche oder ein Regal aufzubauen, oder man verwendet sie als Kisten, um Material aufzubewahren.
- **Pappkartons:** Wir heben alle Pappkartons auf, die wir in die Finger bekommen, sie können so vielseitig verwendet werden!
- **Wiederverwertbare Materialien:** leere Küchen- und Klopapierrollen, Marmeladengläser, Deckel, Seifenspender aus Plastik und was immer man sonst noch zum Spielen benutzen kann, ohne etwas neu kaufen zu müssen.
- **Schere:** Eine scharfe Schere für Erwachsene und eine altersgerechte Schere für dein Kind helfen enorm beim Basteln. Auch ein Teppichmesser ist immer wieder nützlich.

Eine Bemerkung zur Beschaffung der Materialien: Wir stöbern gern im 1-EURO-Laden nach günstigen Materialien, und haben tolle Sachen für unsere Autowaschanlage im Kfz-Zubehör oder für unseren Beauty-Salon im Drogeriemarkt gefunden. Auch Baumärkte haben erstaunlich viele Produkte, die zum Spielen verwendet werden können; wir nehmen zum Beispiel gerne mal Flusssteine aus der Gartenabteilung mit!

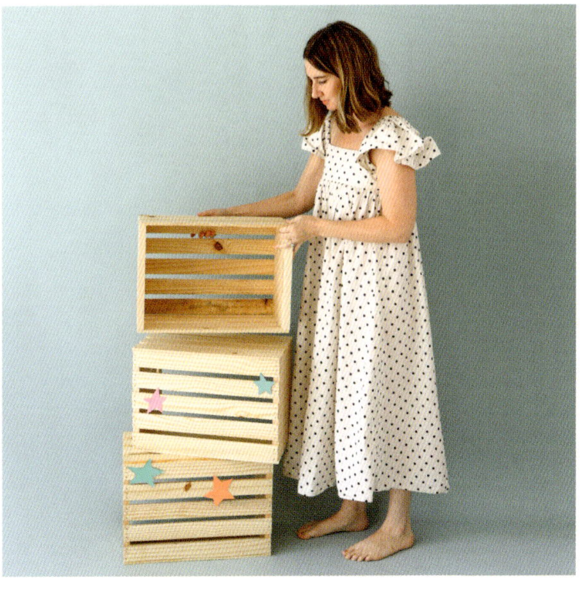

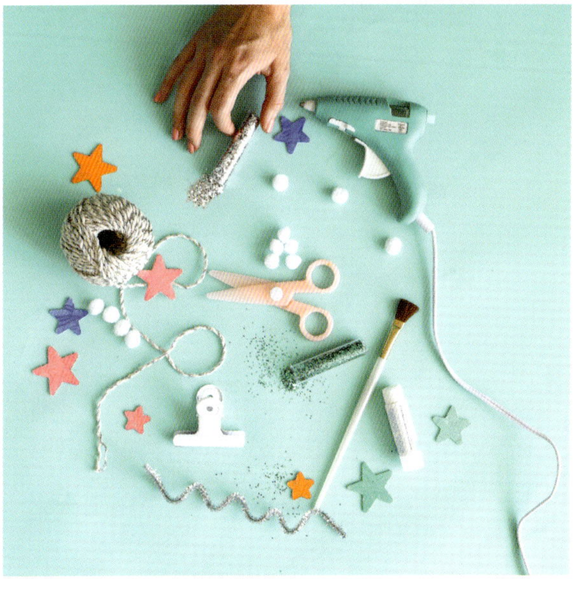

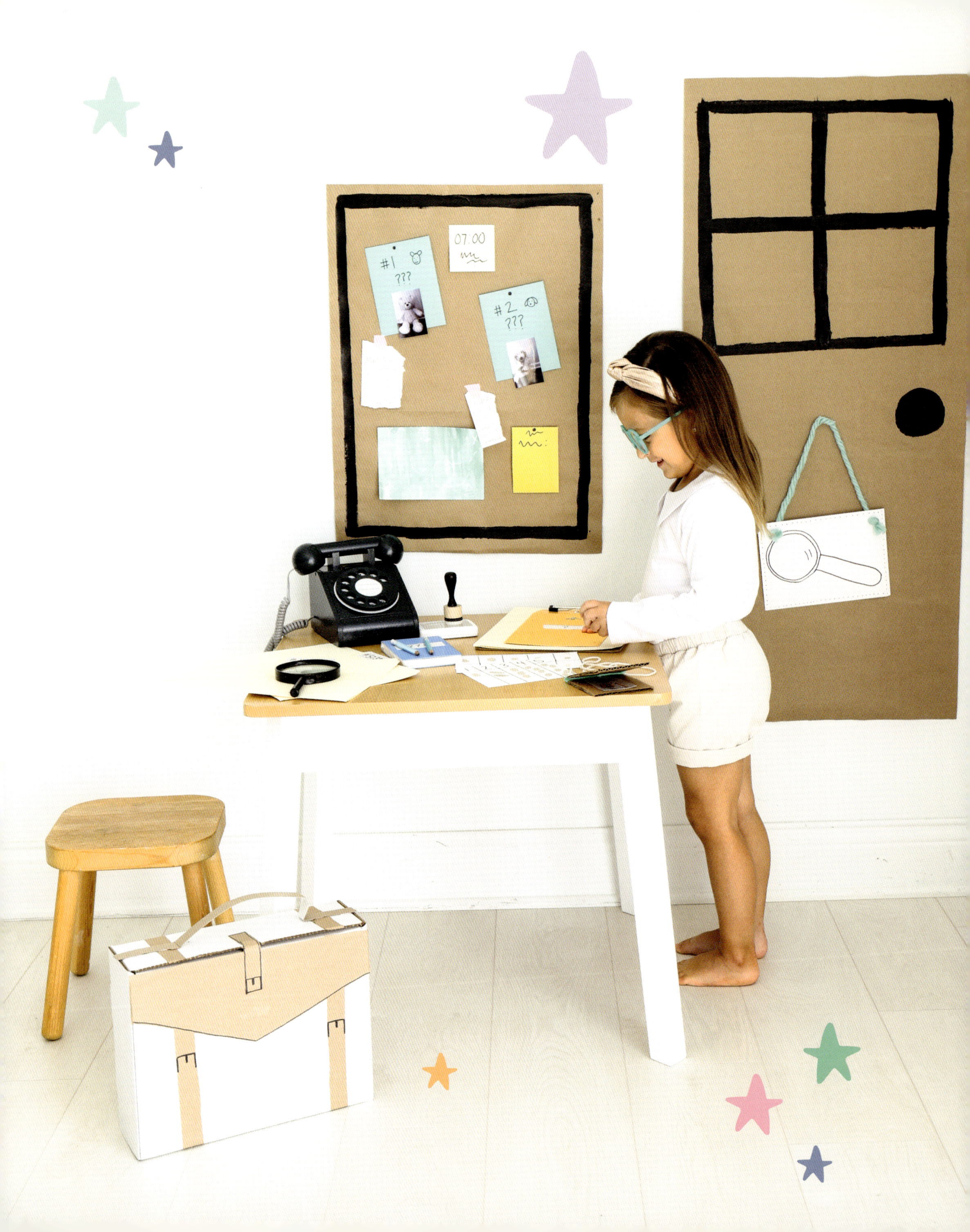
#1
???
07.00
#2
???

1

ROLLENSPIEL

Im Detektivbüro

Zeit, nach Hinweisen zu suchen! In diesem Monat richten wir ein Detektivbüro ein, in dem dein Kind seine Beobachtungs- und Abstraktionsfähigkeiten üben oder sich eine Reihe von Fakten ansehen und logische Schlüsse ziehen kann. Dies ist eine Fähigkeit, die es für den Rest seines Lebens brauchen wird, um Entscheidungen zu treffen, und du kannst jetzt den Grundstein legen. Dein Kind kann an seinem Schreibtisch arbeiten oder seine Aktentasche nach draußen mitnehmen, um Hinweise zu sammeln und Verdächtige zu befragen. Beim Detektiv-Spielen lernt dein Kind, auf Details zu achten, und erweitert seinen Wortschatz, während es Dinge aus einem neuen Blickwinkel beschreibt. Dein kleiner Detektiv gewinnt auch Vertrauen in seine Problemlösungsfähigkeiten, wenn er seine eigenen Rätsel erschafft und löst.

DAS BRAUCHEN WIR

- Bürobedarf, wie Klemmbrett, Stifte, Notizbücher
- Klebeband
- Kraftpapier
- schwarzen Marker
- Lupe
- Pappkarton in Form einer Aktentasche (ca. 30 x 23 x 10 cm)
- Schere
- Flüssigklebstoff
- zusätzliche Pappreste
- Faden
- Foto von deinem Kind
- Tonpapier
- weißer Buntstift
- weißes Papier
- Wasserfarben und Pinsel
- Stempelkissen
- Fotos (zu Hause ausdrucken oder eine Sofortbildkamera verwenden!)

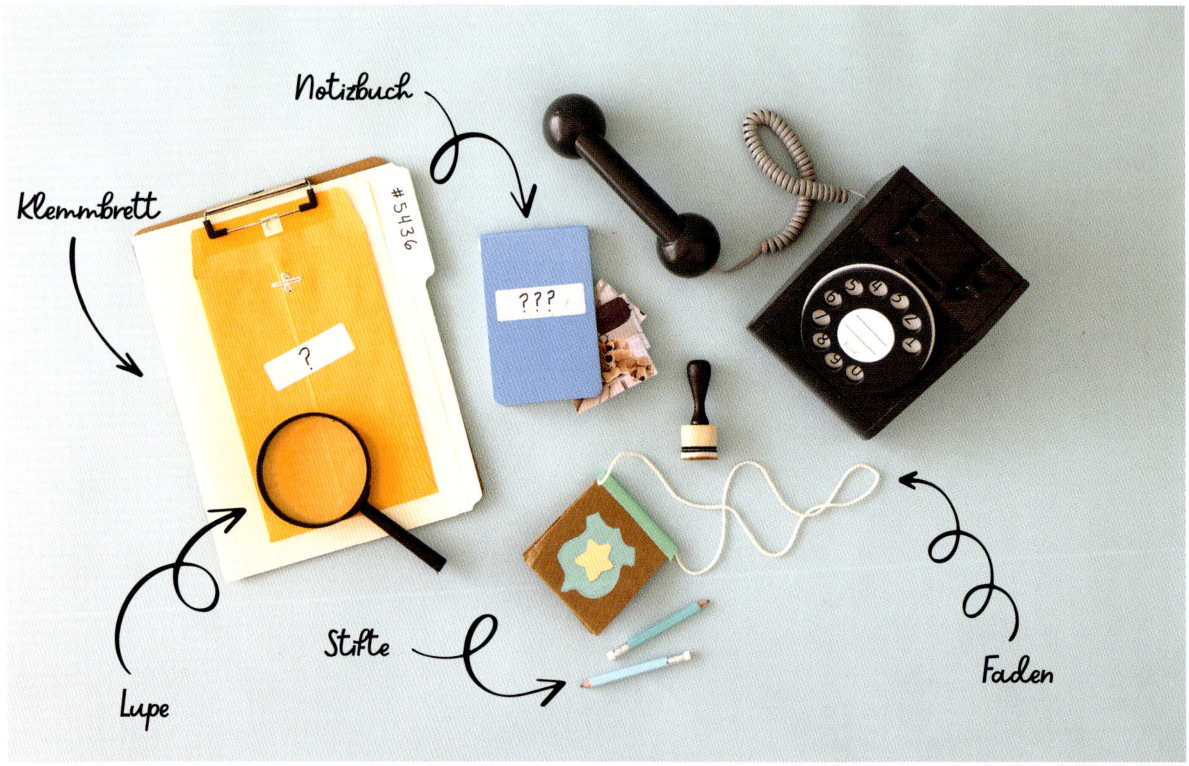

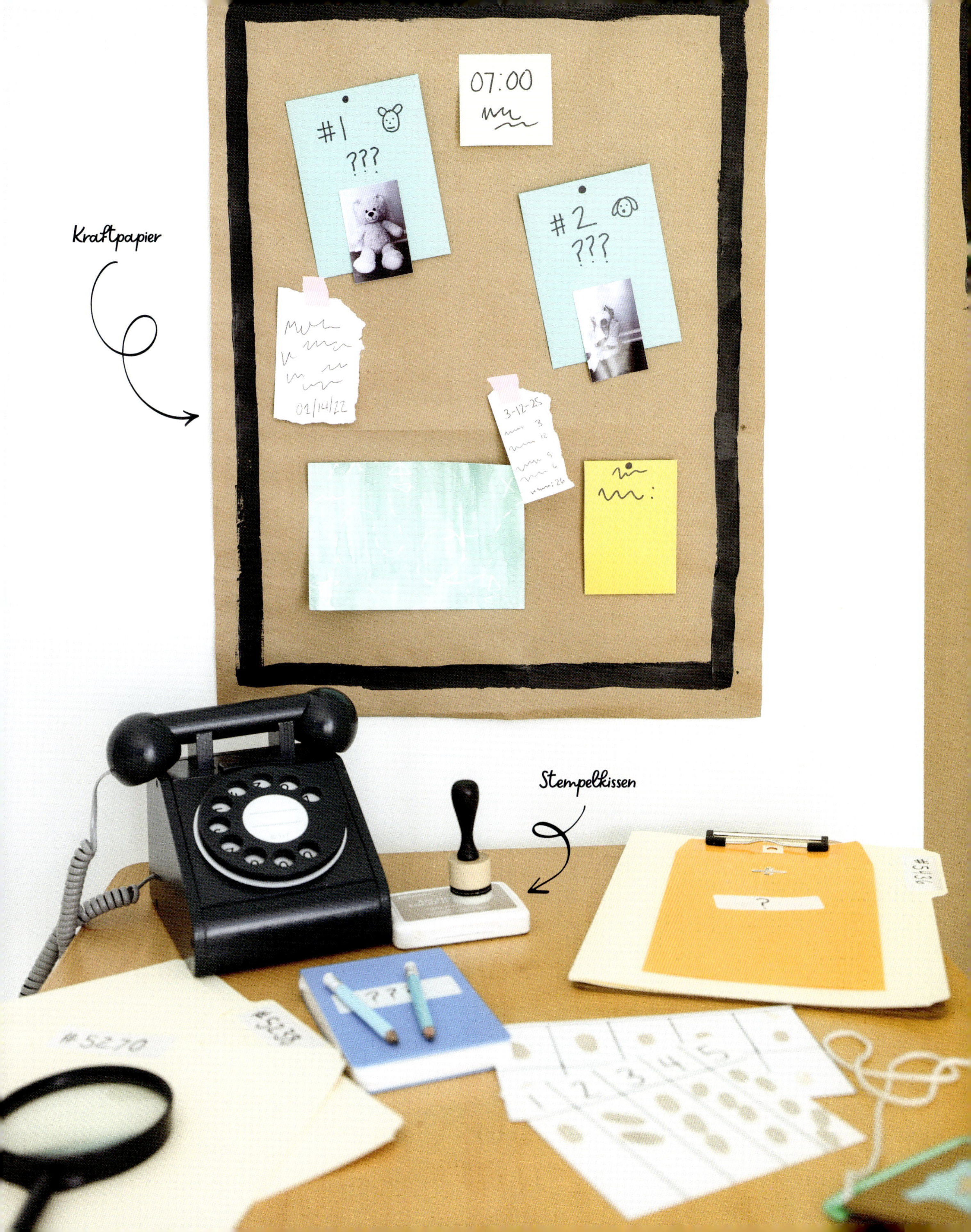
Kraftpapier
Stempelkissen

DIE KULISSE GESTALTEN

DETEKTIVBÜRO

Dein Detektiv braucht ein Büro zum Arbeiten und eine Pinnwand, um die Hinweise, die er findet, aufzuhängen!

- Gestalte einen Schreibtischbereich mit einem kleinen Tisch. Auf den legst du verschiedene Gegenstände aus dem Bürobedarf, wie Stifte, Notizbücher, Stempelkissen und Aktenordner.
- Klebe ein große Lage Kraftpapier an die Wand und umrande es mit einem dicken schwarzen Marker. Das ist eure Pinnwand, wo dein Sprössling alle seine Hinweise und Notizen platzieren kann. Mit bemaltem Kraftpapier kannst du auch eine Bürotür vortäuschen!
- Lege noch eine Lupe dazu, damit sich der Detektiv auf die Details konzentrieren kann.

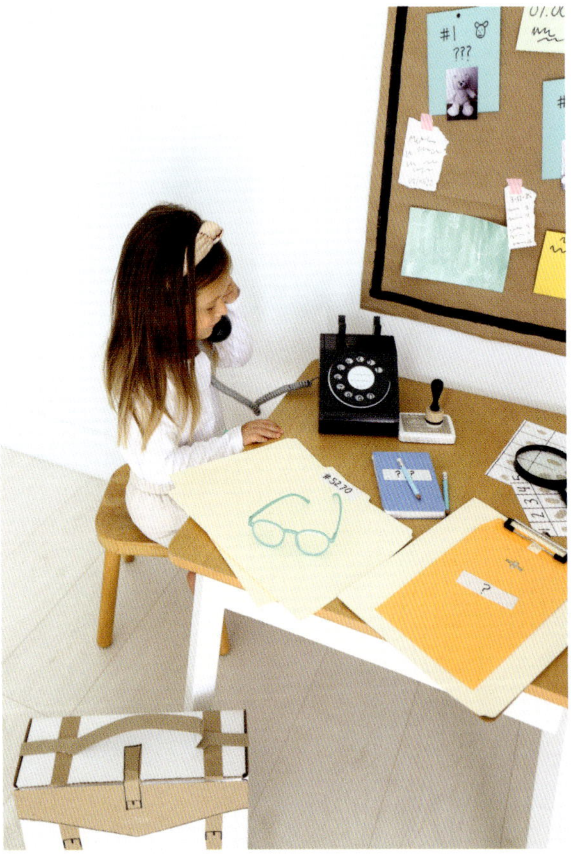

Erwachsenen-Tipp: Washi-Tape oder Malerkreppband ist gut geeignet, damit dein Kind Notizen an der Pinnwand anbringen oder abnehmen kann. Auch selbstklebende Notizzettel funktionieren gut!

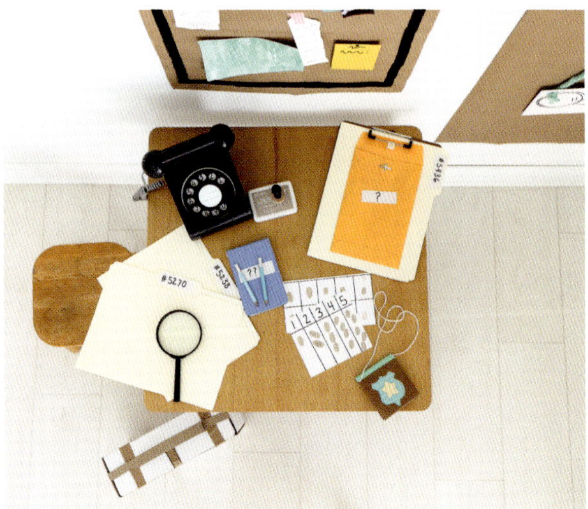

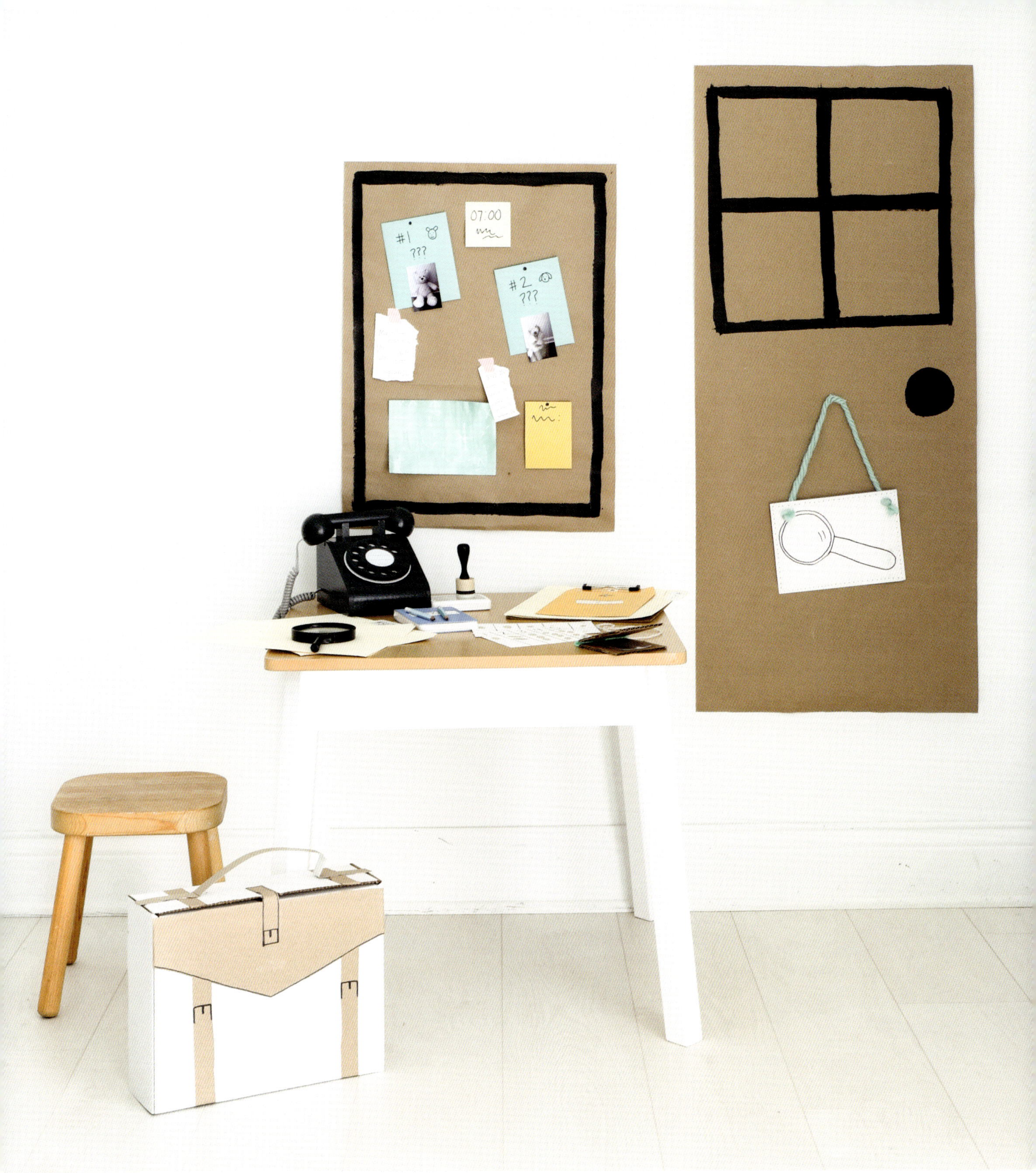
#1
???
07:00
#2
???

EINE SPIEL-AKTENTASCHE UND EINEN AUSWEIS HERSTELLEN

AKTENTASCHE

Jeder Detektiv muss sein Werkzeug bei der Arbeit dabeihaben, und diese Aktentasche ist perfekt geeignet und hat genau die richtige Größe. Du kannst auch eine alte Aktentasche von dir verwenden, aber wir nutzen gern die Gelegenheit, um uns mit den Pappkartons kreativ zu betätigen.

Wenn dein Kind sieht, was man alles mit einem einfachen Pappkarton machen kann, wird es inspiriert, selbst etwas mit ein paar wenigen einfachen Materialien zu gestalten. Es kann besonders wirkungsvoll sein, es in den Bastelprozess einzubeziehen. Natürlich sollte das Ganze nicht zu lange dauern, deshalb sind wir der Ansicht, es sollte eine für dich passende Mischung aus echten, selbst hergestellten und zusammen mit deinem Kind hergestellten Gegenständen sein.

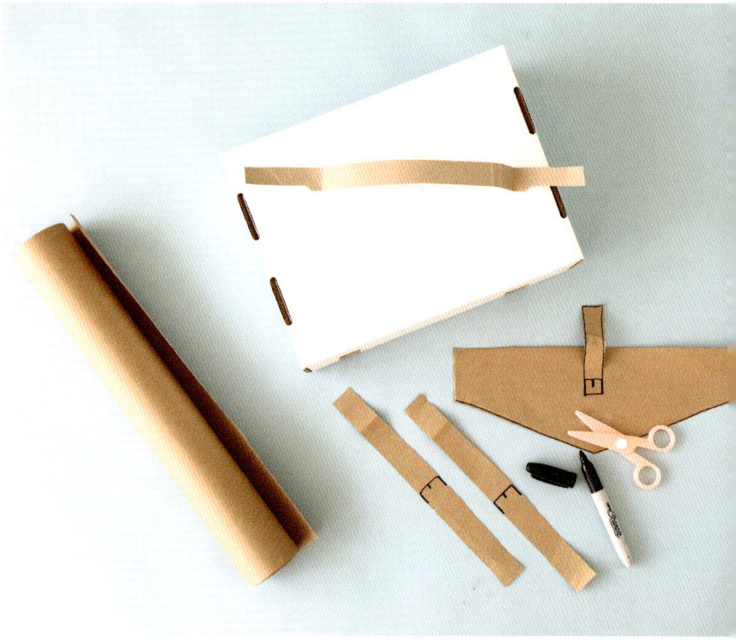

1. Stelle den Karton auf die Arbeitsfläche.
2. Schneide zwei 5 cm breite Streifen Kraftpapier ab und wickle sie als Gurte um den Karton.
3. Schneide ein Stück Kraftpapier als Klappe des Aktenkoffers ab; es sollte die gleiche Breite wie der Karton haben und dreieckig zugeschnitten sein. Klebe es vorne auf deinen Karton. Nimm ein kleineres Stück Kraftpapier und klebe es als Schnalle auf. Mit einem schwarzen Marker kannst du die Naht und die Schnallendetails aufmalen.
4. Nimm einen Streifen einer dünneren Pappe, z. B. von einer Cornflakes-Packung, und gestalte daraus oben auf dem Karton den Griff. Befestige die beiden Enden mit Flüssigklebstoff oben auf dem Aktenkoffer, sodass dein Kind ihn in der Mitte halten kann.

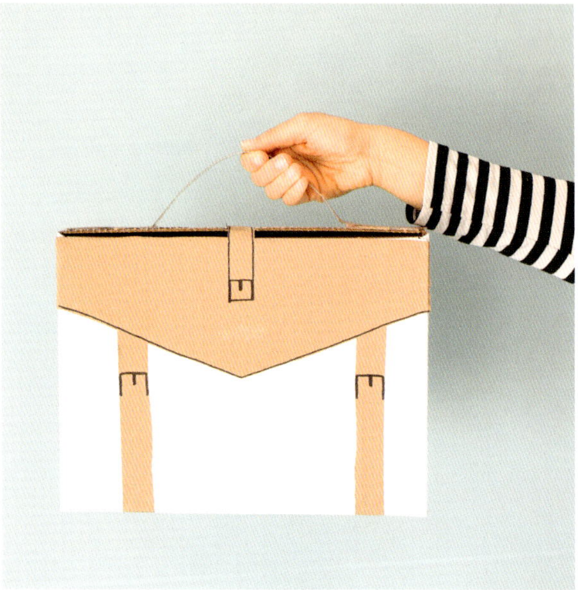

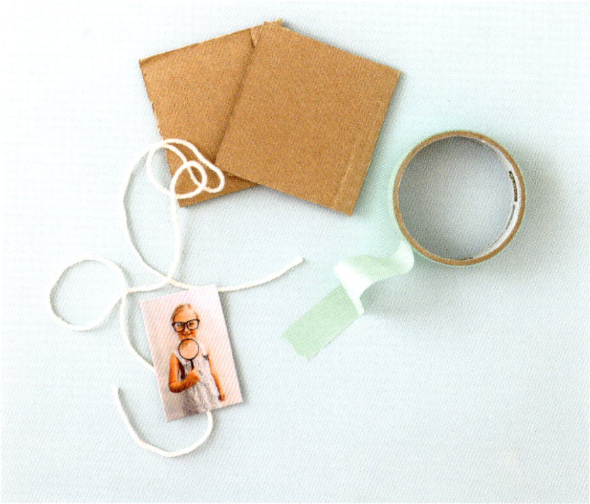

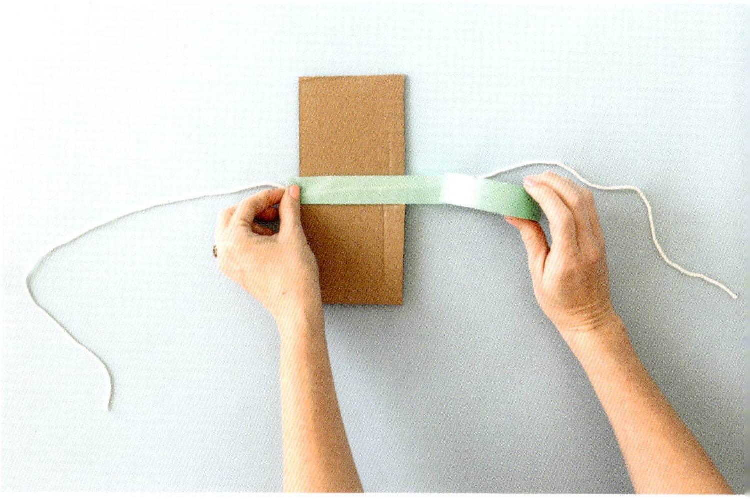

AUSWEIS

Ausweise zu basteln ist eine lustige Gelegenheit für Kinder, zu lernen, ihren Namen zu schreiben, und dieser kann auch noch auf- und zugeklappt werden. Einfach nur den eigenen Namen unterschiedlich geschrieben zu sehen, in Großbuchstaben oder mit Vor- und Nachnamen, kann dein Kind darauf vorbereiten, seinen Namen zu erkennen, zum Beispiel, wenn es in der Kita oder in der Schule nach seinem Fach sucht.

1. Schneide zwei 10 x 11,5 cm lange Papprechtecke aus. Nimm ein Stück Faden, lang genug, um daraus eine Halskette zu machen, und knote die Enden zusammen.
2. Klebe die Papprechtecke an ihren kurzen Seiten mit dem Faden zusammen. An dieser Stelle wird der Ausweis aufgeklappt. Mit dem Faden kann dein Kind den Ausweis um den Hals tragen.
3. Klebe ein Foto deines Kindes in den Ausweis und ein aus Tonpapier ausgeschnittenes Wappen auf die Vorderseite. Du kannst auch dein Kind den Ausweis dekorieren lassen.

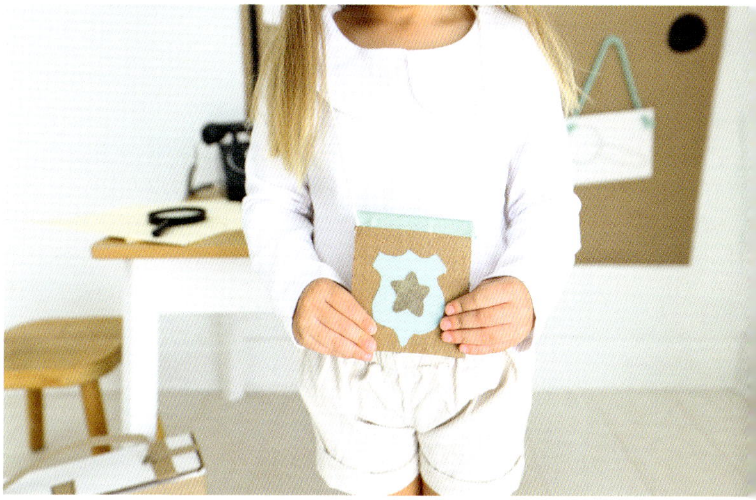

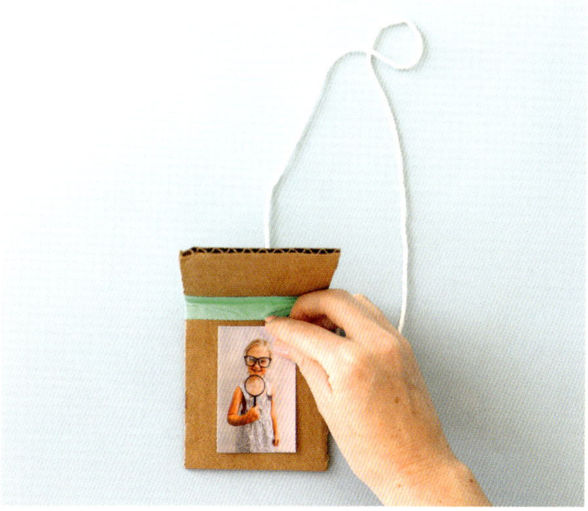

FINGERABDRÜCKE NEHMEN

Fingerabdrücke nehmen ist eine gute Methode, auf kleinste Details achten zu lernen, von den unterschiedlichen Größen der einzelnen Abdrücke bis zu den geschwungenen Linien und Mustern jedes Abdrucks! Das geht ganz einfach; du brauchst nur ein Stück Tonpapier und ein Stempelkissen. Mit einer Lupe kann man die Einzelheiten noch besser erkennen, aber ohne geht es genauso gut.

1. Zeichne eine Tabelle auf, damit dein Kind mit den Fingerabdrücken die Zahlen üben kann. Ein halbes DIN A4-Blatt Tonpapier ist für diese Aktivität optimal. Schreibe oben Zahlen darauf. Für kleinere Kinder kannst du sie in der richtigen Reihenfolge schreiben, für größere Kinder durcheinander. Unterteile das Blatt mit einem Marker in Spalten, damit jede Zahl eine eigene Spalte hat.

2. Gib deinem Kind ein Stempelkissen und lass es die entsprechende Anzahl Fingerabdrücke in jede Spalte machen.

Mathe-Übung: Dein Kind sagt für jeden Abdruck, den es macht, eine Zahl, und trainiert so seine Eins-zu-eins-Korrespondenz.

Erweitere das Spiel: Du kannst auch verschiedenfarbige Stempelkissen verwenden, um mit den Fingerabdrücken Muster zu machen, oder Fingerabdrücke von allen Familienmitgliedern machen und schauen, ob dein Kind sie zuordnen kann.

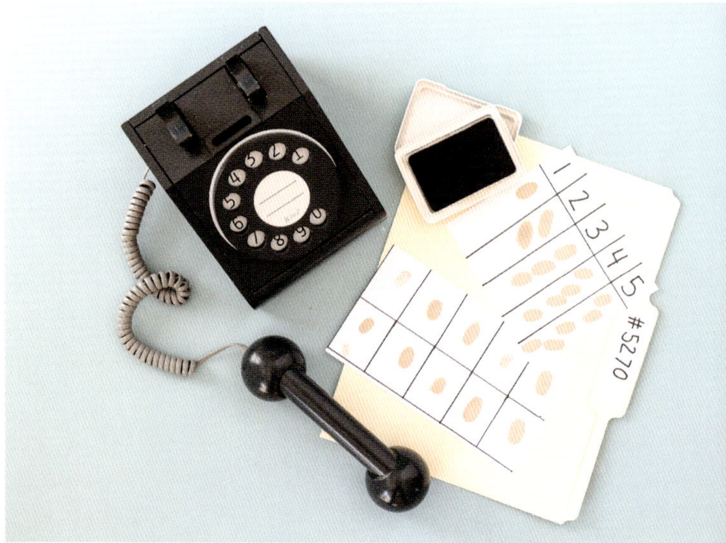

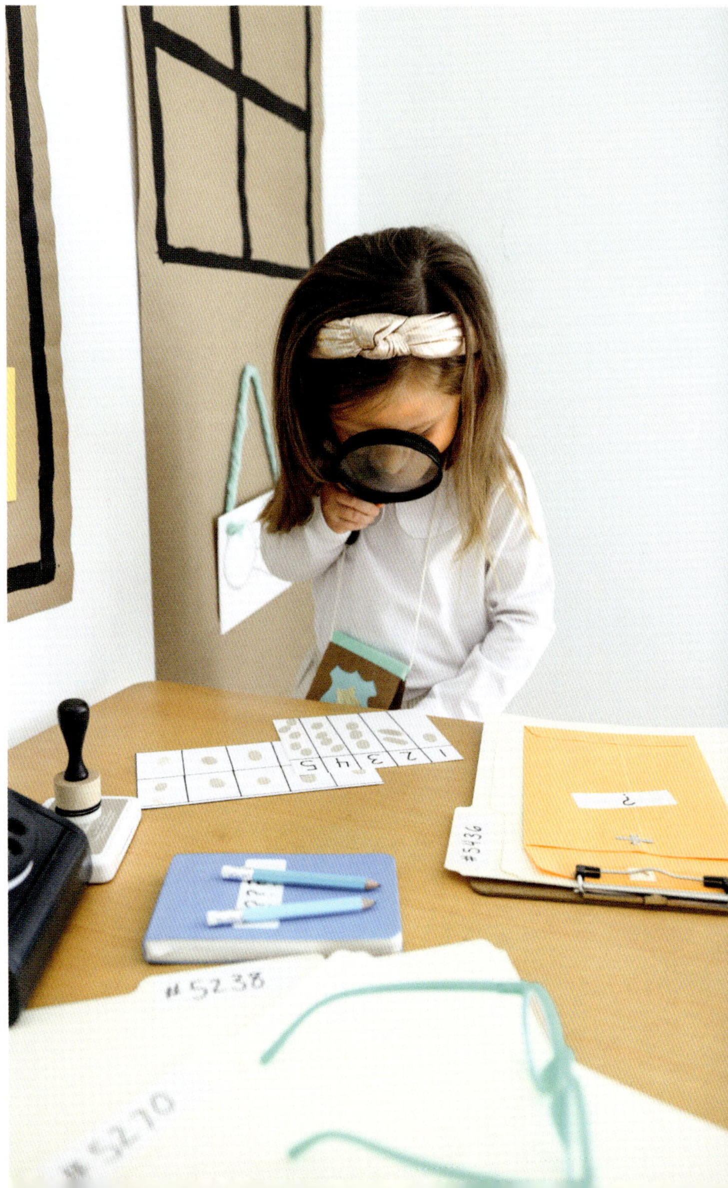

EINE SCHNITZELJAGD ORGANISIEREN

Mit einer Schnitzeljagd übt man auf spielerische Weise, einfache Anweisungen zu befolgen. Wenn du dein Kind die Hinweisbilder in die Reihenfolge bringen lässt, in der es sie gefunden hat, trainiert das die wichtige Fähigkeit, Dinge in die richtige Reihenfolge zu bringen. Das hilft deinem Kind, den Sinn der Worte zu erfassen, wenn es lesen lernt, Geschichten lauscht und alltägliche Aufgaben erledigt.

1. Fotografiere Dinge und Spielsachen deines Kindes und drucke die Fotos aus.
2. Platziere die Hinweisfotos. Gib deinem Kind den ersten Fotohinweis, und wenn es den Gegenstand, der auf dem Foto zu sehen ist, gefunden hat, liegt dort das zweite Foto bereit. Es folgt dieser Spur weiter und findet den nächsten Gegenstand.
3. Du kannst einen Preis oder eine Süßigkeit am Ziel der Schnitzeljagd verstecken!

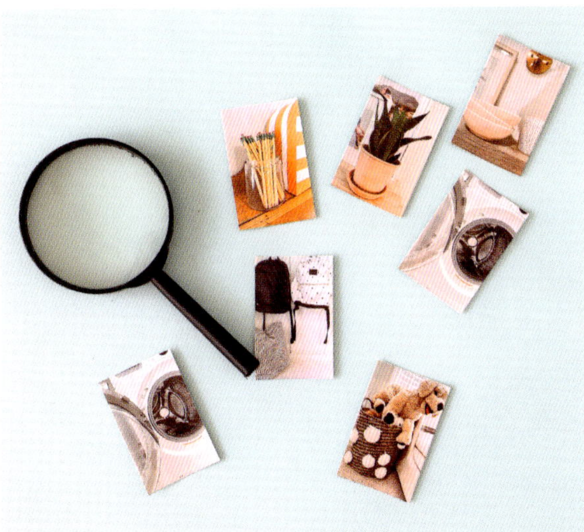

BOTSCHAFTEN MIT UNSICHTBARER TINTE SCHREIBEN

Botschaften zu verstecken, fördert spielerisch die ersten sprachlichen Fähigkeiten. Die Kleinen können sich auf die Formen konzentrieren, ältere Kinder können sich intensiver mit der Erkennung der Buchstaben, Zahlen und Formen beschäftigen. Das ist auch eine wunderbare Gelegenheit, die Sprache zu trainieren, was ihnen beim Erlernen der Buchstaben und Zahlen helfen wird, indem sie über lange und kurze, geschwungene und schräge Linien sprechen.

1. Schreibe oder zeichne mit einem weißen Stift geheime Botschaften auf ein weißes Blatt Papier. Du kannst diese Botschaften für dein Kind gestalten, oder es gestaltet sie selbst. Karten und Bilder von Hinweisen sind für die Kleinen besonders spannend zu entdecken.
2. Enthüllt die Botschaften, indem ihr das Papier mit Wasserfarben bemalt.

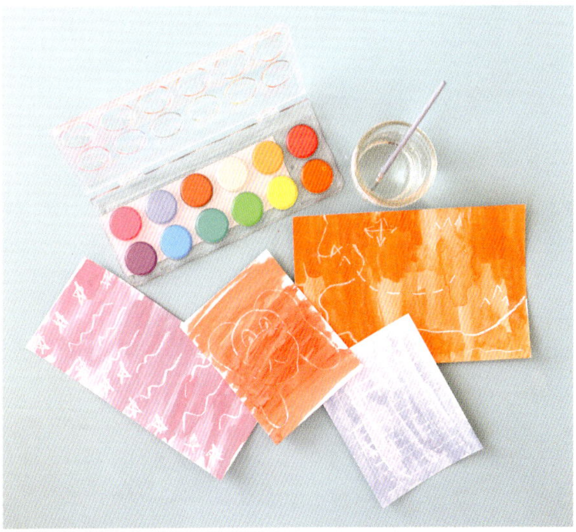

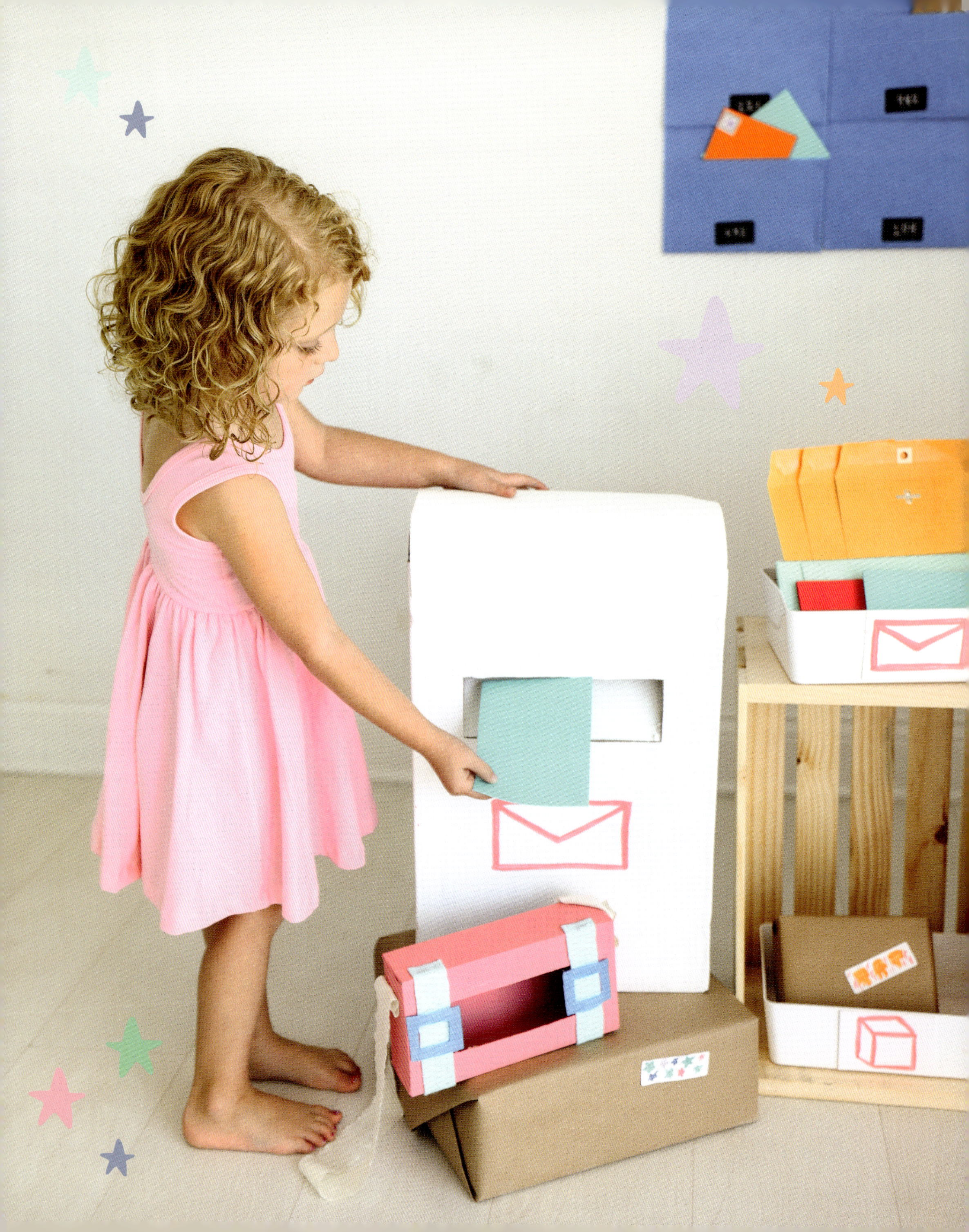

2

ROLLENSPIEL

Im Postamt

Die Post ist da! In diesem Monat richten wir ein Postamt ein, in dem dein Kind die Rolle des Briefträgers übernimmt und die Post sortiert und ausliefert. Eine Postamt-Spielwelt fördert ganz ohne Druck sprachliche Kompetenzen. Kinder, die das interessant finden, können ihre eigenen Briefe schreiben, die anderen profitieren bereits davon, dass die erwachsene Person Buchstaben oder einfache Wörter auf die Umschläge schreibt, denn so kommen auch sie mit dem Konzept des Briefeschreibens in Berührung. Hier entstehen auch viele Gelegenheiten, Feinmotorik und mathematische Fähigkeiten zu üben. Das Falten, Stempeln und Versiegeln von Briefen lässt die kleinen Handmuskeln arbeiten. Das Füllmaterial bietet noch mehr Möglichkeiten zur Förderung der Feinmotorik. Beim Sortieren begreifen die Kinder Muster, bemerken Wechselwirkungen zwischen Gegenständen und erkennen Zusammengehörigkeiten, was die Grundlage für komplexeres mathematisches Denken bildet.

DAS BRAUCHEN WIR

- Kopierpapierbox
- Marker
- Scheren
- Flüssigklebstoff
- weißes Papier
- Holzkisten
- Schachteln
- kleine Kartons
- Kraftpapier
- Umschläge
- selbstklebende Etiketten
- Luftpolsterfolie
- Taschentücherbox
- Heißklebepistole
- Farbe und Pinsel
- Filz
- Posterstrips
- Faden oder Band
- Pappkartonstücke
- Locher
- Füllmaterial
- Schwamm
- Deko-Material: Pfeifenputzer, Wackelaugen etc.

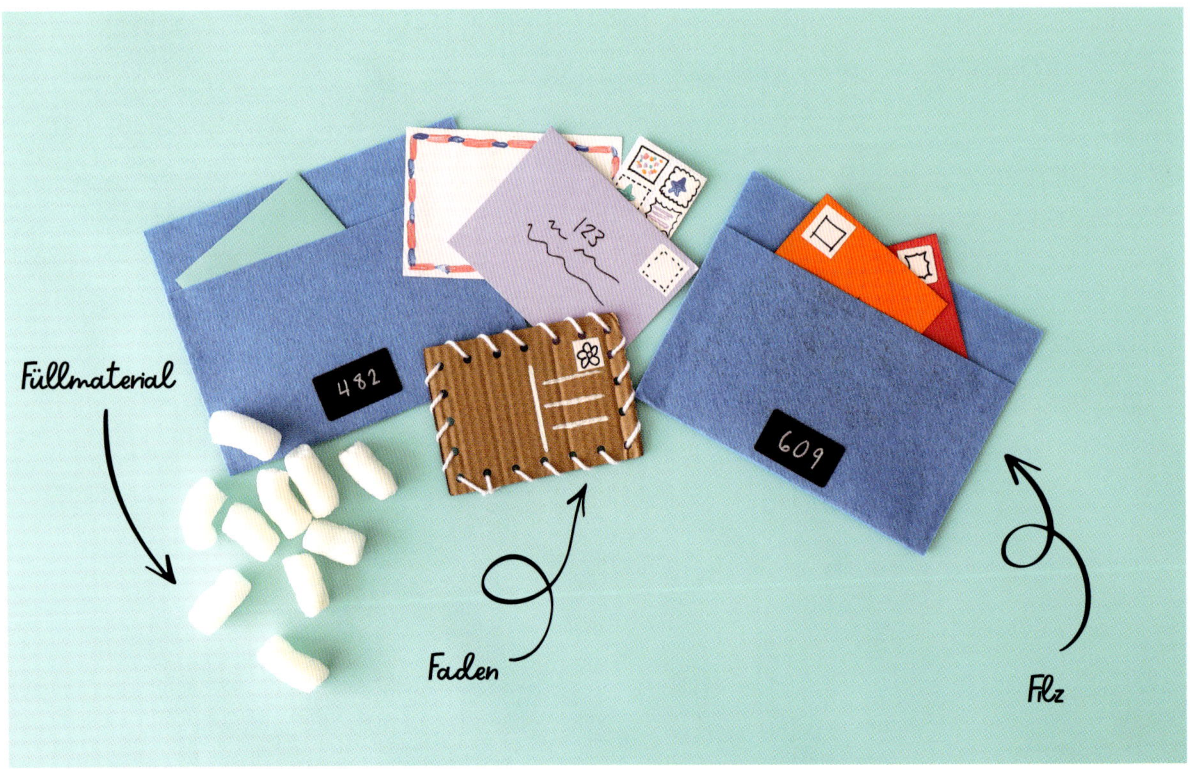

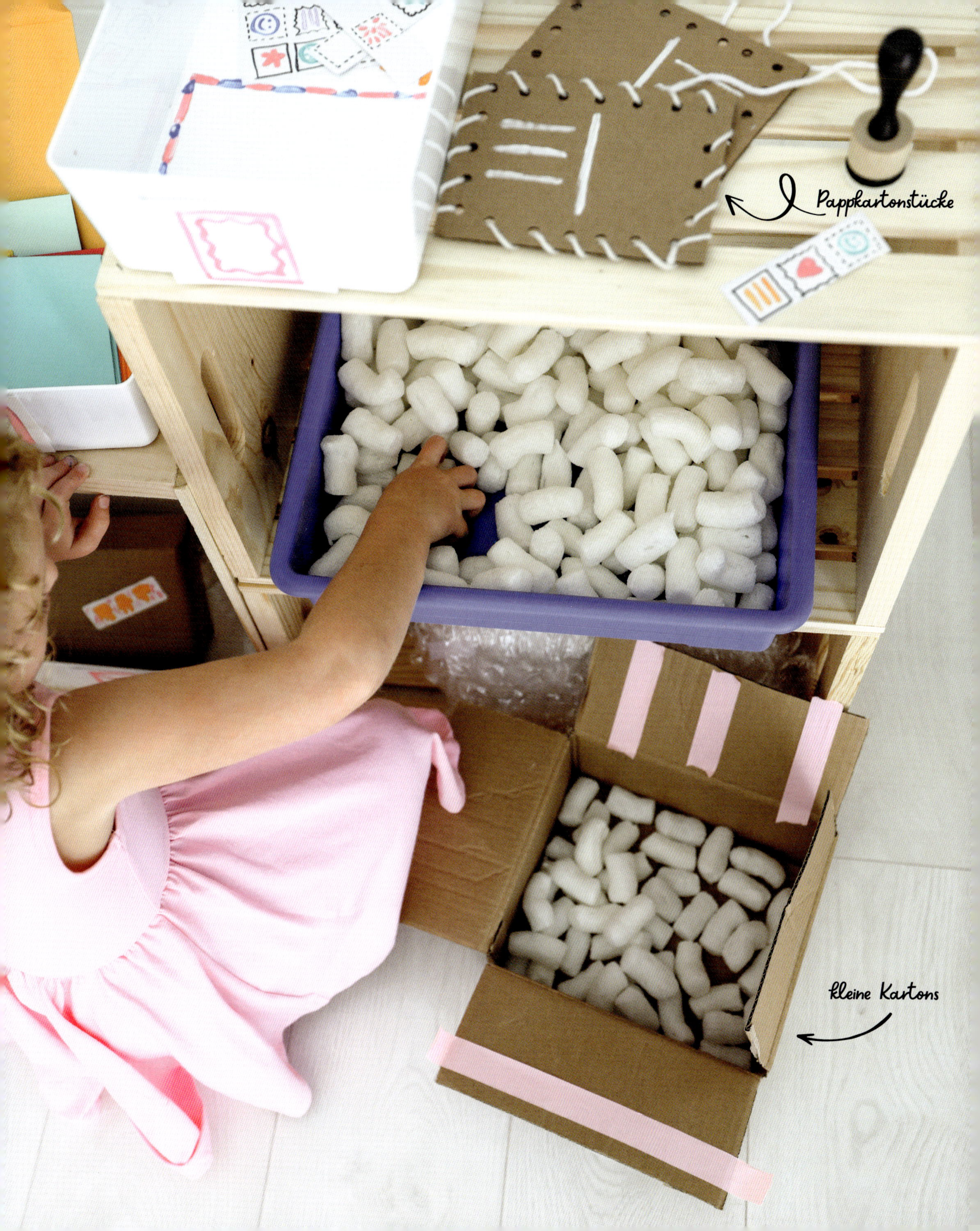
Pappkartonstücke
kleine Kartons

DIE KULISSE GESTALTEN

IM POSTAMT

Euer Postamt braucht einen Platz zum Sammeln, Sortieren und Austragen der Post. Ihr könnt euren eigenen Briefkasten basteln.

1. Nimm den Deckel von der Kopierpapierbox und stelle sie hochkant auf. Zeichne ein Rechteck auf die obere Hälfte der Box: Das ist euer Briefkastenschlitz. Schneide drei Seiten des Rechtecks auf, lass eine lange Seite stehen und falte sie zu einer Klappe.

2. Ziehe vorsichtig den oberen Rand des Deckels ab, öffne die Seitenklappen und streiche sie glatt, sodass sie außen auf der oberen Klappe stehen können. Runde die Seiten mit der Schere ab; sie sollten wie Halbkreise über dem Deckel aussehen. Befestige sie mit Flüssigklebstoff.

3. Bringe etwa 5 cm unter dem oberen Rand ein Stück weißes Papier an und falte es über die gebogenen Klappen, die du gerade vorbereitet hast. Klebe sie mit Flüssigklebstoff fest. Das wird das geschwungene Dach eures Briefkastens.

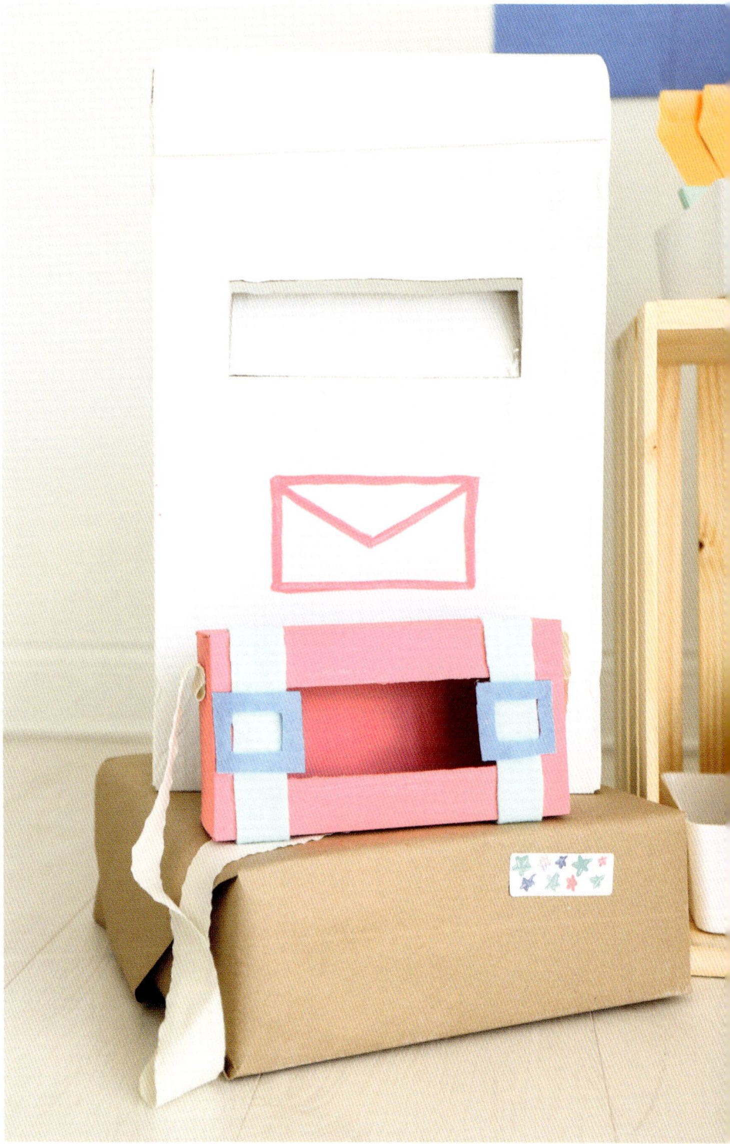

Erwachsenen-Tipp: Hebt Kartons und das darin enthaltene Füllmaterial hierfür auf.

4. Richte eine Theke für euren Postangestellten ein, indem ihr Holzkisten aufeinanderstapelt. Sie eignen sich besonders gut, weil sie Regale bilden, in denen die benötigten Materialien aufbewahrt werden können.

5. Stellt Schachteln zum Sortieren, mit Kraftpapier umwickelte Boxen, Umschläge, selbstklebende Etiketten und Luftpolsterfolie als Requisiten für dein Kind dazu.

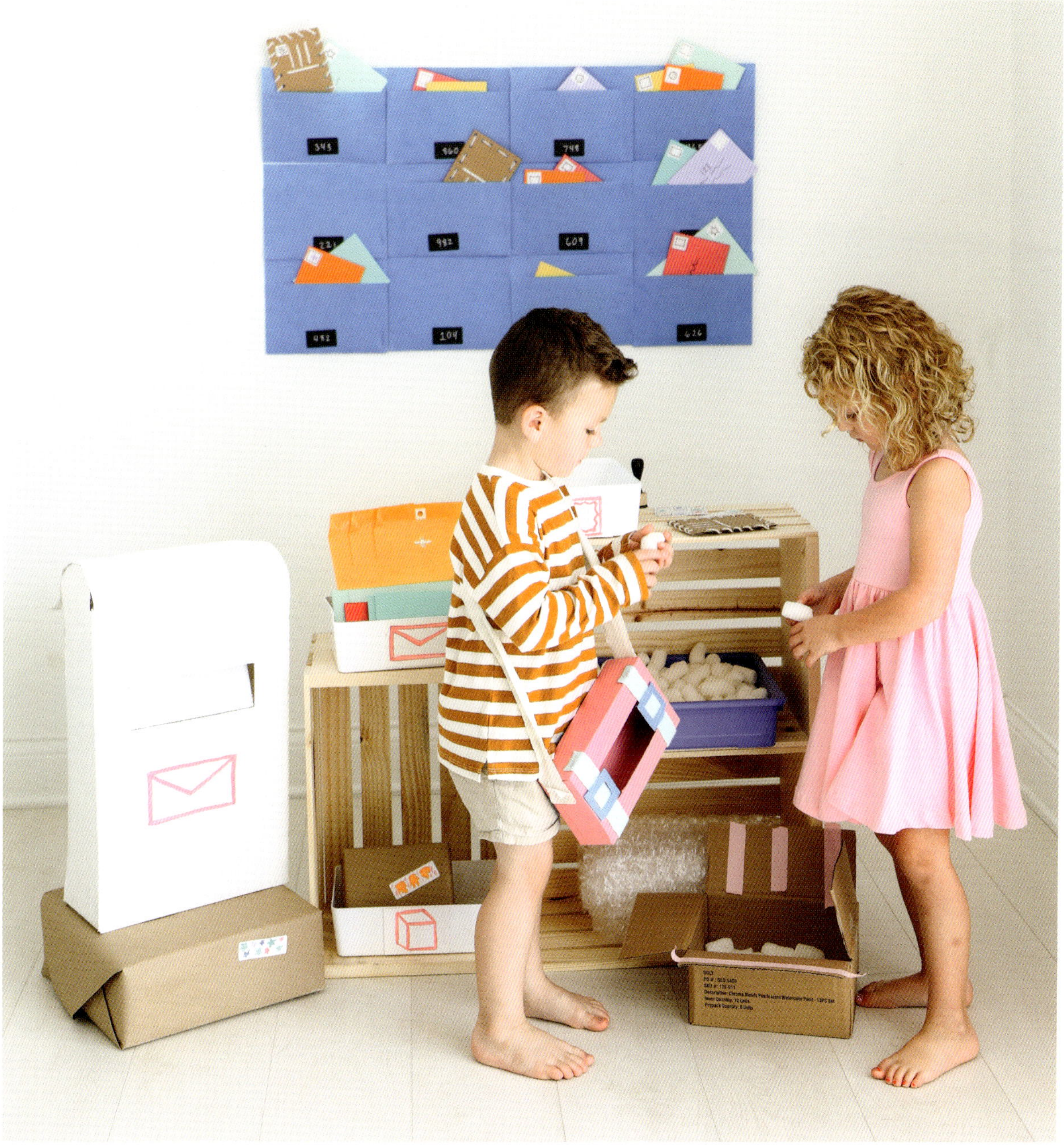

EINE BRIEFTASCHE UND POSTFÄCHER BASTELN

BASTLE EINE BRIEFTASCHE

Jeder Briefträger muss die Post, die er austrägt, transportieren! Stellt eure eigene aus einer Taschentücherbox her. Das ist nicht schwer, aber die Briefe in die Tasche zu stecken fördert motorische Fähigkeiten, insbesondere bei kleineren Kindern. Dadurch, dass die Box an einer Schlaufe gehalten wird und nicht einfach auf dem Tisch steht, wird es für die Kleinen ein bisschen schwieriger!

1. Nimm eine kleine Taschentücherbox, die oben in der Mitte eine längliche Öffnung hat. Entferne die Taschentücher und hebe sie woanders auf. Bemale die Box.
2. Schneide zwei schmale Filzstreifen aus und klebe sie auf die beiden schmalen Seiten der Öffnung. Klebe zwei Filzvierecke auf jeden Streifen, damit sie wie Schnallen aussehen.
3. Klebe einen Faden oder ein Band als Gurt an die Seiten.

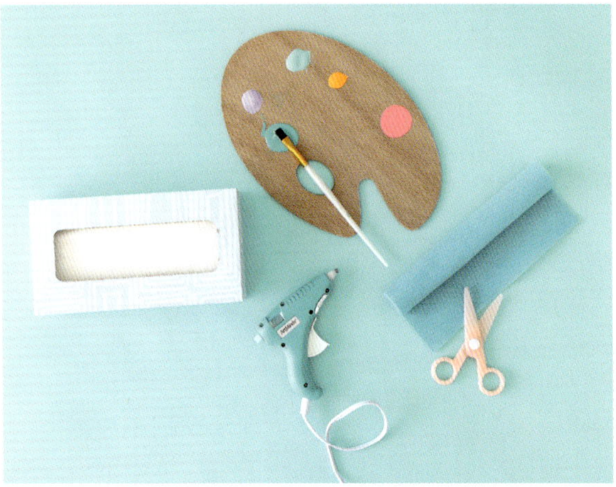

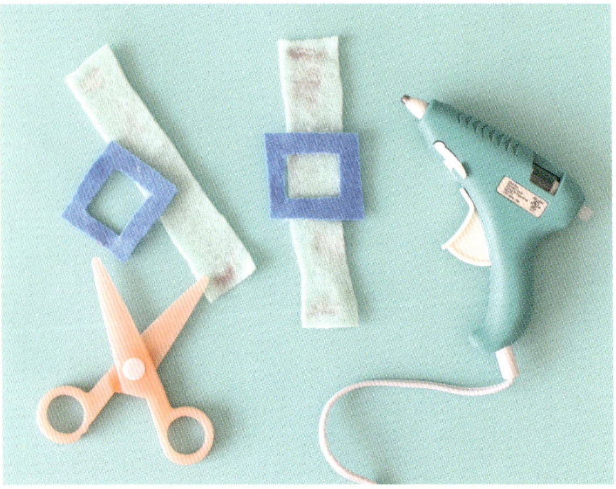

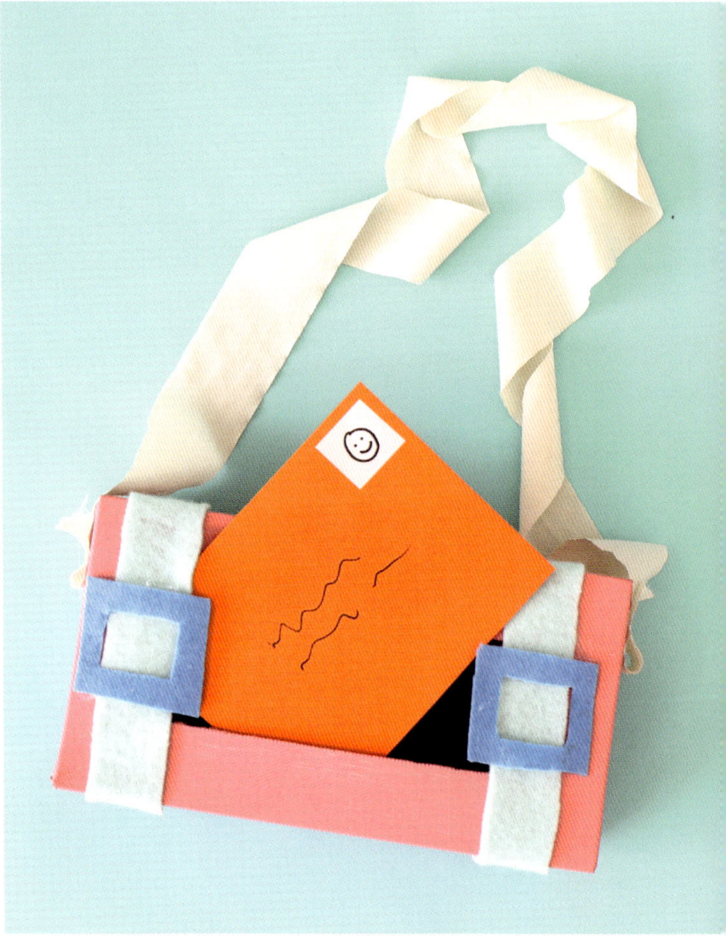

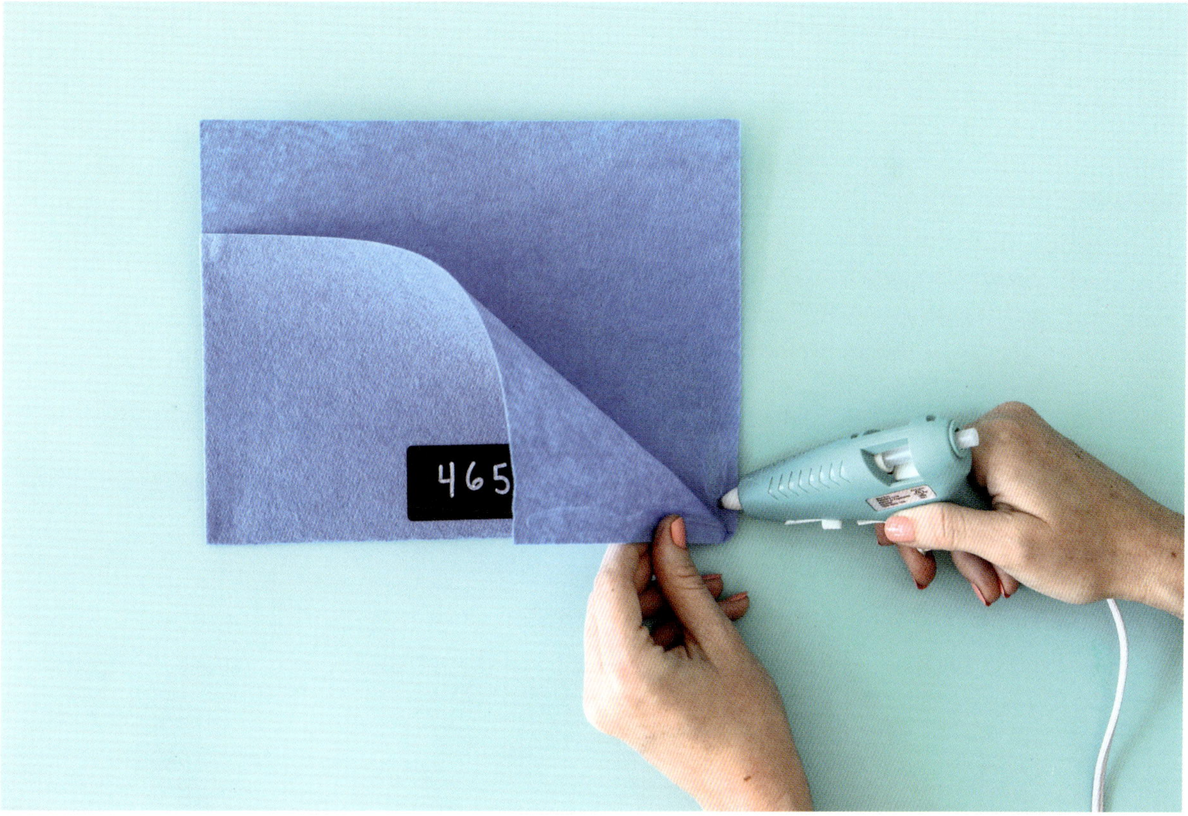

BASTLE EINE WAND MIT POSTFÄCHERN

Du kannst eine Wand mit Postfächern anfertigen, sodass dein Briefträger diese Briefe und Päckchen an vielen Stellen verteilen kann.

1. Nimm ein Stück festen Filz, gib Heißkleber auf die langen Seiten und klappe die Unterseite etwa zu drei Vierteln hoch, damit eine Tasche entsteht. Verwende schwarze Etiketten oder Rechtecke aus Papier und klebe sie vorne auf der Tasche fest.
2. Wiederhole das, bis du so viele Fächer hast, wie du möchtest.
3. Verwende wiederverwendbare Posterstrips oder Klebeband, um die Postfächer an die Wand zu kleben.

Erwachsenen-Tipp: Wenn du einen Hänge-Organizer für deine Postfächer benutzt, spart das Zeit.

BRIEFE SORTIEREN

Sortieren ist eine wichtige Fähigkeit, die dein Kind entwickeln muss, denn es bildet die Grundlage dafür, Ordnung zu schaffen und gibt ihm ein Gefühl dafür, seine Umgebung zu beherrschen und zu kontrollieren. Nebenbei macht das Sortieren der Briefe auch noch Spaß. Je nachdem, wo du deine Postfächer anbringst, bewegt sich dein Kind, reckt sich nach oben, bückt sich oder bewegt sich von einem Postfachbereich zum nächsten. Das Spiel macht sicher länger Spaß, wenn motorische Fähigkeiten auf originelle Weise gefördert werden, also sorge dafür, dass der Bereich, den dein Kind zum Spielen zur Verfügung hat, groß genug ist.

1. Verwendet die Postfächerbox und die Umschläge.
2. Etikettiert eure Postfächer, wie es euch gefällt, mit Zahlen, Buchstaben oder Namen. Egal, was ihr euch aussucht, schreibt dieselben Zeichen auf verschiedene Umschläge.
3. Gib deinem Kind die Umschläge und lass es sie in die richtigen Postfächer sortieren.

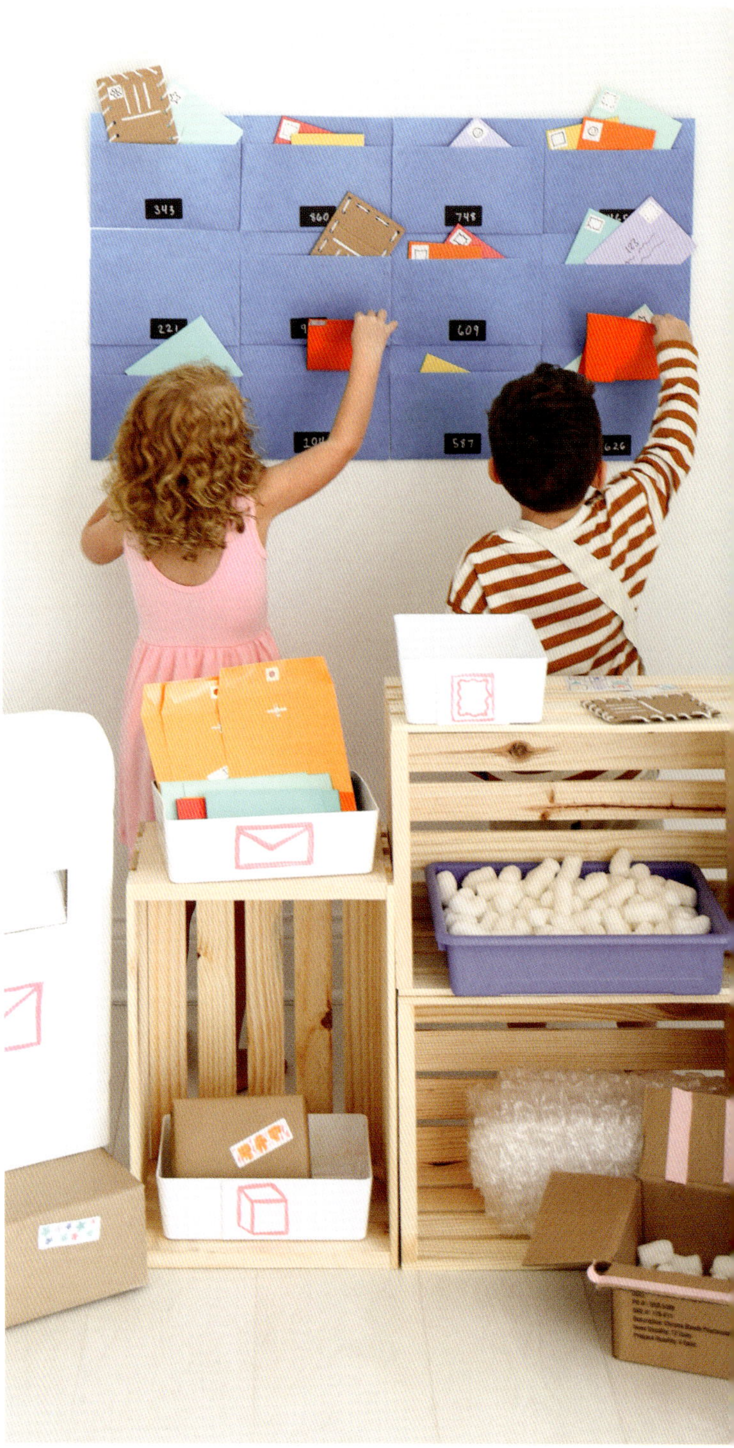

WIR LERNEN ETWAS

So kann dein Kind viele Fähigkeiten trainieren, auch wenn es ein bisschen Hilfe braucht, und wenn es alle Etiketten kennt, kannst du sie austauschen!

EIGENE BRIEFMARKEN UND ETIKETTEN GESTALTEN

Das Gestalten der eigenen Briefmarken ergänzt eine einfache Aktivität um einen weiteren interessanten Aspekt. Kinder, die beim Herstellen der Requisiten für ihre Spielwelt mithelfen, werden intensiver ins Spiel eintauchen, und das Basteln von Briefmarken ist bei dieser Spielwelt gut geeignet, sie zu beteiligen.

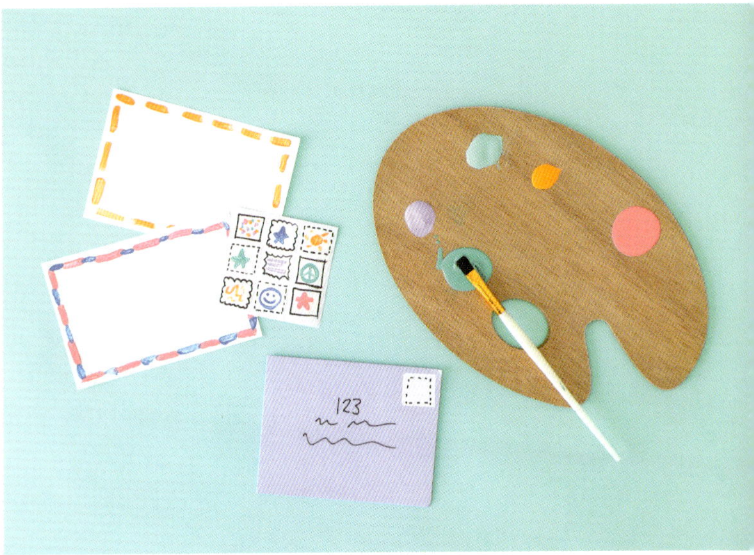

1. Nimm einen schwarzen Marker und zeichne drei Quadrate auf jedes selbstklebende Etikett. Schneide sie auseinander; du kannst das ganze Blatt erst in Längsstreifen schneiden, statt jedes Etikett einzeln auszuschneiden.
2. Lass dein Kind die Quadrate bemalen.
3. Du kannst ihm auch größere Etiketten geben, auf die »Vorsicht zerbrechlich« oder »Eilbrief« geschrieben wird.
4. Lass ein Kind die Briefmarken beim Spielen auf die Umschläge und Päckchen kleben.

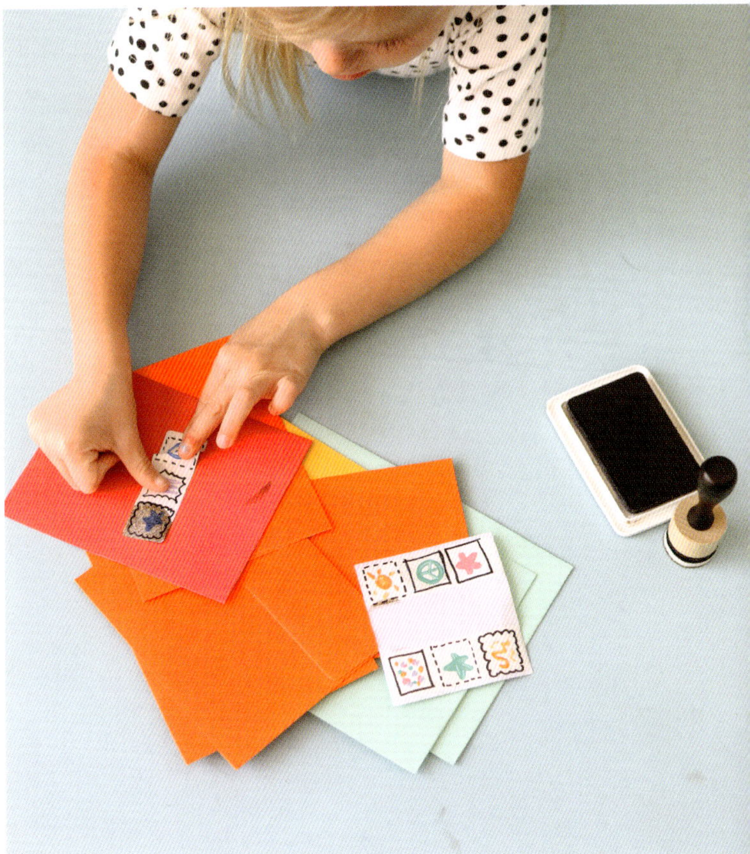

GESCHICKLICHKEITS-TRAINING

Aufkleber abzumachen und aufzukleben ist eine sehr gute Motorikübung, und Aufkleber in unterschiedlichen Größen sind besonders interessant. Mit den größeren Etiketten umzugehen erfordert mehr Konzentration und Geschick, um sie nicht vor dem Aufkleben aus Versehen zusammenzukleben.

EINE EIGENE POSTKARTE BASTELN

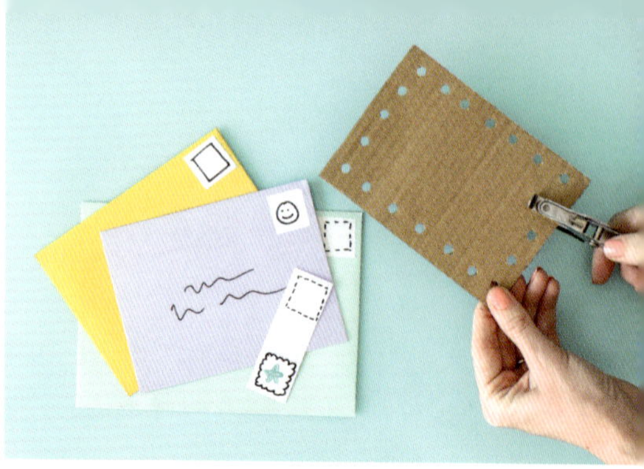

Diese Postkarten können vielfältig verwendet werden, nicht nur zum Fädeln und Dekorieren. Sind sie einmal fertig, kann dein Kind sie überall im Postamt verwenden, sie in seiner Posttasche herumtragen, in die Postfächer sortieren und sie sogar mit der echten Post an Freunde und Verwandte schicken. Es ist immer inspirierend, das imaginäre Spiel mit der realen Welt zu verknüpfen; wenn möglich, ist der Besuch der lokalen Postfiliale, der Kauf einer Briefmarke und das Einwerfen der Postkarte in den Briefkasten eine tolle Gelegenheit für euer Kind, sein Spiel-Postamt mit einem echten Postamt zu vergleichen.

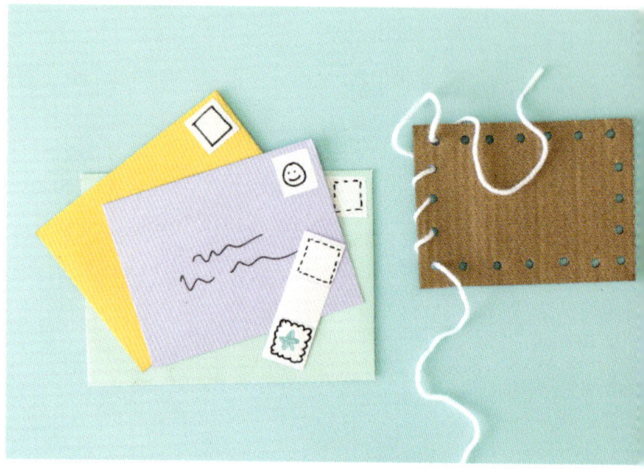

1. Schneide ein 10 x 15 cm großes Stück Karton aus. Verwende einen Locher, um den Rand des Kartons rundherum mit Löchern zu versehen.
2. Zeichne mit einem Marker eine senkrechte Linie in der Mitte der Postkarte und waagrechte Linien rechts ein.
3. Knote einen Faden an eines der Löcher in der Postkarte und klebe das Ende fest, damit es nicht ausfranst, oder verwende Schnürsenkel zum Fädeln.
4. Lass dein Kind den Faden durch die Löcher fädeln.
5. Es kann die Vorderseite der Postkarte mit Farbe, Markern, Aufklebern usw. dekorieren.

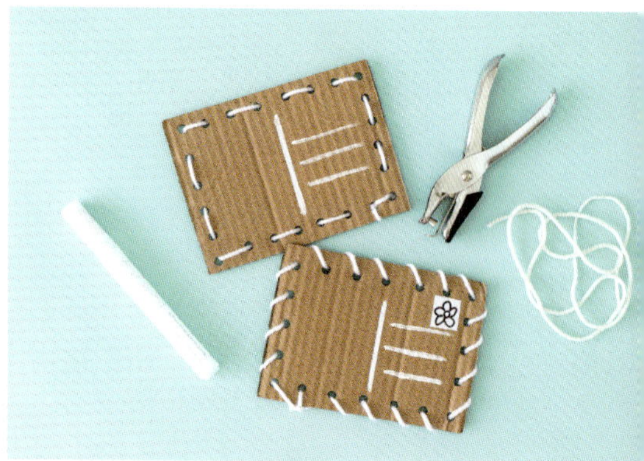

Altersgerechte Anpassung: Für Kinder, die schon schreiben können, ist ein Adressbuch im Postamt eine tolle zusätzliche Inspiration. Du kannst ein kleines Notizbuch mit ein paar wichtigen Adressen von Verwandten und Freunden benutzen und sie auf Karteikarten schreiben, oder sie auf einem Blatt Papier auflisten, das du an die Wand klebst.

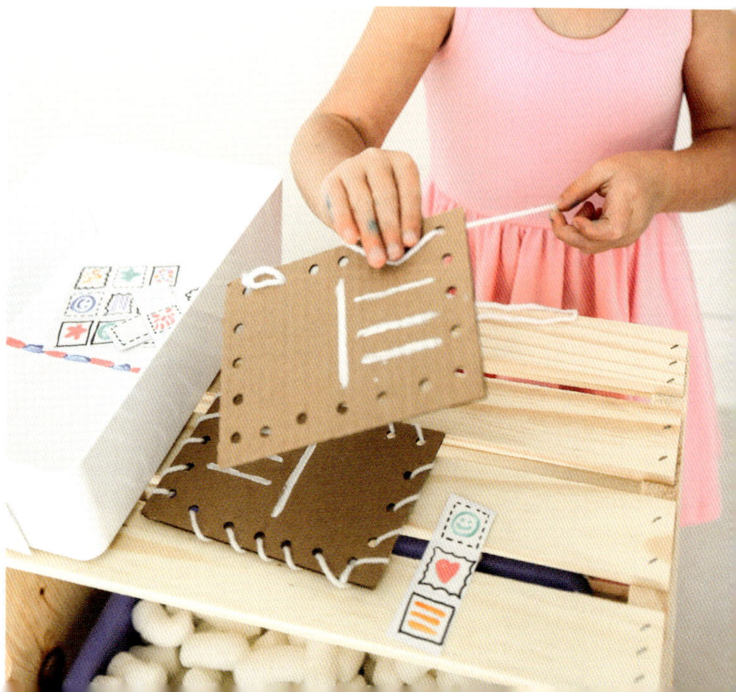

KREATIV SEIN MIT FÜLLMATERIAL

Es ist toll für Kinder, neue Texturen kennenzulernen, und dieses Füllmaterial verändert sich stark, wenn es feucht wird, wodurch die Kleinen Ursache und Wirkung erforschen können. Dieses Material auf verschiedenste Weise zu verwenden, macht die Spielwelt interessanter und regt die Kreativität an. Dein Kind kennt wahrscheinlich Füllmaterial in Kartons, aber wenn du ihm zeigst, wie es damit malen oder Skulpturen bauen kann, kommt Schwung in die Sache. Du wirst überrascht sein, was deinem Kind alles einfällt!

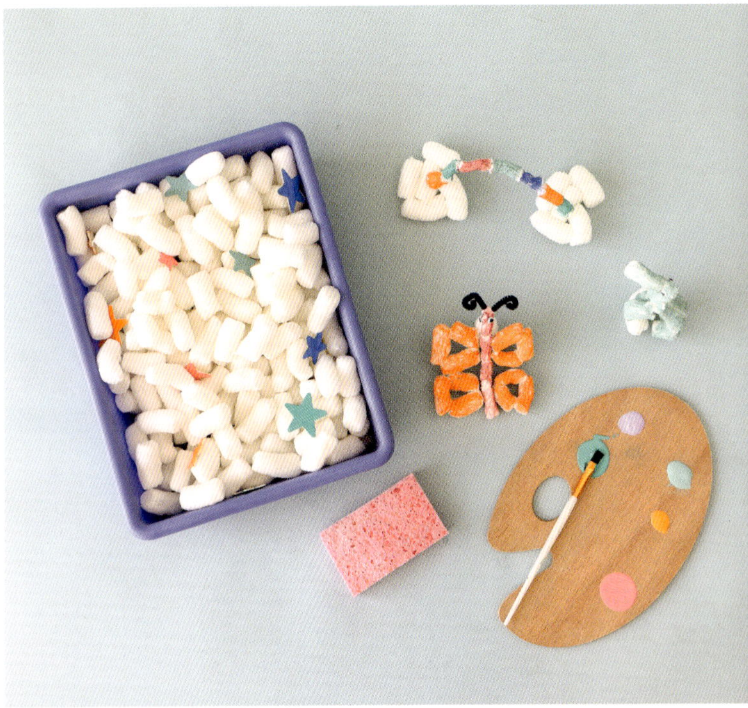

1. Fülle eine Schachtel mit biologisch abbaubarem Füllmaterial.
2. Befeuchte einen Schwamm, drücke das Wasser aus, und lege ihn neben die Sensorikbox.
3. Zeige deinem Kind, wie man Skulpturen baut, indem du Füllmaterial befeuchtest und zusammenklebst.
4. Du kannst die Skulpturen, wenn sie fertig sind, mit Acrylfarbe, Wackelaugen, Pfeifenputzern und Bändern dekorieren. Vermeide zu stark wasserhaltige Farbe, da die Skulpturen sonst kaputtgehen können.

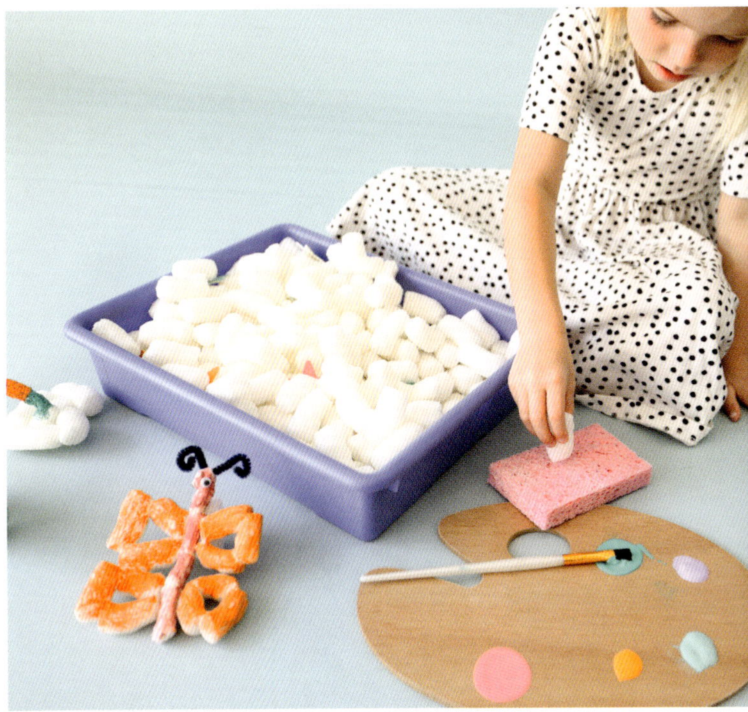

Erwachsenen-Tipp: Lass dein Kind mit dem Füllmaterial experimentieren, bevor du ihm den Schwamm gibst.

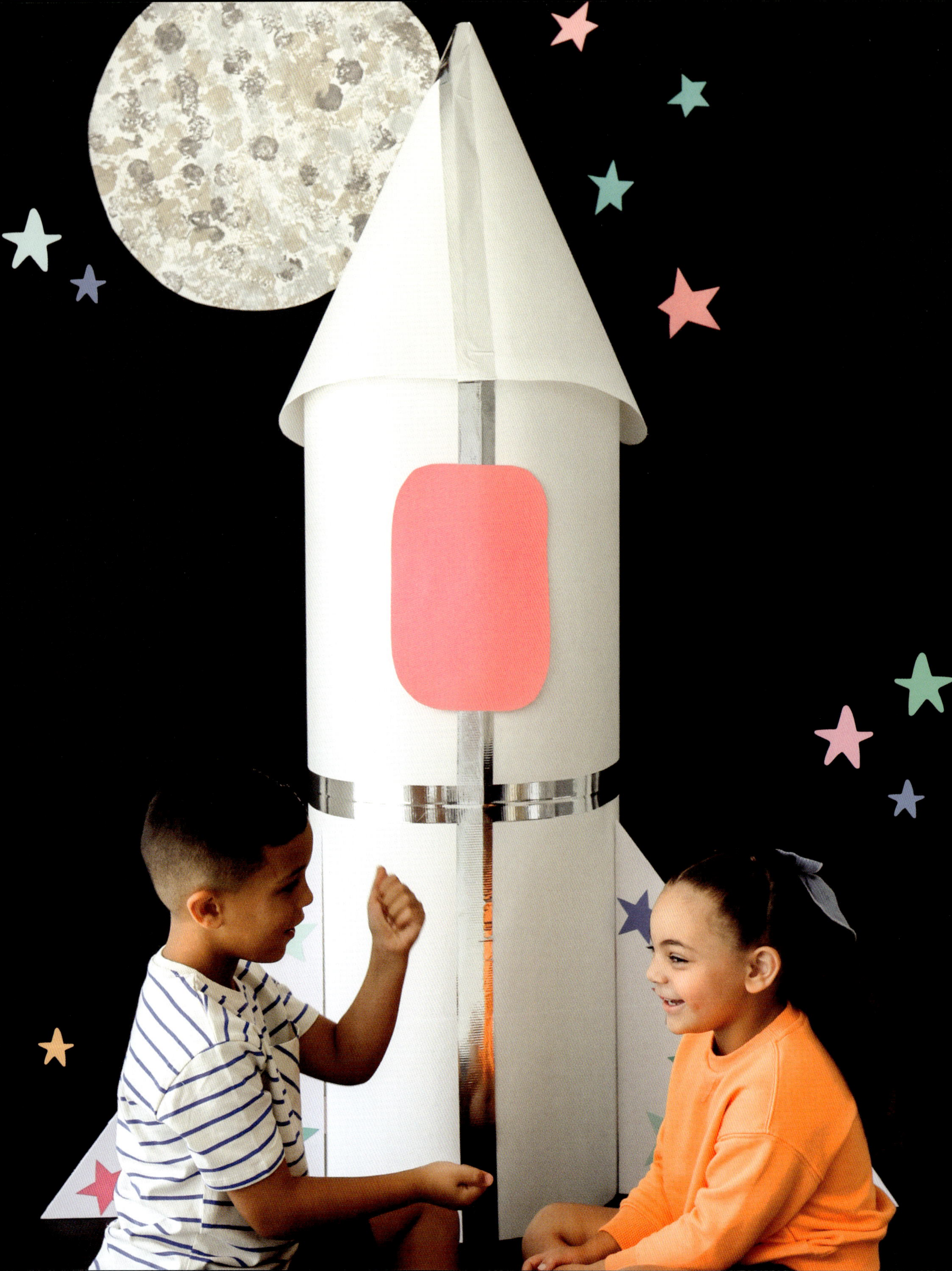

3

ROLLENSPIEL

Im Weltraum

Lasst uns eine Raumstation einrichten und ein Spiel anregen, das nicht von dieser Welt ist! Situationen nachzustellen, die dein Kind kennt, wie eine Arztpraxis, eignet sich gut dazu, diese Art spielerische Umgebung einzuführen. Man muss sich aber nicht damit begnügen, nur Dinge zu imitieren, mit denen dein Kind schon eigene Erfahrungen gesammelt hat, wie du bei unserer Raumstation siehst. Etwas Neues zu erforschen, ermöglicht deinem Kind, es mit bereits Bekanntem zu verknüpfen. Es denkt über aufkommende Fragen nach und entwickelt so ein Verständnis fürs Thema. Und was eignet sich besser zum Erforschen als eine Raumstation? Das Kind kann zu seiner eigenen Kommandozentrale eilen und Missionen zum Mond leiten, wo Proben zur Untersuchung im Labor genommen werden. Beobachte dein Kind dabei, wie es in die Rolle eines Wissenschaftlers im Weltall schlüpft, was wissenschaftliches Denken, sprachliche und mathematische Fähigkeiten und vieles andere umfasst.

DAS BRAUCHEN WIR

- 9 Blätter weißen Plakatkarton, 56 x 71 cm
- silberfarbenes Duct Tape
- Leichtschaumplatte
- Schere
- Tonpapier
- Klebstoff
- Farbe und Pinsel
- dreiteilige Präsentationstafel, 91 x 122 cm
- Fidget Spinner
- kleine Tafel
- Taschenrechner
- Außenthermometer
- Reißverschluss
- Akku-LEDs
- recycelte Marmeladenglasdeckel
- Tastatur
- Alufolie
- Metallicfarben
- biologisch abbaubaren Glitzer
- Steine
- Zahnbürste
- Bastellack
- Maisstärke
- Lebensmittelfarbe, lila und schwarz

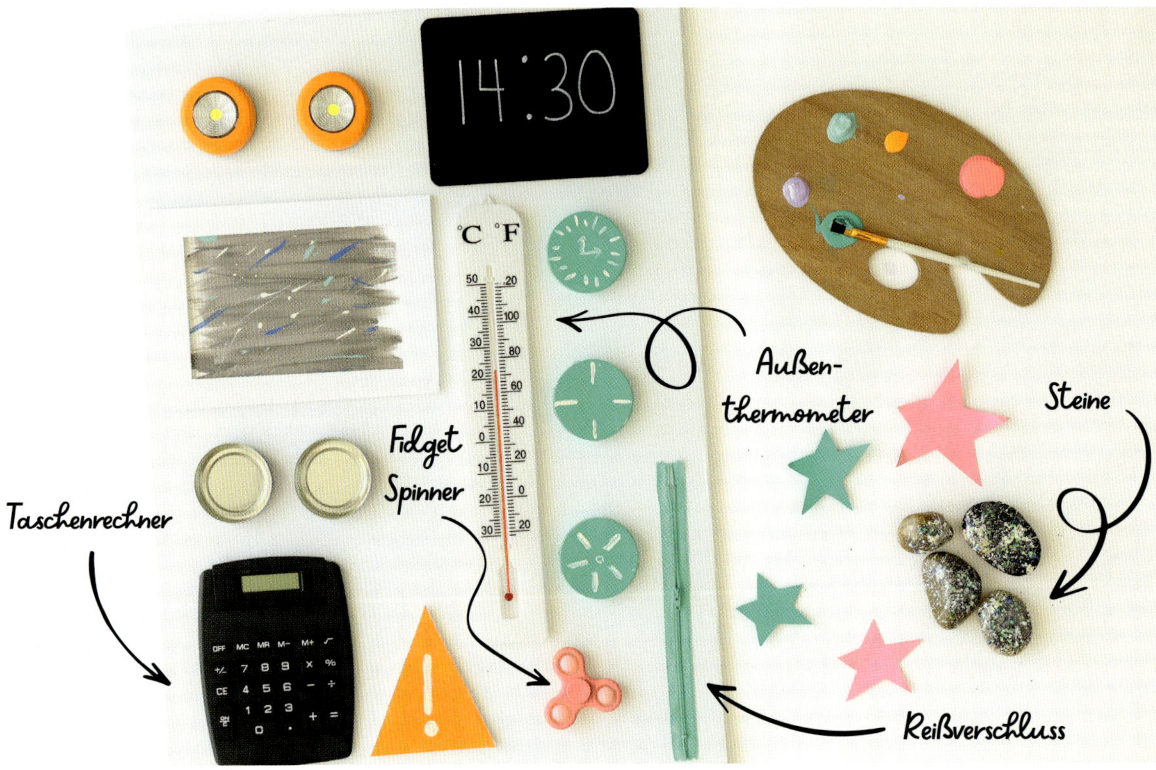

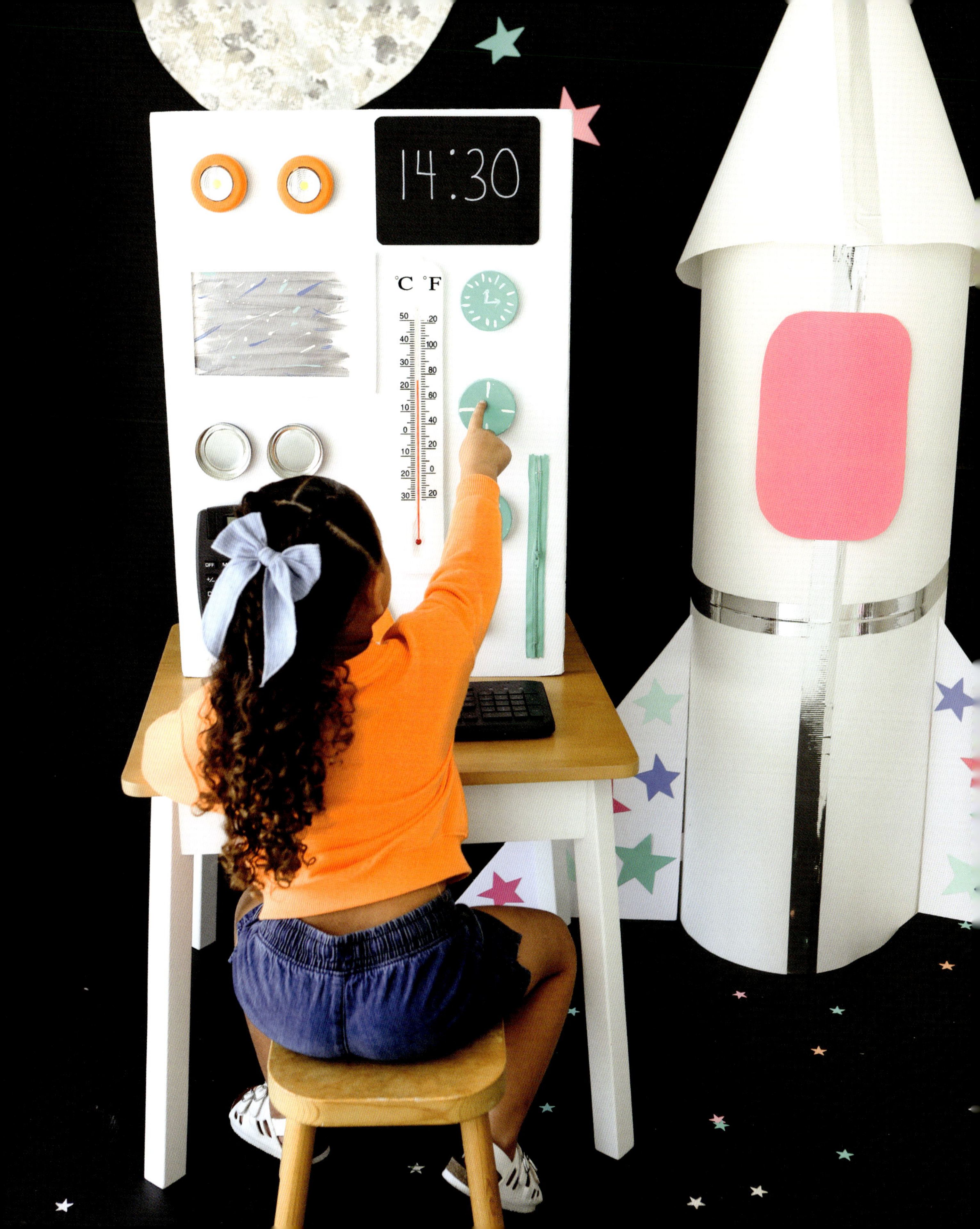
14:30
°C °F

DIE KULISSE GESTALTEN

IM WELTRAUM

Baut ein Raumschiff für euren kleinen Astronauten! Dieses freistehende Raumschiff scheint kompliziert zu bauen zu sein, aber es ist nur eine Röhre aus Karton mit ein paar Verzierungen. Ein einfaches Projekt mit großer Wirkung. Wenn das Raumschiff so groß ist wie dein Kind, hat es eine tolle Basis, mit der es arbeiten kann, was bei einer Spielwelt wie dieser, die so stark von der Vorstellungskraft abhängt, besonders hilfreich ist. Wahrscheinlich ist dein Kind einer echten Raumstation noch nicht nähergekommen als den Ausstellungsstücken beim Besuch in einem Museum. Es zeigt außerdem, dass sein Spiel wichtig ist und es wert ist, Platz in eurem Leben einzunehmen.

1. Legt sechs Blätter Plakatkarton auf dem Boden in einem großen Rechteck aus, 3 x 2 Stück. Klebt die Ränder mit silberfarbenem Duct Tape zusammen. Rollt sie zu einer großen Röhre und klebt sie zusammen.
2. Klebt zwei dreieckige Stücke Leichtschaumplatte als Ruder bzw. Flügel unten an jede Seite eurer großen Röhre. Verziert sie mit Sternen, sie können gemalt oder ausgeschnitten und aufgeklebt sein.
3. Bastelt mit einem Stück Tonpapier ein Fenster und klebt es vorn auf die große Röhre.
4. Bastelt aus zwei Stück Kartonpapier und Duct Tape das kegelförmige Dach und setzt es obendrauf.
5. Schneidet hinten eine Tür aus: Ihr könnt ein Rechteck wegschneiden und es offen lassen, oder ihr lasst eine Längsseite des Rechtecks dran, sodass die Tür öffnet und schließt. Für mehr Stabilität könnt ihr noch einen dritten Flügel ankleben.

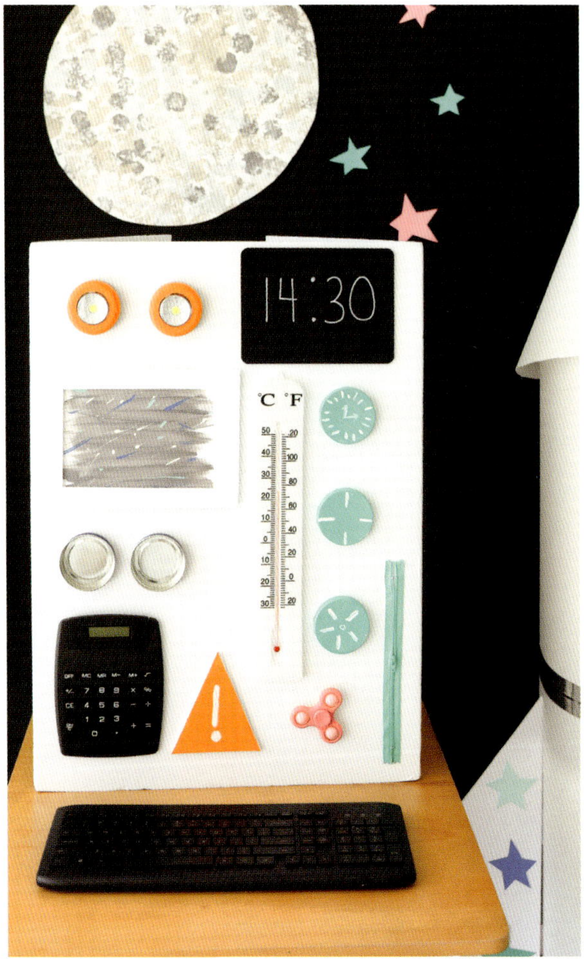

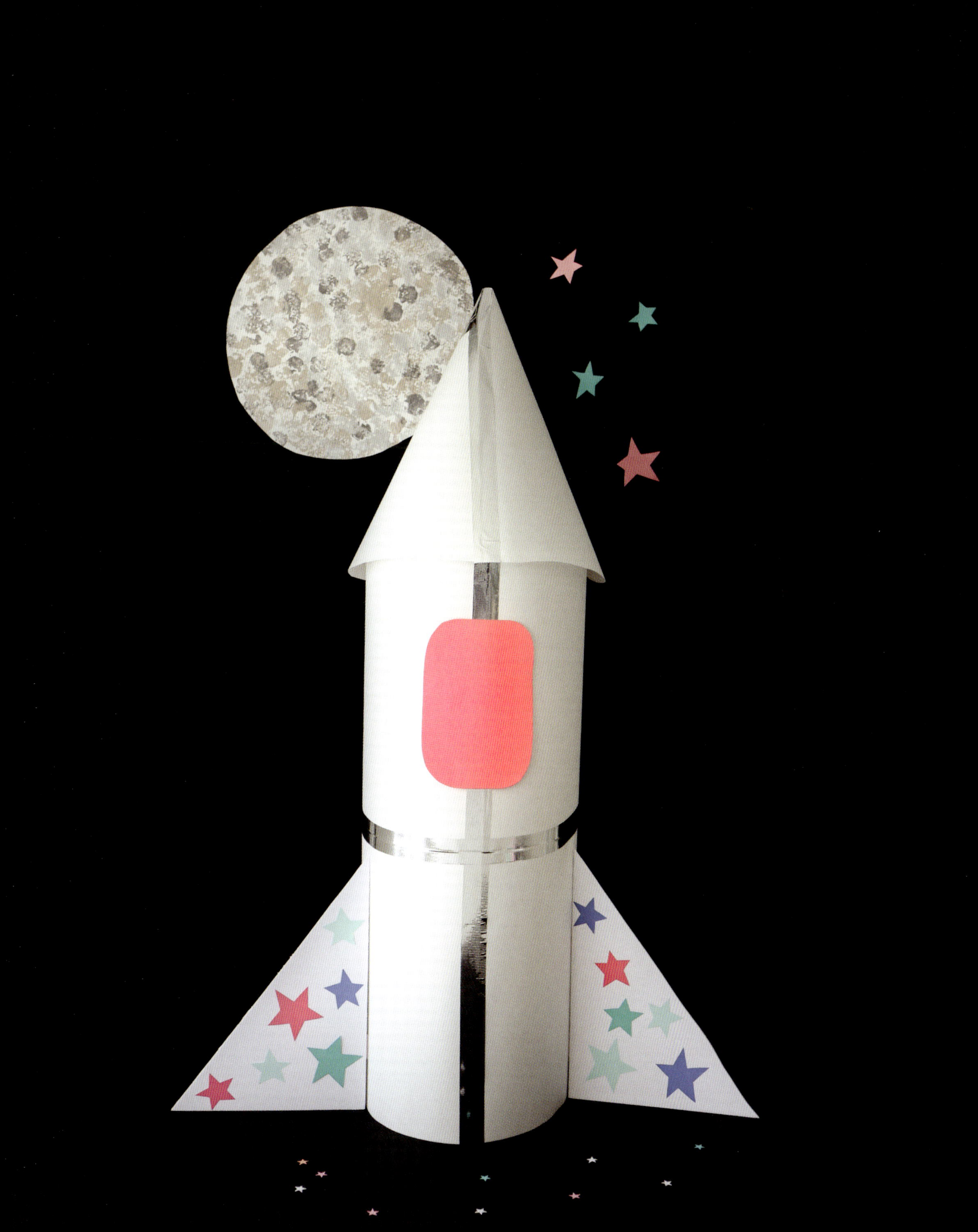

EINE EIGENE KOMMANDOZENTRALE BAUEN

In dieser Kommandozentrale können gebrauchte Gegenstände verwendet werden. Wir haben aufgelistet, was wir benutzt haben, aber ihr könnt bei euch zu Hause stöbern, ob es etwas gibt, das dazu passen würde. Haltet Ausschau nach Knöpfen oder beweglichen Teilen. Baumärkte und 1-EURO-Läden sind auch gute Quellen für Utensilien für eure Kommandozentrale.

1. Nehmt eine dreiteilige Präsentationstafel und faltet die Seitenklappen zurück, sodass sie auf einem kleinen Tisch stehen kann.
2. Richtet eure Kommandozentrale auf der mittleren Fläche der Präsentationstafel ein. Wir haben Heißkleber verwendet, um einen Fidget Spinner, eine kleine Tafel, einen Taschenrechner, ein Thermometer, einen Reißverschluss und Akku-LEDs anzubringen. Klebt noch einfache Formen als Knöpfe und Warnschilder dazu, Marmeladenglasdeckel als Regler und einen Leichtschaumrahmen mit einem Foto oder einer Karte darin. Malt Zahlen und Symbole nach Wunsch auf, die zu Knöpfen, Reglern und Bedienelementen werden.
3. Stellt eine alte Tastatur auf den Tisch vor eure Präsentationstafel.

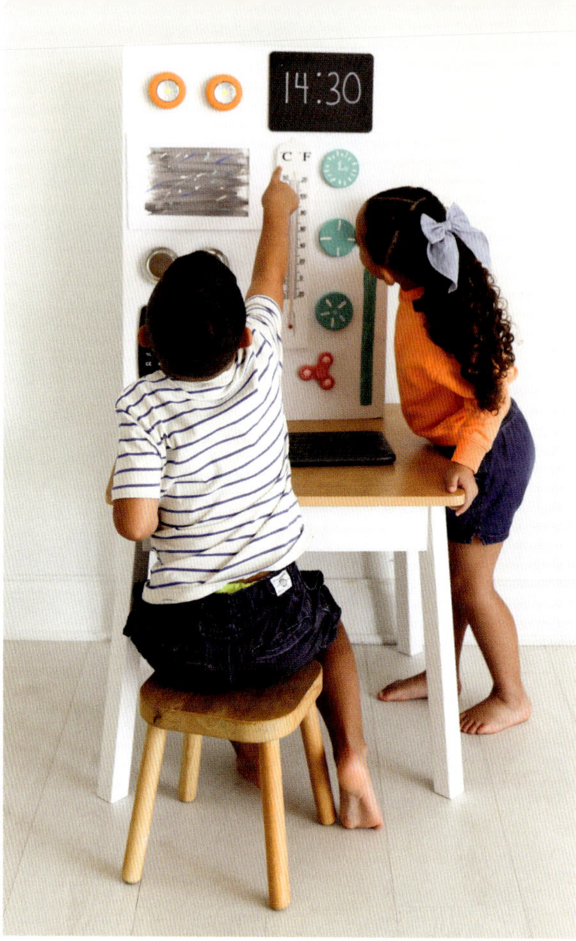

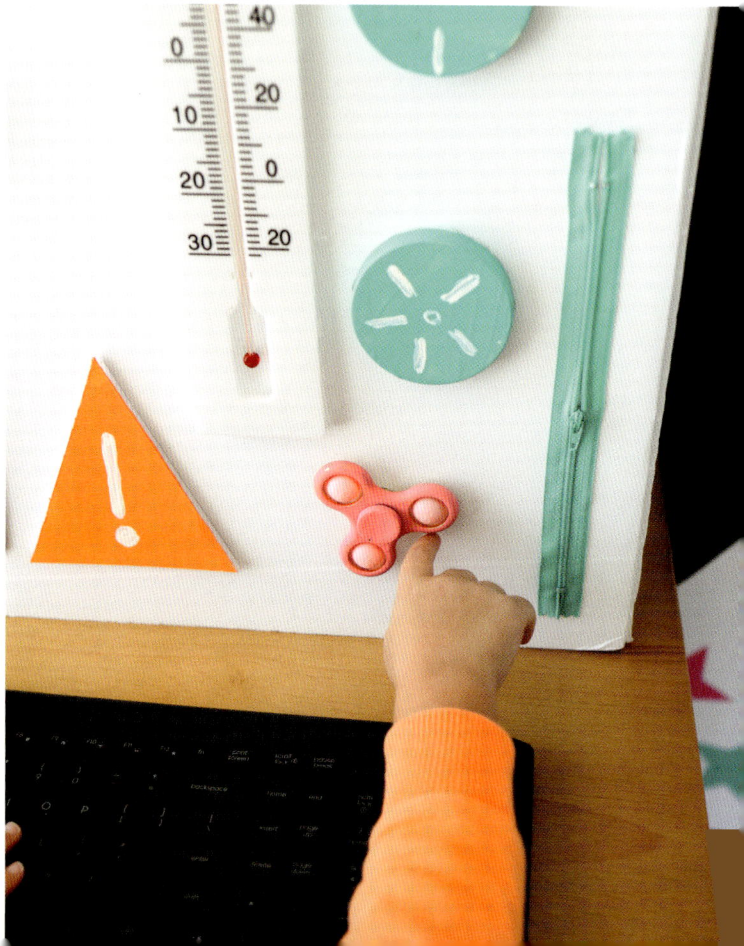

EINEN MOND MIT STEMPELN AUS ALUFOLIE GESTALTEN

Nachts draußen den Mond zu betrachten, kann für dieses Projekt sehr inspirierend sein und zusätzliche Spannung ins Raumstation-Spiel bringen. Satellitenbilder des Mondes anzuschauen ist ebenfalls eine gute Vorbereitung für die Mondgestaltung.

GESCHICKLICHKEITS-TRAINING

Die Alufolie zu zerknüllen ist eine tolle feinmotorische Übung.

1. Schneidet einen großen Kreis aus dem Plakatkarton aus.
2. Nimm große Stücke Alufolie und lass dein Kind sie zu Bällen zusammenknüllen. Das werden eure Malwerkzeuge!
3. Stellt verschiedene Metallicfarben wie Silber, Gold und Grau auf Pappteller. Dein Kind kann die Folienbälle in die Farben tunken und den Mond damit stempeln.
4. Wenn der Mond trocken ist, kann man Glitzer darüber streuen, dann strahlt er noch mehr.

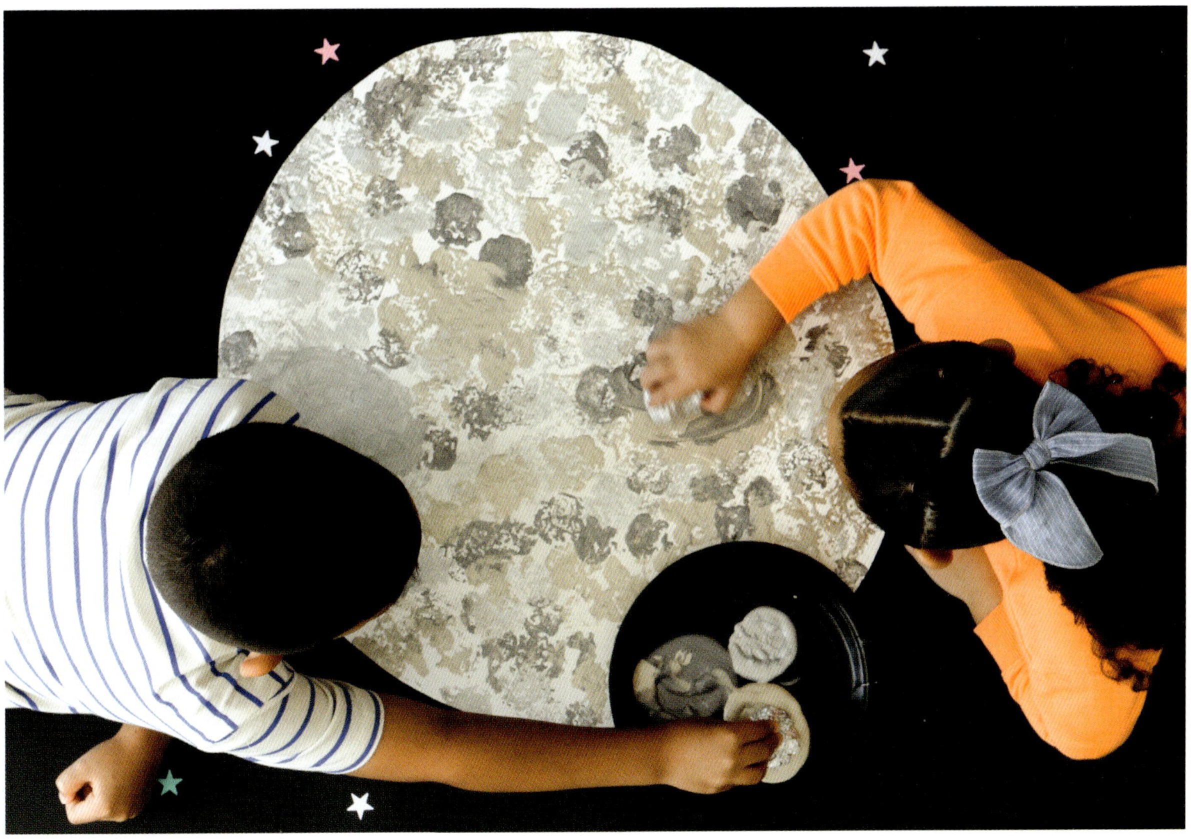

MONDSTEINE DEKORIEREN

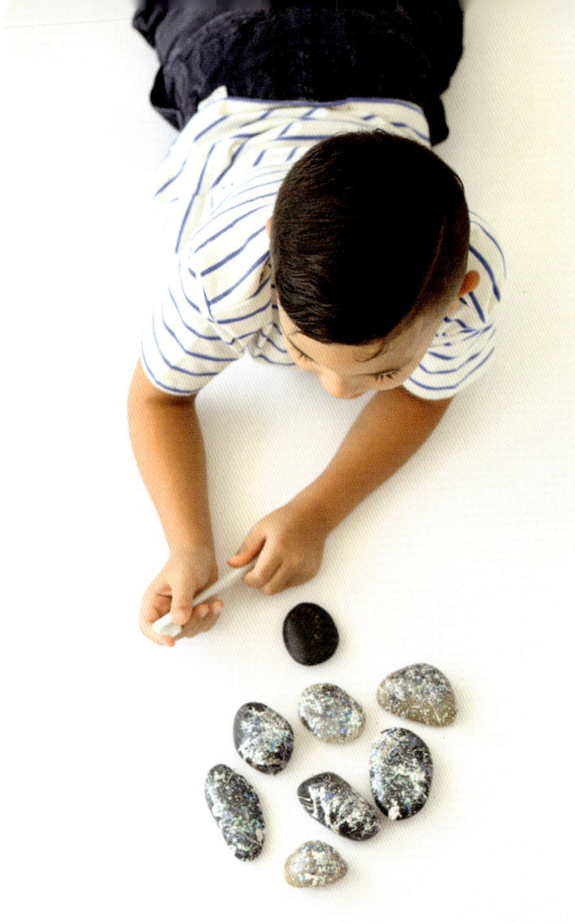

Steine bemalen intensiviert das Spielerlebnis: Du kannst sie in eine Sensorikbox geben, zusätzlich zu Bauklötzen oder Magnetbausteinen zum Bauen verwenden oder um das Raumschiff auslegen, sodass dein Kind sie in sein Spiel einbauen kann.

1. Säubert eure Steine; ihr könnt Flusssteine oder Dekosteine aus dem Baumarkt verwenden.
2. Verwendet alte Zahnbürsten, um blaue und weiße Farbe auf die Steine zu spritzen.
3. Streut biologisch abbaubaren Glitzer darauf und versiegelt die Farbe und den Glitzer mit Bastellack.

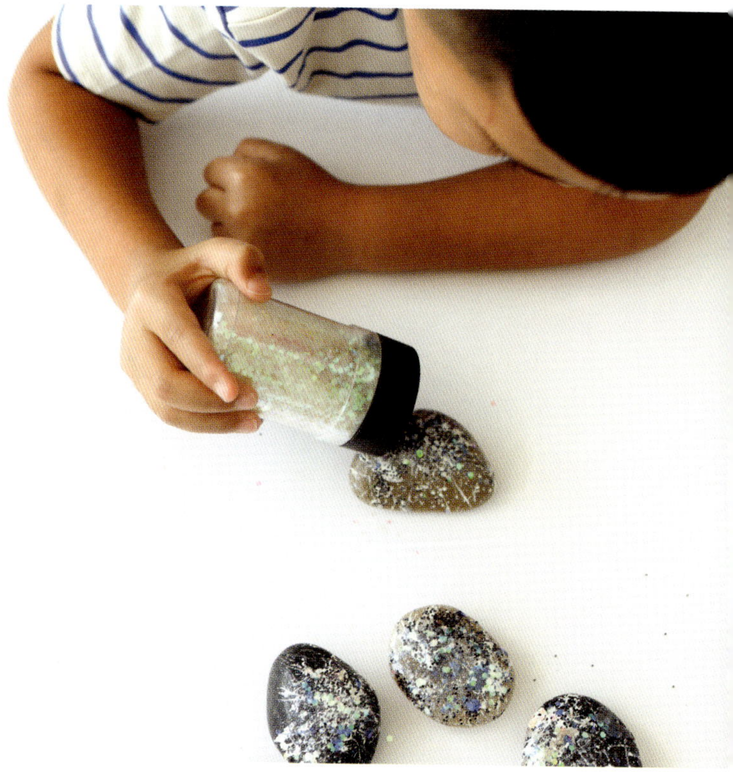

Erwachsenen-Tipp: Das Spritzen mit den Zahnbürsten kann eine ziemliche Schweinerei werden, zieht also, wenn möglich, alte Kleidung oder eine Schürze an, bemalt die Steine am besten draußen, oder stellt einen großen Karton mit der Öffnung zur Seite auf, legt die Steine hinein und benutzt ihn als Arbeitsbereich.

OOBLECK FÜR DIE GALAXIE

Jedes Kind sollte mit verschiedenen Texturen experimentieren. Jedes Material, das du in eine Sensorikbox füllst, erweitert die Bandbreite dessen, womit dein Kind vertraut ist. Die feinmotorischen Fähigkeiten werden gefördert, Ursache und Wirkung erforscht.

1. Setze eine Mischung aus 1,5 Teilen Maisstärke und 1 Teil Wasser an und gib lila Lebensmittelfarbe ins Wasser. Wiederhole das Ganze und fertige eine zweite Portion, aber diesmal mit schwarzer Lebensmittelfarbe.
2. Gieß die beiden Mischungen in eine flache Schale, jede in einen separaten Bereich, sodass sich die Farben langsam vermischen, du aber immer noch beide Farben erkennen kannst. Streue biologisch abbaubaren Glitzer darüber.
3. Lass dein Kind spielen und erforschen!

Erwachsenen-Tipp: Gib die Mischung zur Entsorgung nicht in den Ausguss.

Erweitere das Spiel: Diese zähflüssige Masse ist an sich schon lustig zum Spielen, aber wenn du ein paar einfache Dinge dazugibst, hat dein Kind vielleicht noch länger Spaß daran. Kleine Figuren, Löffel, Becher oder Eiskugelportionierer sind geeignet. Du kannst den Oobleck auch in Eiswürfelformen einfrieren.

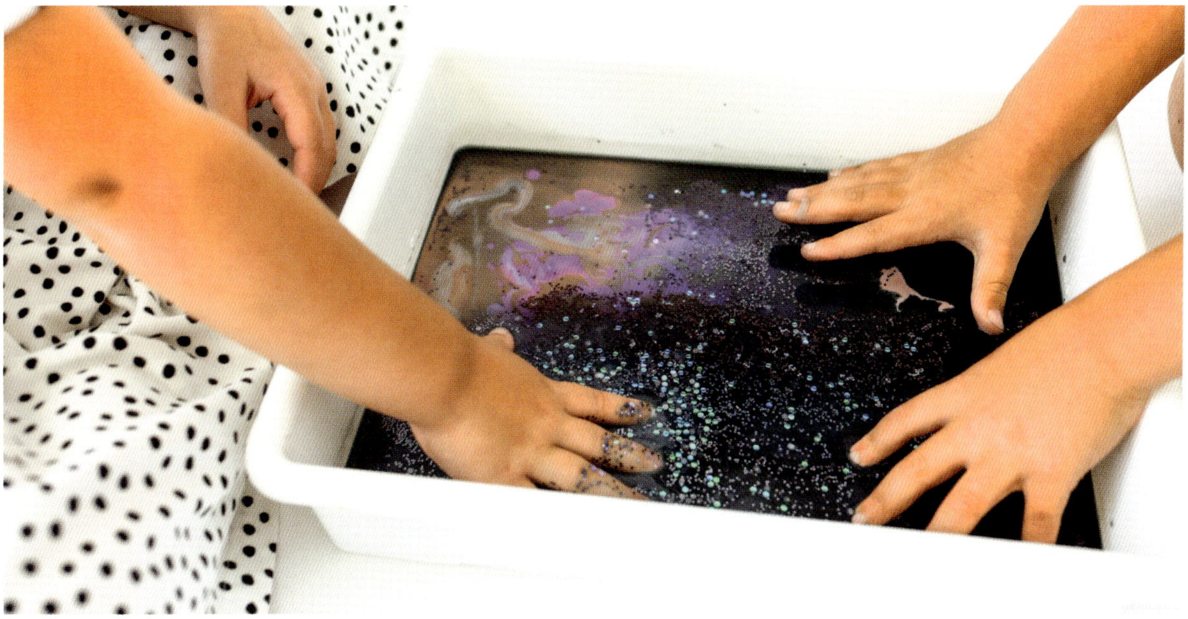

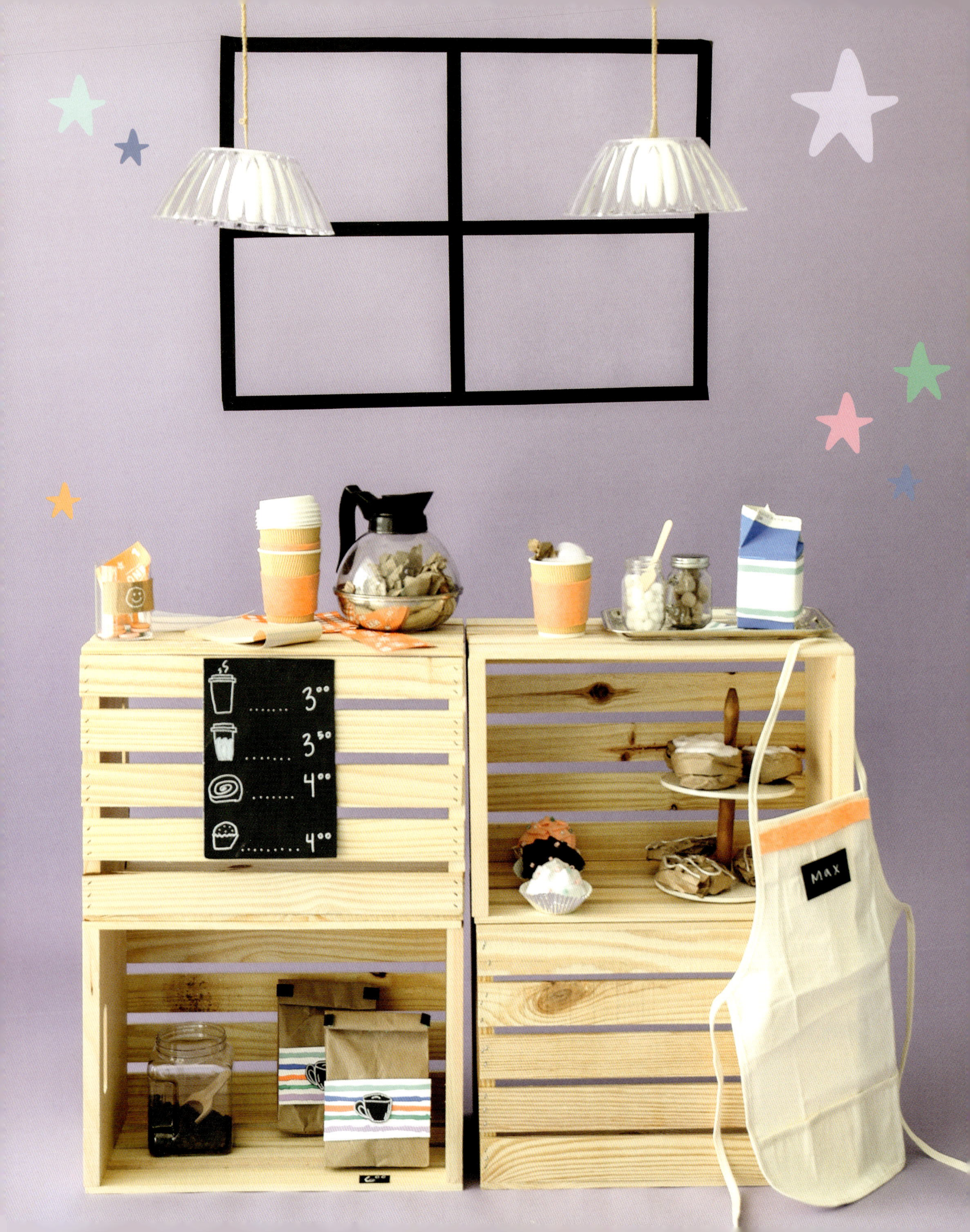

.... 3 00
.... 3 50
.... 4 00
.... 4 00
MAX

4

ROLLENSPIEL

Im Café

Riechst du den Kaffee? In diesem Café bestimmt! In diesem Kapitel zeigen wir dir, wie du ein Café einrichtest, komplett mit geruchsbasierter Sensorikbox, um wirklich alle Sinne deines Kindes anzusprechen. Das Spiel mit multiplen Sinneseindrücken ist sehr bereichernd und eine einmalige Gelegenheit für dein Kind, neue Geruchseindrücke mit früheren Erfahrungen zu verknüpfen. Jeder Kaufmannsladen hat mit Geld und all den mathematischen Fähigkeiten, die dafür nötig sind, zu tun, aber dieser Laden bietet noch einiges mehr. Dein Kind wird Kaffeebestellungen entgegennehmen, süße Köstlichkeiten verkaufen und sich im Design seiner eigenen Kaffeebohnenverpackung ausprobieren. Die kreativen Elemente in Kombination mit den konkreteren mathematischen Inhalten des Cafés sprechen Kinder mit unterschiedlichen Interessen an und ermöglichen jedem einen guten Einstieg in das Spiel. Das Café bietet deinem Kind auch die Gelegenheit, Tätigkeiten nachzuahmen, die es bei Erwachsenen beobachtet hat; beim Einnehmen der Rolle eines Erwachsenen geht es neben dem spielerischen Aspekt auch darum, eine abwechslungsreichere Sprache zu verwenden.

DAS BRAUCHEN WIR

- Holzkisten
- Pappbecher
- Servietten
- Holzstäbchen zum Umrühren
- Kaffeekannen
- braunes Papier
- Milchtüten
- Gläser mit Deckel
- Pompons
- Wattebäusche
- schwarzes Tonpapier
- weißen Edding
- Kaffeebohnen
- Eisportionierer
- Papiertüten
- Kuchenetagere oder -platte
- Washi Tape
- durchsichtige Plastikschüsseln
- weiße Plastikbälle
- Faden
- Karteikarten
- Dekomaterial: Farbe, Marker, Aufkleber, Stifte usw.
- Zimtstangen
- Teebeutel

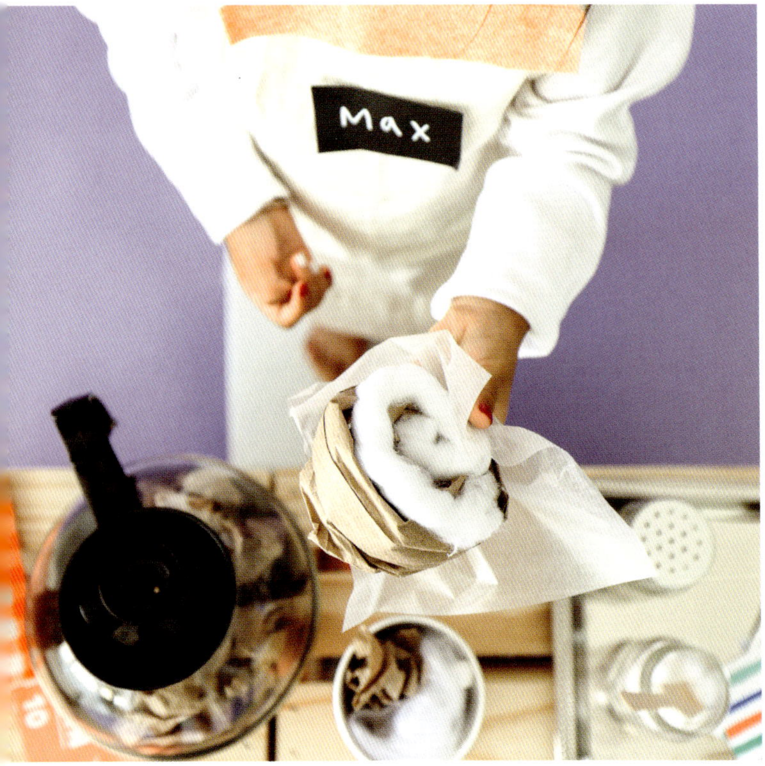

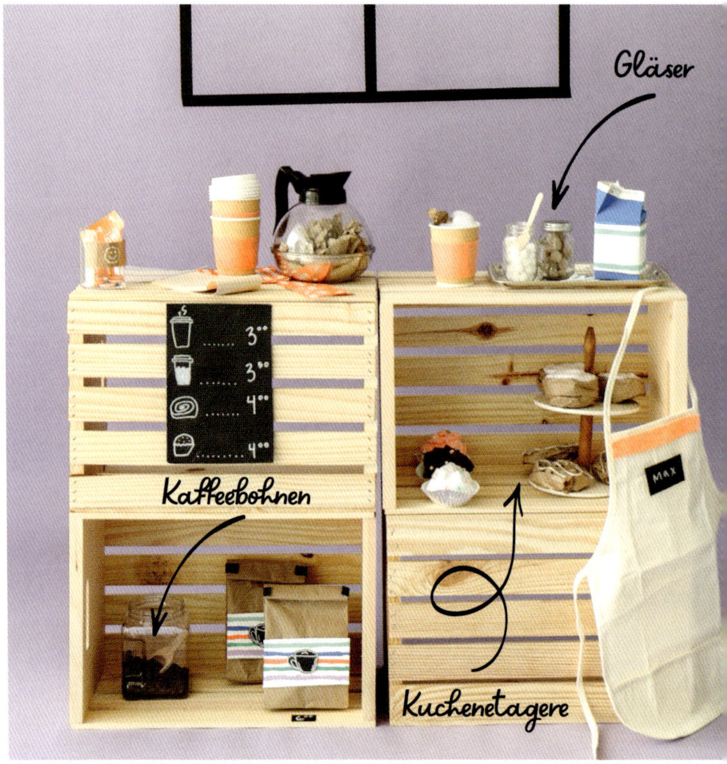

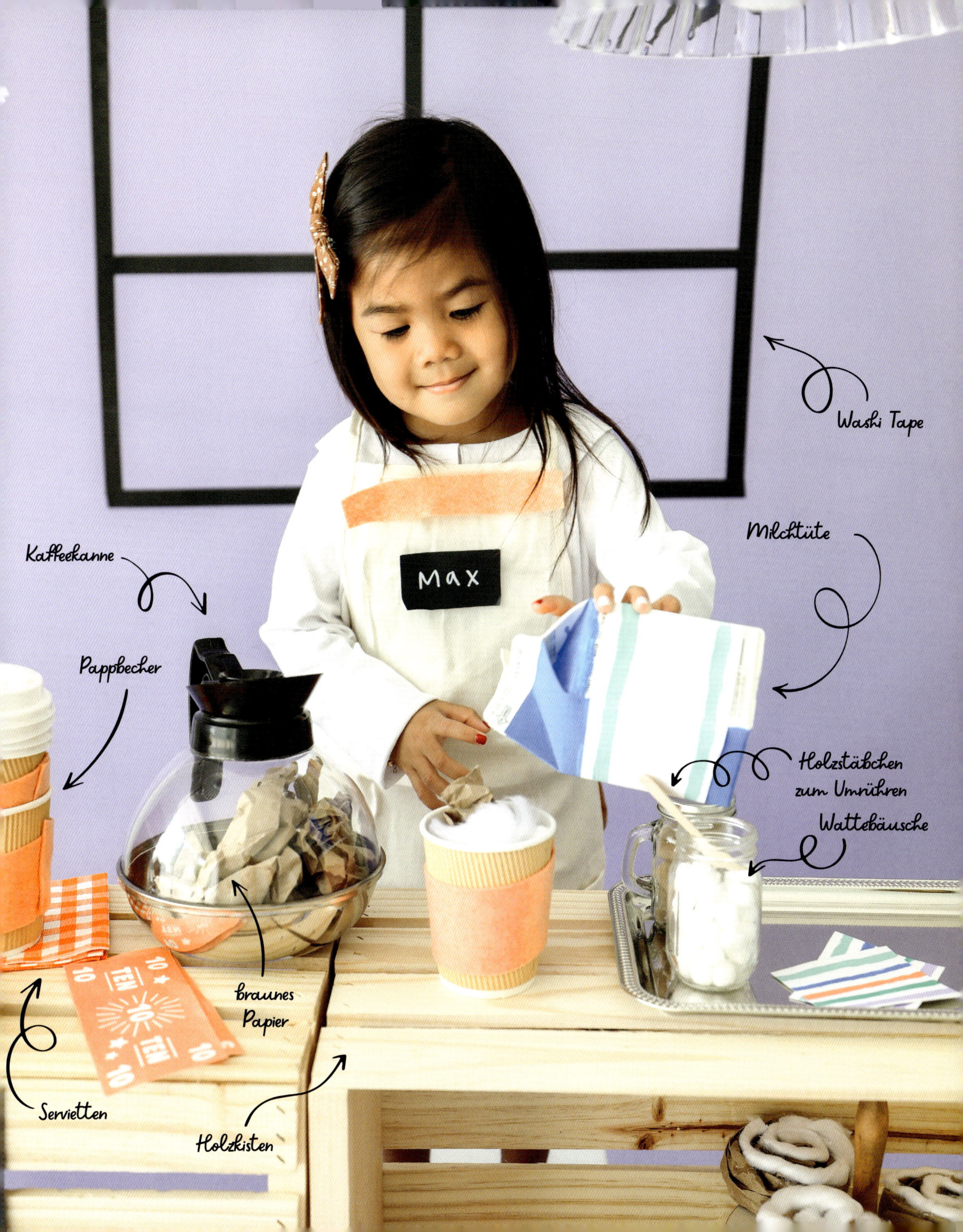
Washi Tape
Milchtüte
Kaffeekanne
Max
Pappbecher
Holzstäbchen zum Umrühren
Wattebäusche
braunes Papier
Servietten
Holzkisten

DIE KULISSE GESTALTEN

IM CAFÉ

Baue aus Holzkisten eine Backtheke; stelle immer zwei aufeinander, und zwar so, dass zwei Öffnungen zu dir zeigen und zwei zum Café. So kann dein Kind die dadurch entstehenden Regale benutzen. Stellt oben auf die Theke Dinge, die zu einem Café passen.

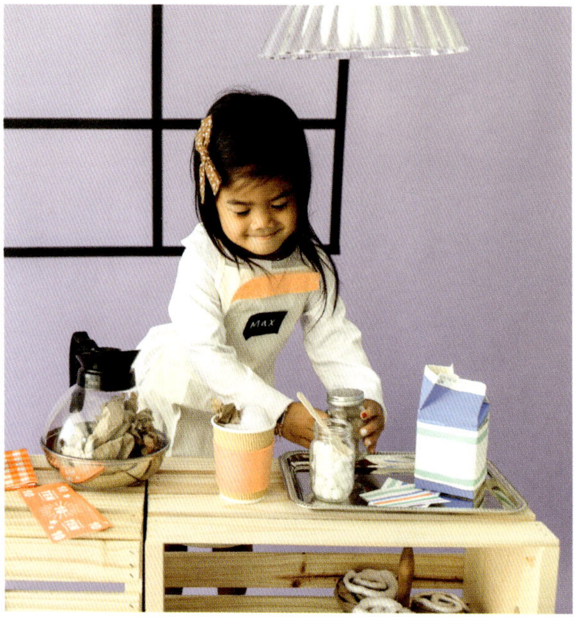

- Ihr könnt echte Pappbecher und Deckel benutzen, kleine Servietten, Holzstäbchen zum Umrühren und sogar eine Kaffeekanne.
- Füllt die Kaffeekanne mit zusammengeknülltem braunem Papier.
- Ihr könnt eine echte Milchtüte auswaschen, trocknen lassen, bemalen und in eurem Café benutzen.
- Stellt kleine Gläser mit Pompons und Wattebäuschen als Zuckerdosen auf.
- Schreibt mit weißem Stift eine Karte auf schwarzes Tonpapier und zeigt anhand von einfachen Bildern oder Wörtern, was ihr anbietet.
- Vergesst nicht, ein Glas fürs Trinkgeld dazuzustellen!
- Jetzt fehlen noch ein großes Glas mit Kaffeebohnen und ein Schöpflöffel sowie braune Papiertüten, damit dein kleiner Barista Kaffeebohnen verkaufen kann.
- Du kannst auch einen Bereich für Backwaren vorsehen und die süßen Gebäckstücke auf einer Etagere oder Kuchenplatte anrichten.
- Zum Schluss klebst du mit Washi Tape ein Fenster auf und bastelst Lampen aus leichten Plastikschüsseln, wie es sie im 1-EURO-Laden gibt. Mit Heißkleber klebst du weiße Plastikbälle hinein und oben mit Tape eine Schnur daran, dann klebst du die Lampen an die Decke.

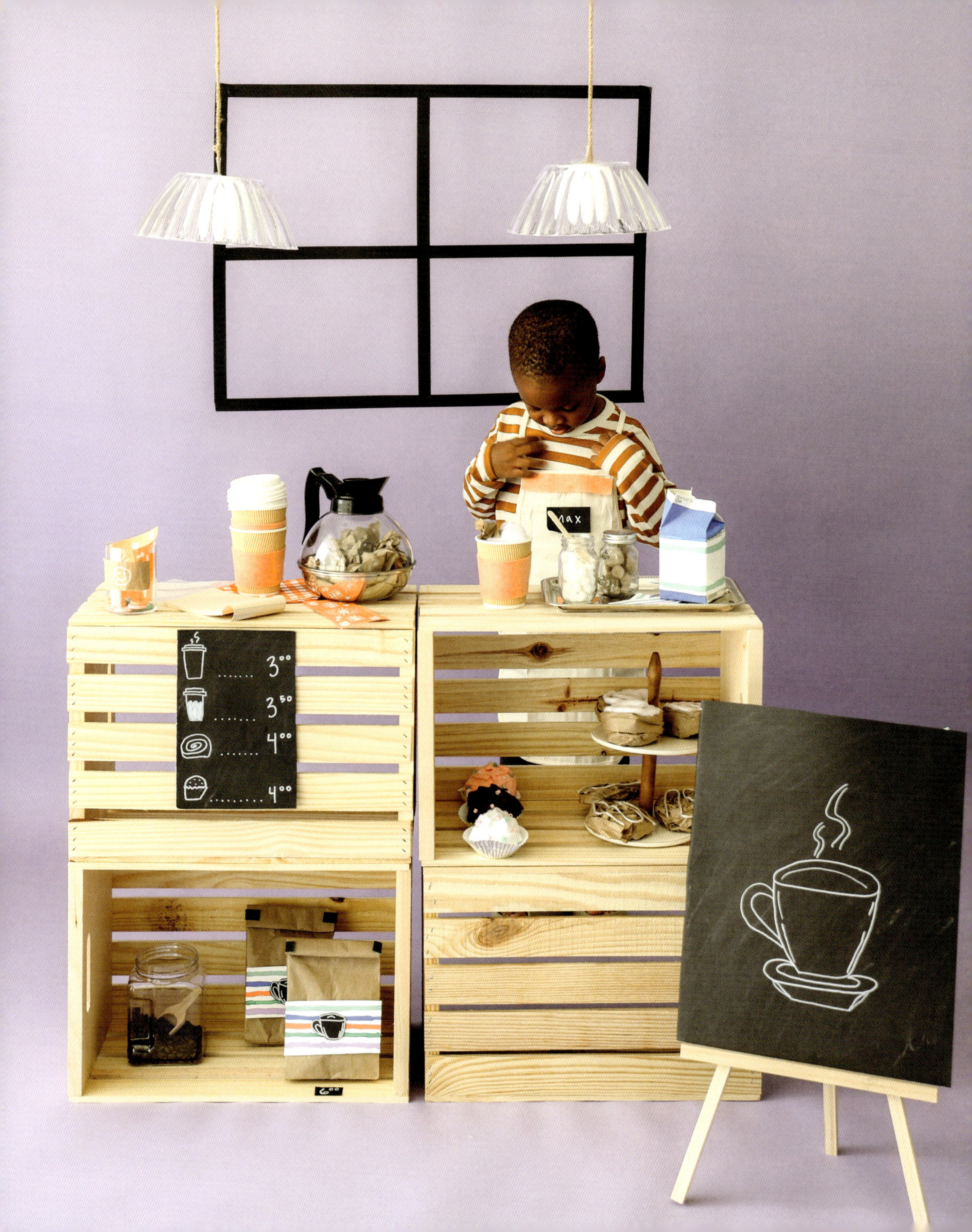

GEBÄCK BASTELN

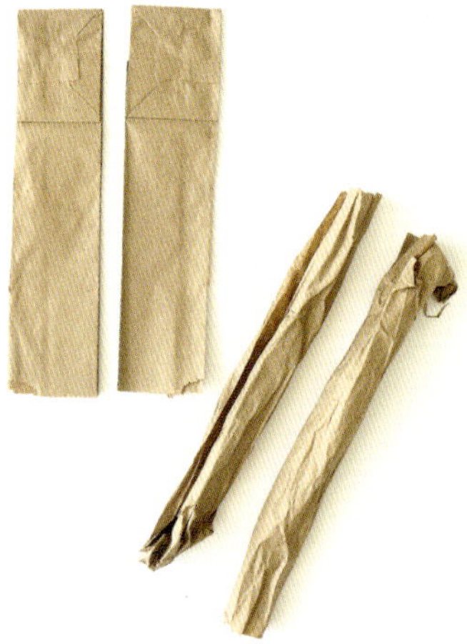

Eine Tasse Kaffee passt wunderbar zu süßem Gebäck! Ein paar zusammenpassende Dinge in einem kleinen Laden zu haben, sorgt dafür, dass die Umgebung abwechslungsreich genug ist, um das Spiel in Gang zu bringen, ohne das Kind dabei zu überfordern.

1. Schneide eine braune Papiertüte in der Mitte durch und rolle sie zusammen. Forme dann eine Zimtschnecke und klebe sie mit Heißkleber zusammen.
2. Klebe Fäden als Frosting obendrauf. Einfacher weißer Faden ergibt ein Vanille-Frosting, verschiedenfarbige Fäden ergeben verschiedene Geschmacksrichtungen, braunen Faden verwendest du für Schokoschnecken und blauen für eine Schnecke mit Blaubeergeschmack.
3. Lege die Teilchen auf eine Etagere oder Kuchenplatte.

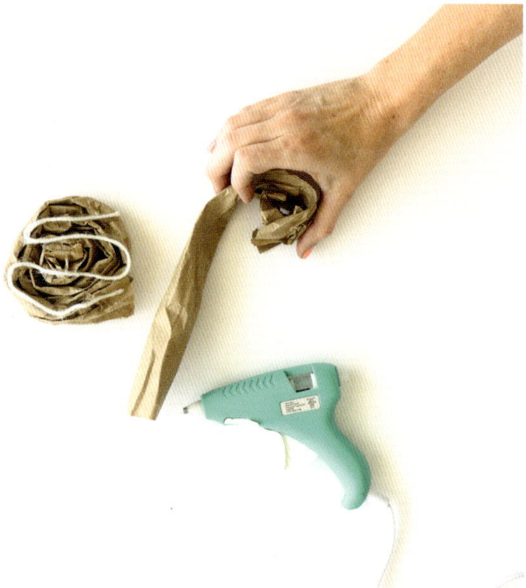

Erweitere das Spiel: **Stelle zusätzliche Verpackungen bereit, die dein Kind verwenden kann, um die Gebäckstücke einzupacken, wie Papierboxen oder kleine Tüten.**

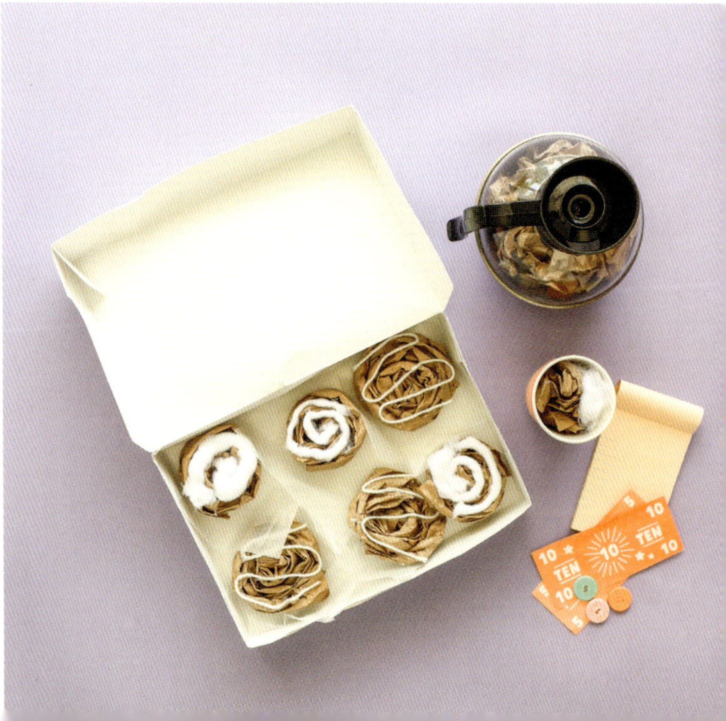

EINE EIGENE KAFFEE-BOHNENVERPACKUNG DESIGNEN

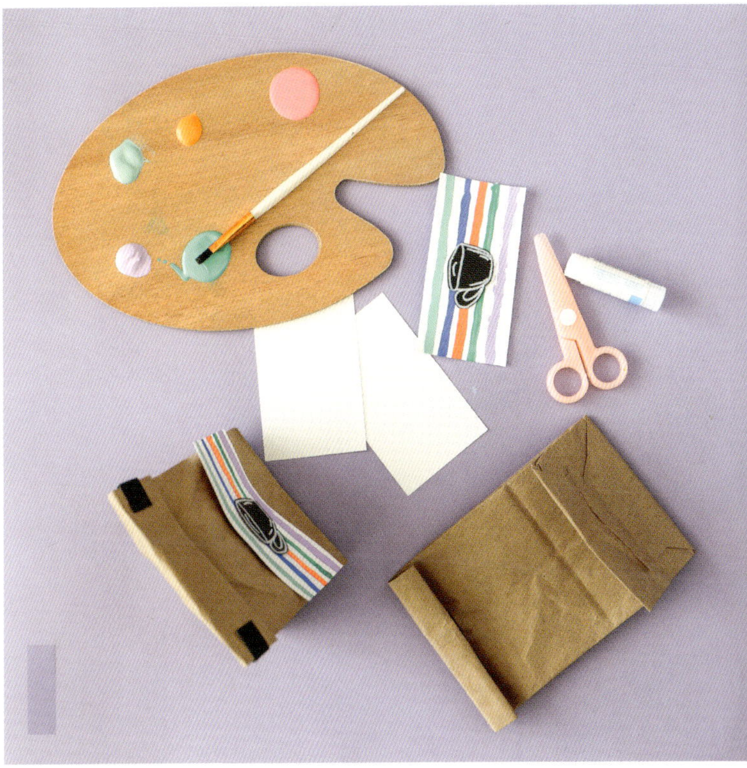

Diese Spielwelt wird durch die Gestaltung von Etiketten für die Verpackung noch kreativer. Es kann nicht schaden, ein paar ruhigere, individuellere Aktivitäten wie diese einzubauen, neben denen, bei denen reale wie vorgestellte Interaktionen im Mittelpunkt stehen.

1. Verwendet kleine braune Papiertüten und Karteikarten, um Kaffeebohnen-Verpackungen für den Verkauf zu gestalten.
2. Verseht die Karteikarten mit verschiedenen künstlerischen Elementen: Ihr könnt euer Kind Wasserfarbe, Marker, Aufkleber, Stifte oder alles andere, das ihr vorrätig habt, verwenden lassen, um die Karten zu verzieren. Sind sie einmal verziert, kannst du sie vorne auf die braunen Papiertüten kleben.
3. Dein Kind kann die Tüten dann mit echten Kaffeebohnen, zerknülltem braunen Papier oder Pompons befüllen, sodass sie an imaginäre Kunden verkauft werden können.

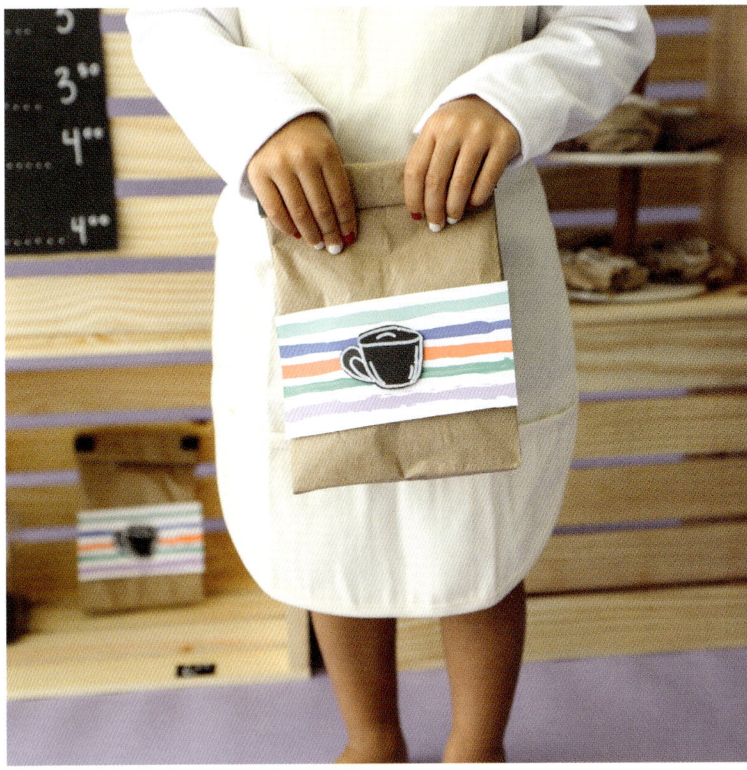

POMPON-KAFFEE-SPIEL

Pompons sind ein lustiger Ersatz für die verschiedenen Kaffeespezialitäten, die es in einem Café gibt, und wer mag, kann die Pompons als Zutaten verwenden, um zu üben, Anleitungen mit mehreren Schritten zu befolgen!

1. Fülle mehrere Gläser mit Pompons; du kannst verschiedene Braun- und Nudetöne sowie Weiß verwenden, um verschiedene Zutaten zu imitieren, wie Milch, Zucker, Kaffee, heiße Schokolade und Tee.
2. Benutzt Kaffeebecher, Deckel und Schutzhüllen aus Pappe.
3. Fluffige Wattebäusche stellen die Schlagsahne dar.
4. Lass deinen kleinen Barista seine Getränke zubereiten, indem er die nötigen Zutaten in die Becher füllt.

Altersgerechte Anpassung: **Kleineren Kindern macht es Spaß, Pompons in die Becher zu füllen; ältere Kinder können bei dieser Aktivität erste Versuche mit Volumen machen, wenn sie kleine, mittlere und große Getränke zubereiten. Die Größeren können Rezepte erstellen und verwenden, um verschiedene Getränke zuzubereiten, und dabei auch Pompons in verschiedenen Mengen und Farben nutzen.**

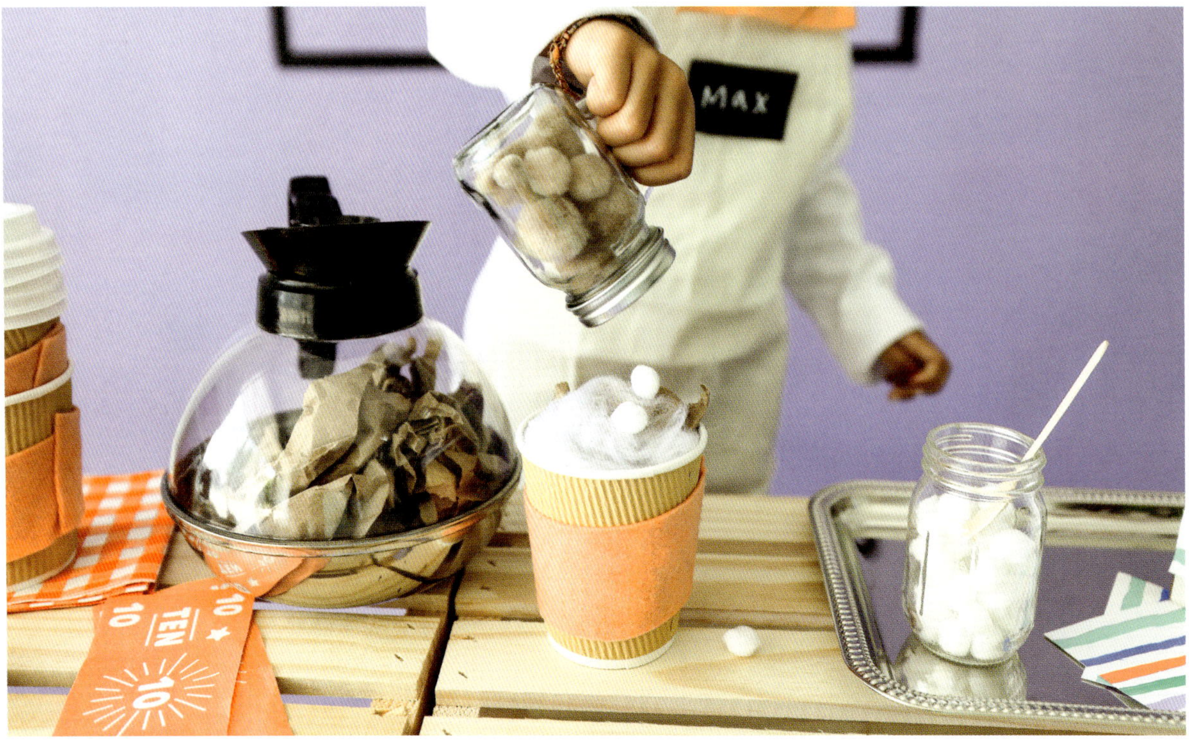

SENSORIKBOX MIT GERUCHSERLEBNIS

Beim Spielen denken wir selten an unseren Geruchssinn, aber er kann das Erlebnis für kleinere Kinder sehr bereichern, da er Erinnerungen wachruft und sie auf besondere Weise anregt. Ein Café ist genau der richtige Ort, um Gerüche zu erforschen, denn es gibt so intensive, leicht erkennbare Gerüche, die damit assoziiert werden.

Erweitere das Spiel: Du kannst auch ätherische Öle oder Extrakte wie Vanille auf Wattebäusche träufeln und sie in die Gläser geben, das ist etwas schwieriger für dein Kind.

1. Suche duftende Gegenstände zusammen; ganze Kaffeebohnen, Zimtstangen und Teebeutel sind einfach zu handhaben, aber deiner Kreativität sind keine Grenzen gesetzt. Denke einfach mal daran, welche Gerüche dir bei einem Café-Besuch in die Nase steigen können.

2. Platziere alles in Gläsern und lass sie dein Kind ausprobieren. Es kann versuchen, die Gerüche zu erkennen, oder sich daran erinnern, dass es schon mal etwas gegessen oder getrunken hat, das diese Zutat enthielt.

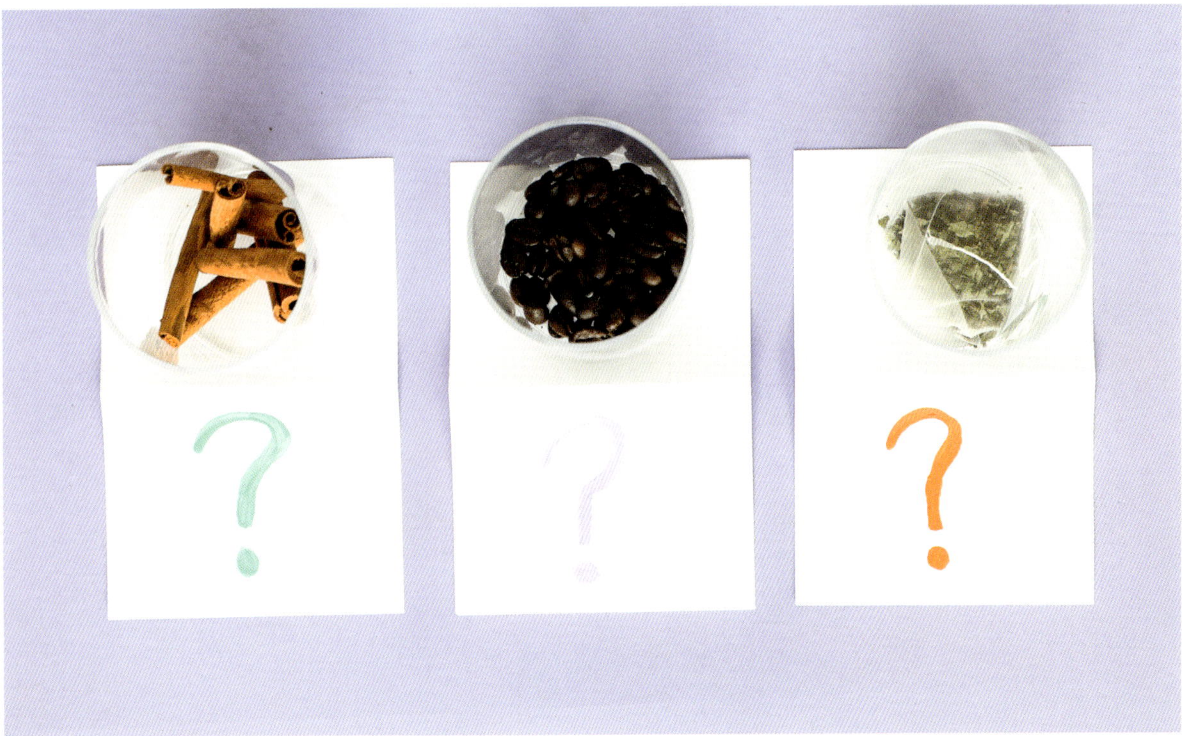

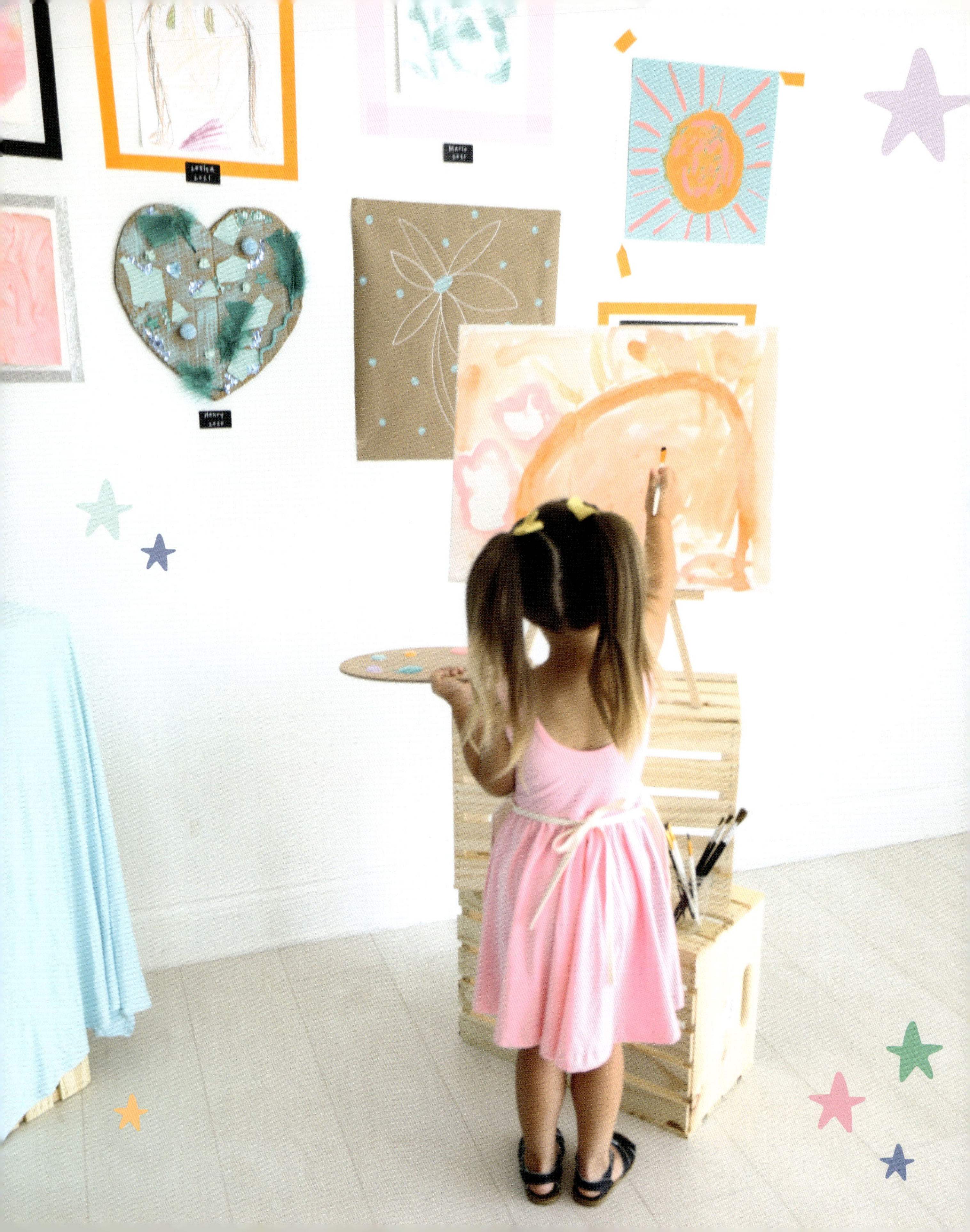

5

ROLLENSPIEL

Im Kunstmuseum

In diesem Kapitel geht es darum, dein Kind seine künstlerische Seite erforschen zu lassen.

Es gibt so viele Möglichkeiten, wie wir uns ausdrücken können, und in dieser Kunstmuseum-Spielwelt haben wir versucht, verschiedene anzubieten, die dein Kind ausprobieren kann. Diejenigen, die bereits gern kreativ sind, zum Beispiel beim Malen, können ihre eigenen Bilder in ihrer Galerie ausstellen. Die, die noch nicht wissen, was sie gern machen, können Bildhauerei ausprobieren oder Collagen erstellen. Manche Kinder beschäftigen sich gern mit neuen Kunstprojekten, andere zögern mehr und es hilft ihnen, durch das Museum eine Struktur vorgegeben zu bekommen. Sie können ein Ausstellungsstück präsentieren und Rahmen basteln oder eigene Kunstwerke erschaffen. Das ist auch ein tolles Feinmotorik-Training. Über die Projekte zu sprechen, ist eine hervorragende sprachliche Übung. Wenn du dein Kind dabei unterstützt, seine Gedanken zu erläutern und zu beschreiben, was es gemacht hat, ist das eine gute Übung zur Förderung der Metawahrnehmung oder zum Verständnis von Denkprozessen und den dazugehörigen Mustern. Bitte dein Kind, dir von seiner Kunst zu erzählen, was es dazu gebracht hat, das Kunstwerk so zu realisieren, und wie es sein Werk nennen würde; oder stelle Details heraus, die dir ins Auge gefallen sind. Das kann zu intensiveren Gesprächen führen, als wenn du einfach sagst, es gefällt dir, und das reflektive Denken anregen, das für die Metawahrnehmung benötigt wird.

DAS BRAUCHEN WIR

- Holzkisten
- Stoffe zum Drapieren
- Washi Tape
- schwarzes Tonpapier
- Band
- kleinen Stuhl oder Bank (optional)
- geeignete Kunstmaterialien, wie Farbe, Stifte, Tonpapier, lufttrocknenden Ton, Styroporformen, Perlen usw.
- Staffelei
- Karton
- Klebstoff

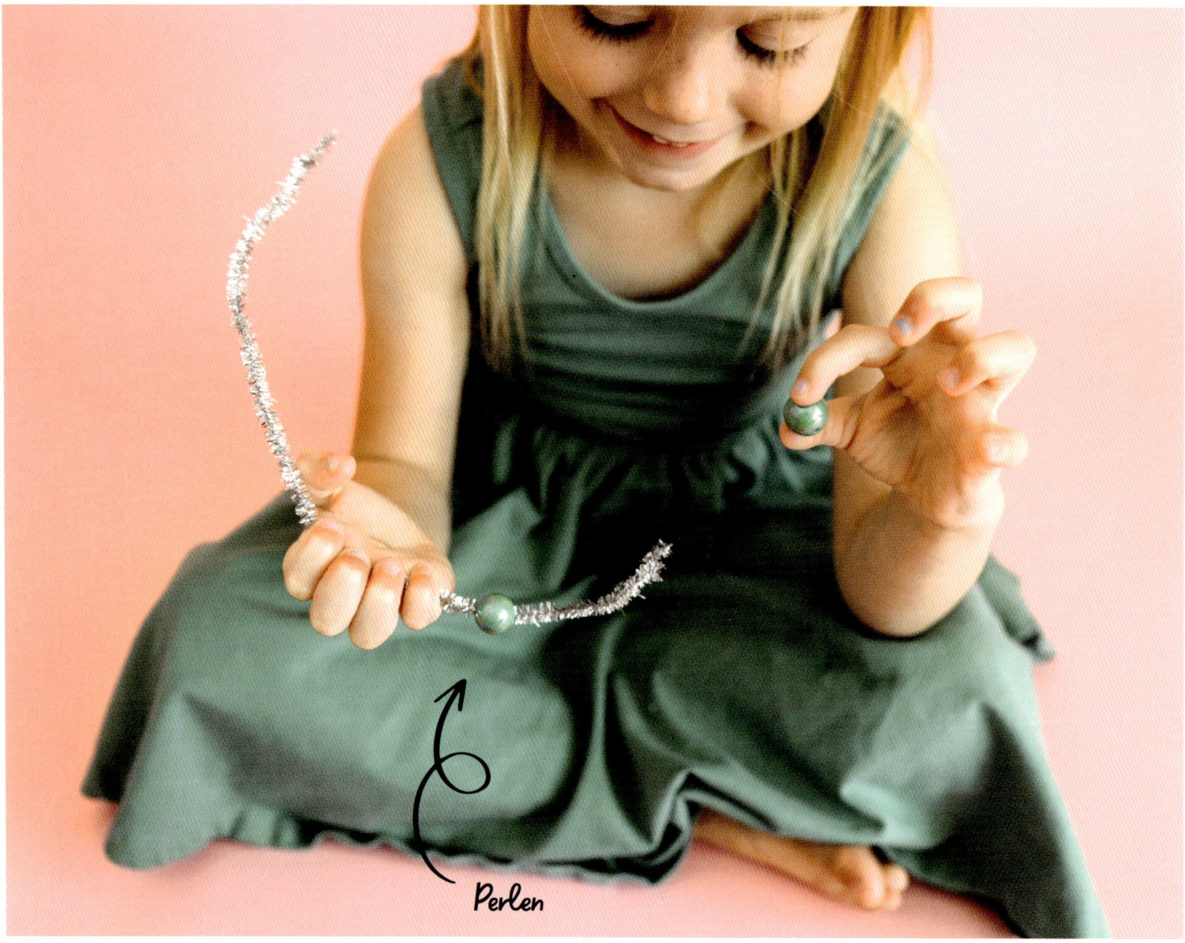

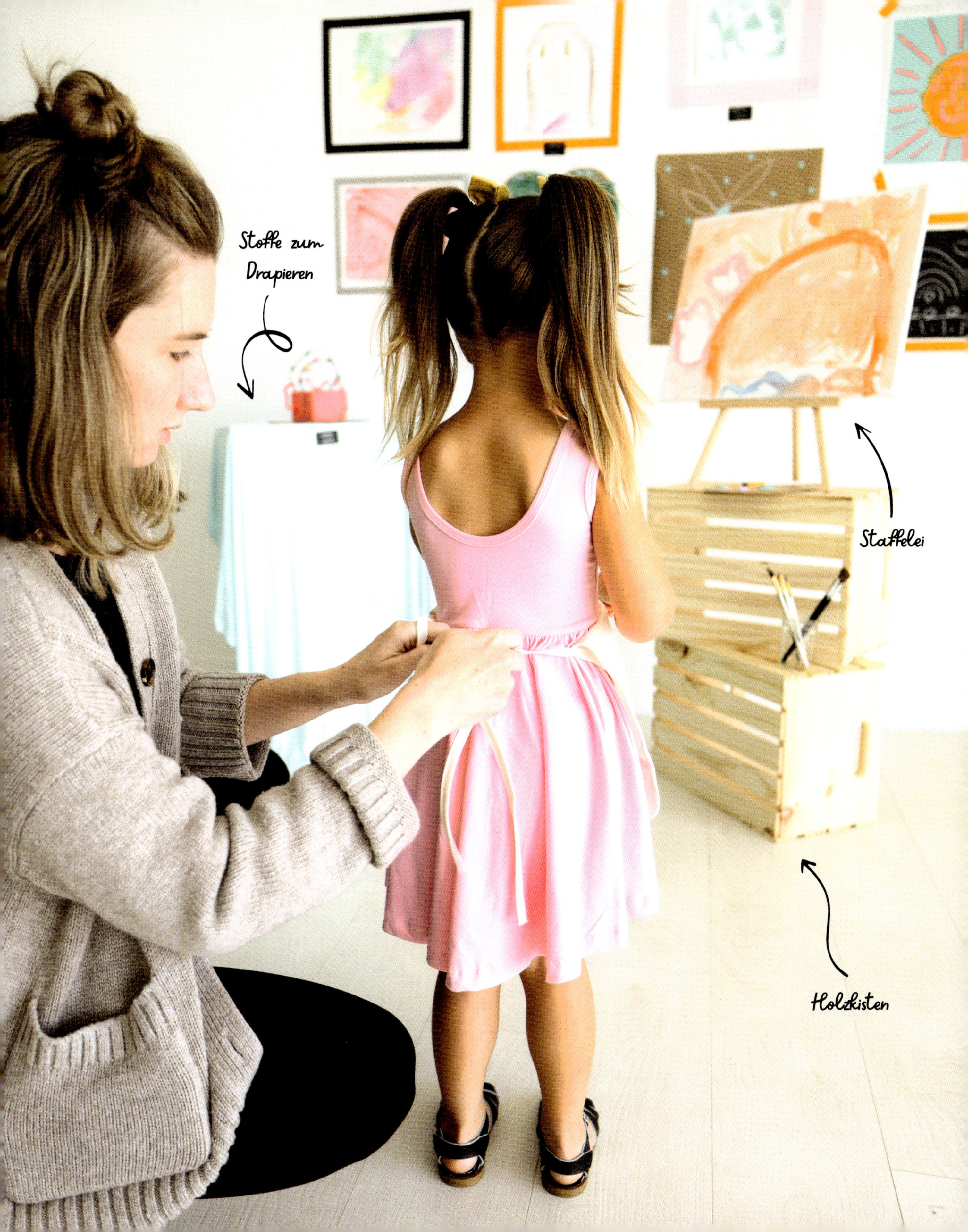
Stoffe zum Drapieren
Staffelei
Holzkisten

DIE KULISSE GESTALTEN

IM KUNSTMUSEUM

Du kannst sowohl den Galeriebereich als auch den Studiobereich nachbauen. Im Galeriebereich stellst du Kisten als Sockel für Skulpturen aufeinander und drapierst Stoffe darum, um die Kisten zu kaschieren. An die Wände klebst du Washi Tape als Rahmen, in denen die zweidimensionalen Kunstwerke präsentiert werden können. Darunter kommen kleine Schildchen aus schwarzem Papier, auf denen der Name des Künstlers, Datum und Titel des Werks genannt werden. Du kannst auch Bänder spannen, um die Besucher davon abzuhalten, die Kunstwerke zu berühren, und eine kleine Bank oder einen Stuhl aufstellen, sodass sie sich setzen und die Kunst bewundern können. Im Studiobereich kannst du verschiedene Utensilien aus dem künstlerischen Bereich arrangieren, sodass dein Kind Kunstwerke erschaffen kann, die in der Galerie ausgestellt werden. Damit dein Kind im Stehen arbeiten kann, kannst du ein paar Kisten stapeln und oben eine kleine Staffelei aufstellen.

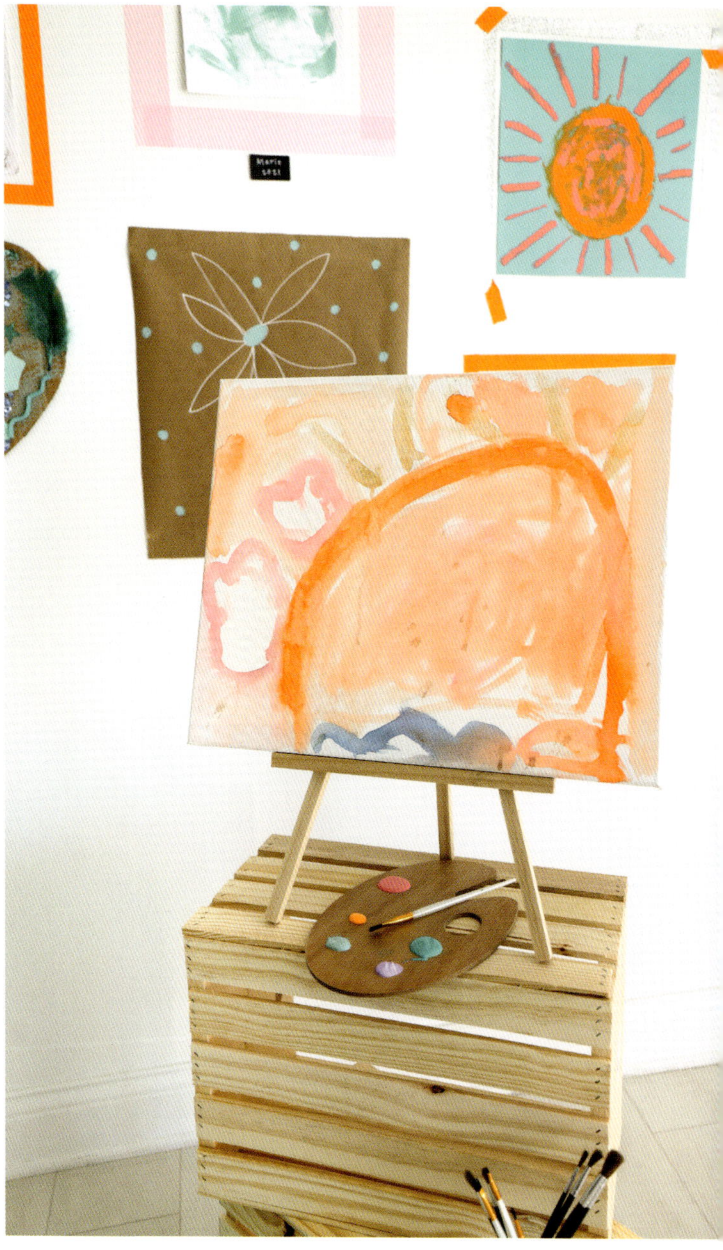

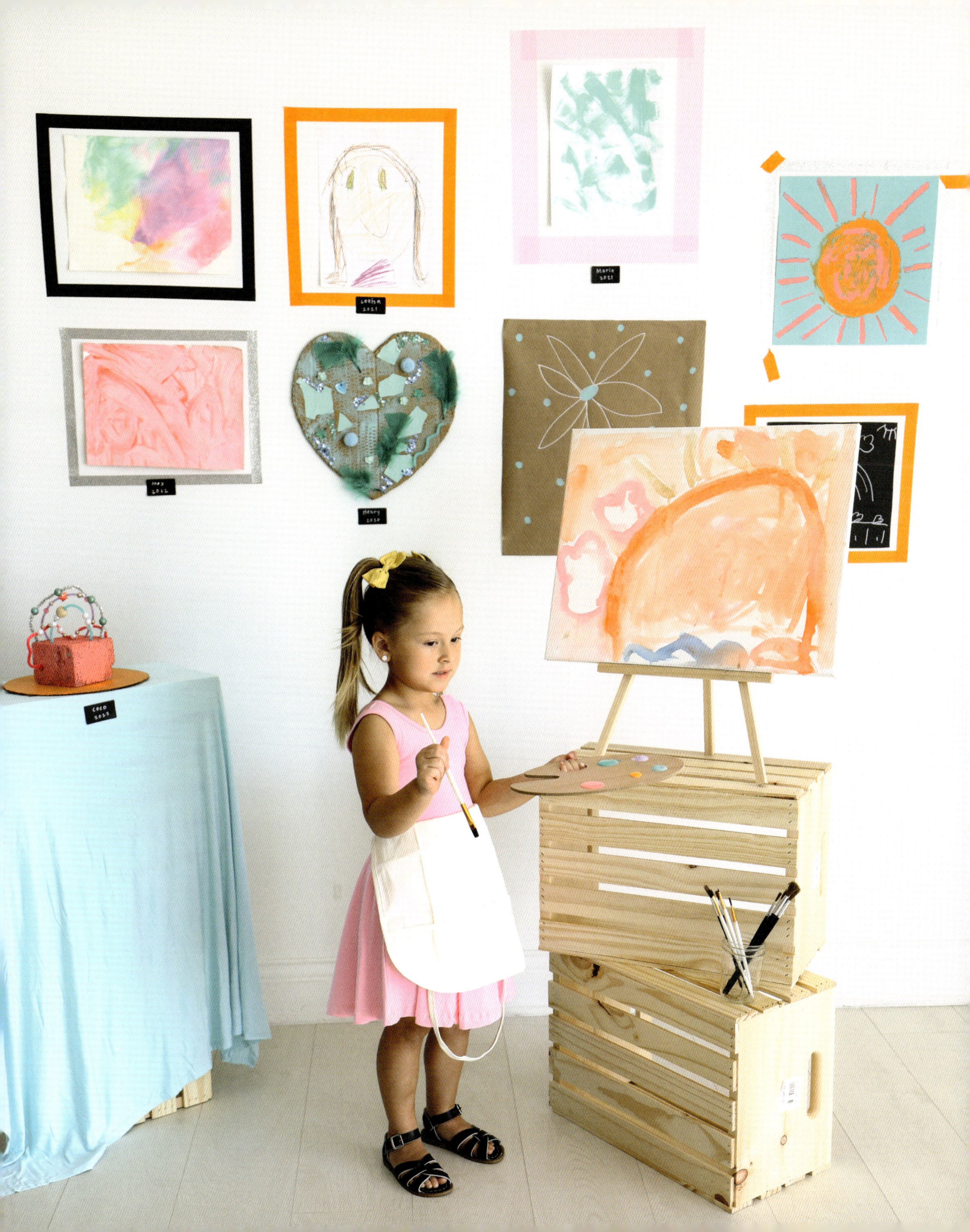

EINE AUSSTELLUNG VORBEREITEN UND EIGENE RAHMEN GESTALTEN

Jedes Kunstmuseum braucht Ausstellungen, und es macht Spaß, sie zu organisieren. Halte das je nach Belieben ganz einfach oder lass deiner Kreativität freien Lauf! Wenn du noch nicht genug Material zusammenhast, kannst du einfach und kostengünstig mit ein paar Postkarten starten. Es kann sehr spannend sein, zu sehen, welche Stücke für dein Kind gut zusammenpassen. Wenn es seine Exponate auswählt, versuch herauszufinden, welche Gemeinsamkeiten die Werke in seinen Augen haben.

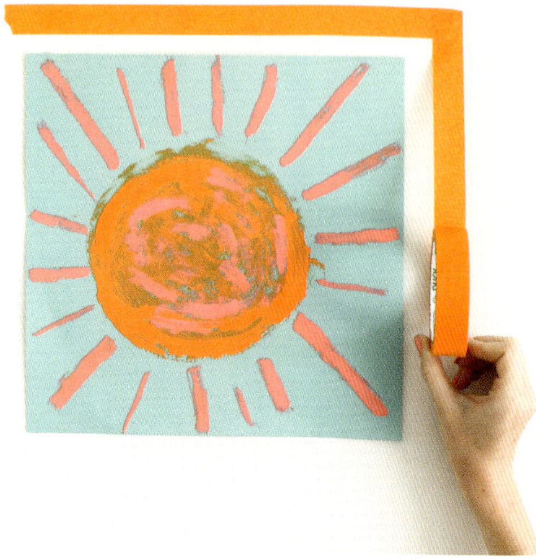

1. Besprecht, wie ihr Werke aussucht, die miteinander harmonieren, oder wie ihr eine Ausstellung organisieren könnt.
2. Dein Kind kann das Haus durchstöbern, Kunstwerke erschaffen oder Fotos von Gegenständen machen, die ihm für seine Ausstellung gefallen. Wenn es zum Beispiel eine Ausstellung über Tiere machen möchte, sucht es vielleicht ein Bild des Familienhundes, bastelt eine Tierfigur und malt einen Fisch.
3. Lass dein Kind seine Sammlung im Museum ausstellen. Es kann Bilder in die Rahmen kleben, die du bereits gestaltet hast, oder mit Washi Tape eigene Rahmen aufkleben. Es kann die Rahmen auch mit kleinen Stücken Washi Tape verzieren, wenn es mag.

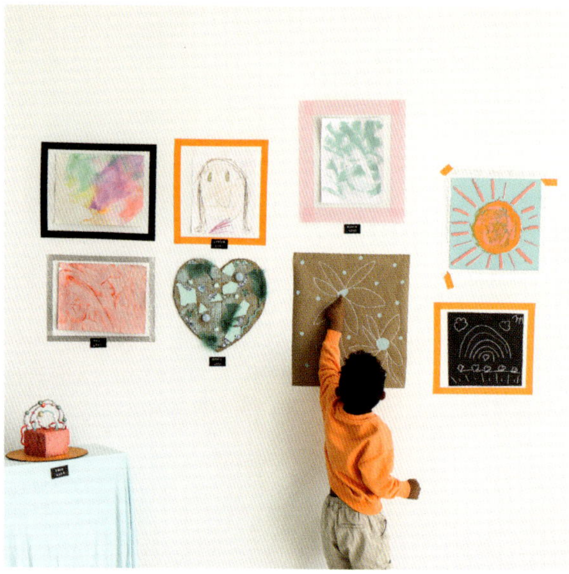

GESCHICKLICHKEITS-TRAINING

Zusammenpassende Dinge als Set zu arrangieren, ist eine wichtige mathematische Fähigkeit, die dein Kind bei dieser Aktivität trainieren kann!

EINE SKULPTUR ERSCHAFFEN

Skulpturen sind deinem Kind vielleicht noch fremd, aber dieses einfache Projekt ist ein toller Einstieg zur Gestaltung dreidimensionaler Kunst! Man kann sich dabei sehr gut kreativ austoben, zudem wird dein Kind mit dem Begriff der Dreidimensionalität vertraut gemacht.

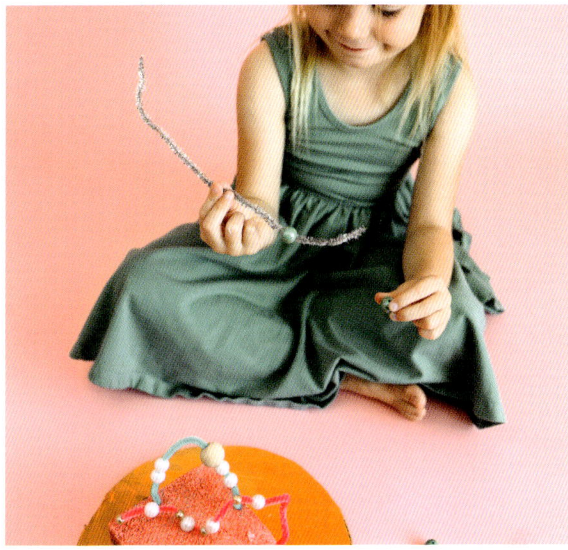

1. Sammle verschiedene Styroporformen, entweder Verpackungsmaterial oder aus einem Hobbymarkt oder 1-EURO-Laden. Dazu richtest du Farbe, Pfeifenputzer und Perlen her und gibst deinem Kind die Möglichkeit, seine eigene Skulptur zu erschaffen.

2. Wenn dein Kind etwas mehr Anstoß braucht, kannst du es ermutigen, das Styropor anzumalen. Während es trocknet, kann es Perlen auf die Pfeifenputzer auffädeln. Achte darauf, dass die Perlen für dein Kind die richtige Größe haben: Kleinere Kinder sollten große Perlen und dickere Pfeifenputzer verwenden, größere kommen mit kleineren Perlen gut zurecht. Wenn dein Kind alle Komponenten zusammenhat, kann es sie kombinieren und die Pfeifenputzer in das Styropor stecken und sie verbiegen und verdrehen, bis ihm die Form gefällt.

3. Klebe die Skulptur, wenn sie fertig ist, auf ein Stück Karton und stelle sie in der Galerie aus. Denk an das Schildchen mit den Informationen zum Künstler!

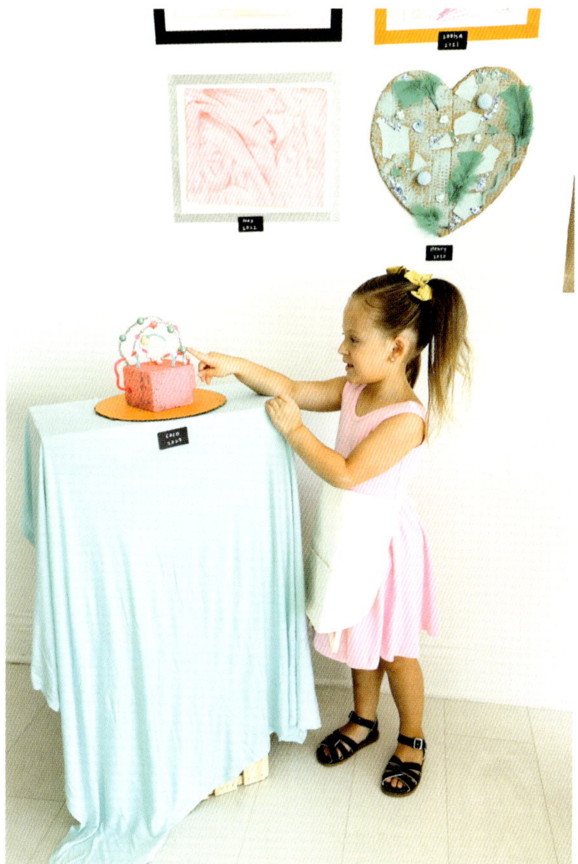

EIN MONOCHROMATISCHES KUNSTWERK ERSCHAFFEN

Einfarbige Kunst ist oft wunderschön; außerdem kann man so hervorragend übrig gebliebene Materialien verbrauchen. Wenn du beim Basteln eine Box aufstellst, in der du die Reste aufbewahrst, hast du für solche Projekte immer genug Vorrat. Dein Kind kann mithelfen, indem es alles nach Farben sortiert.

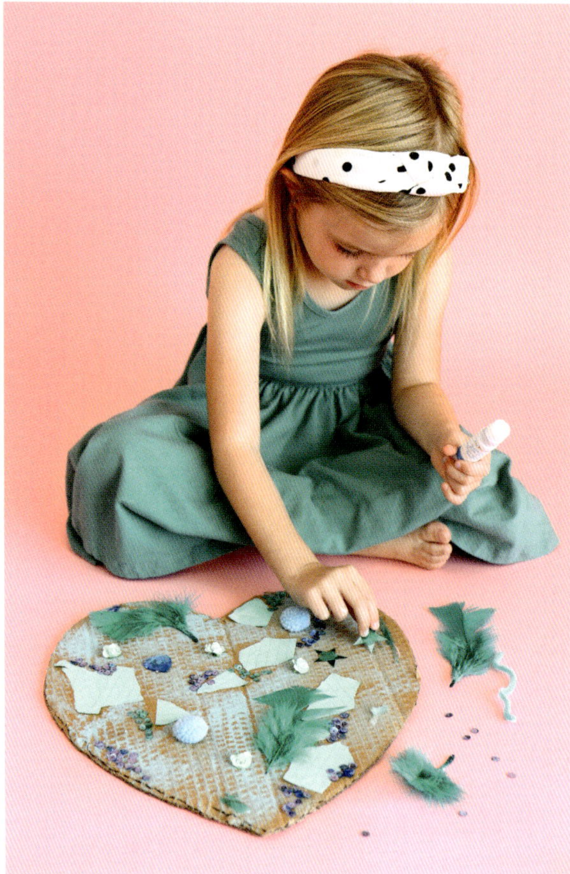

1. Dein Kind sucht sich eine Form aus und du schneidest sie aus einem Stück Karton aus, sie kann groß oder klein sein.
2. Du kannst Farbe, Kreide oder Buntstifte in derselben Farbe bereitlegen, sodass dein Kind den Karton bemalen kann.
3. Stelle verschiedene gleichfarbige Materialien bereit, die dein Kind benutzen kann, um auf dem Karton eine Collage zu gestalten.
4. Klebe die Teile fest.

GESCHICKLICHKEITS-TRAINING

Verschiedene Schattierungen derselben Farbe zu entdecken, indem man sie beschreibt oder benennt, trainiert die sprachlichen Fähigkeiten.

Altersgerechte Anpassung: Ältere Kinder können ihre eigenen Farbschattierungen für diese Aktivität mischen; Stelle die Basisfarbe sowie schwarze und weiße Farbe bereit und einen Teller oder ein paar kleine Becher, die sie als Palette benutzen können.

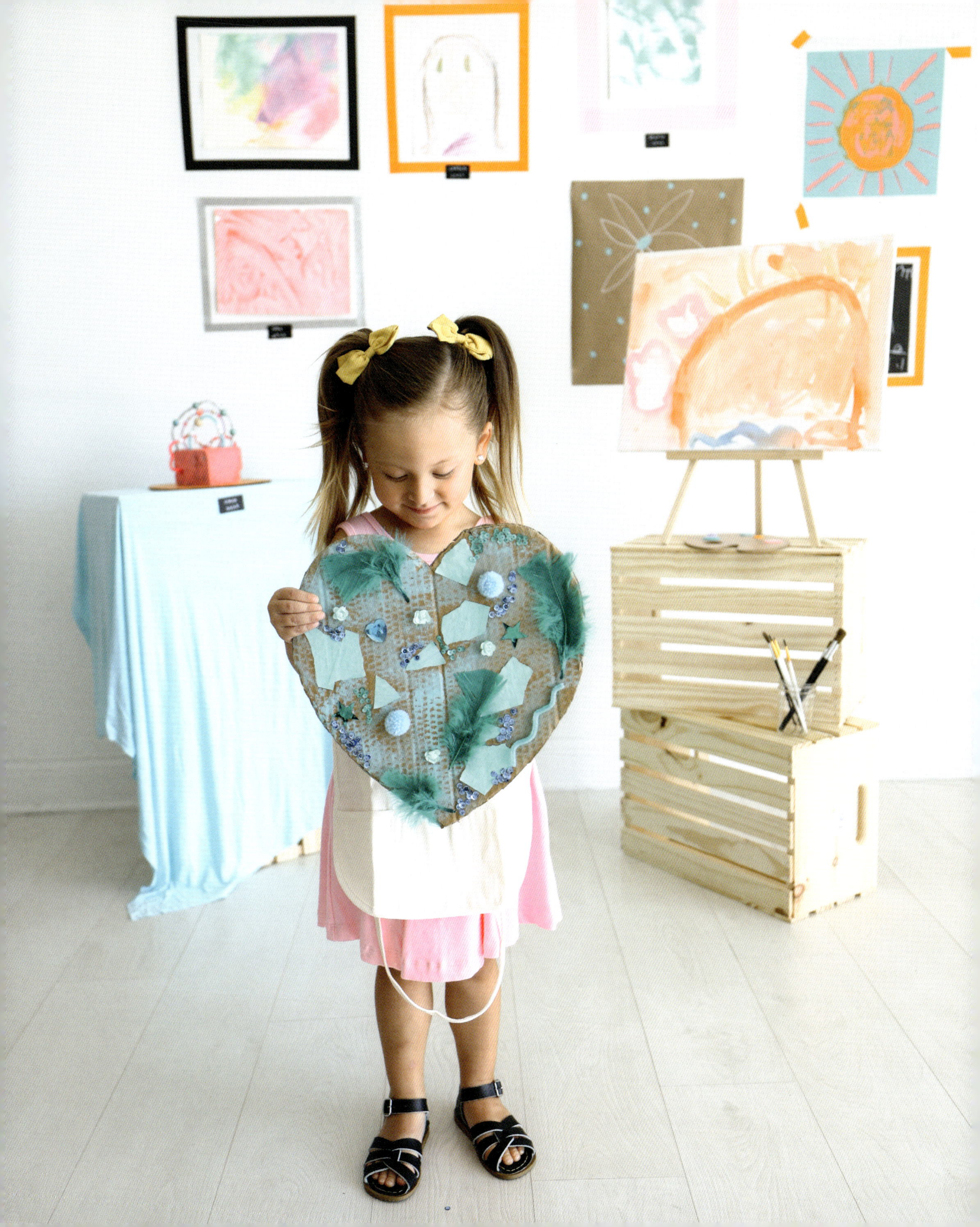

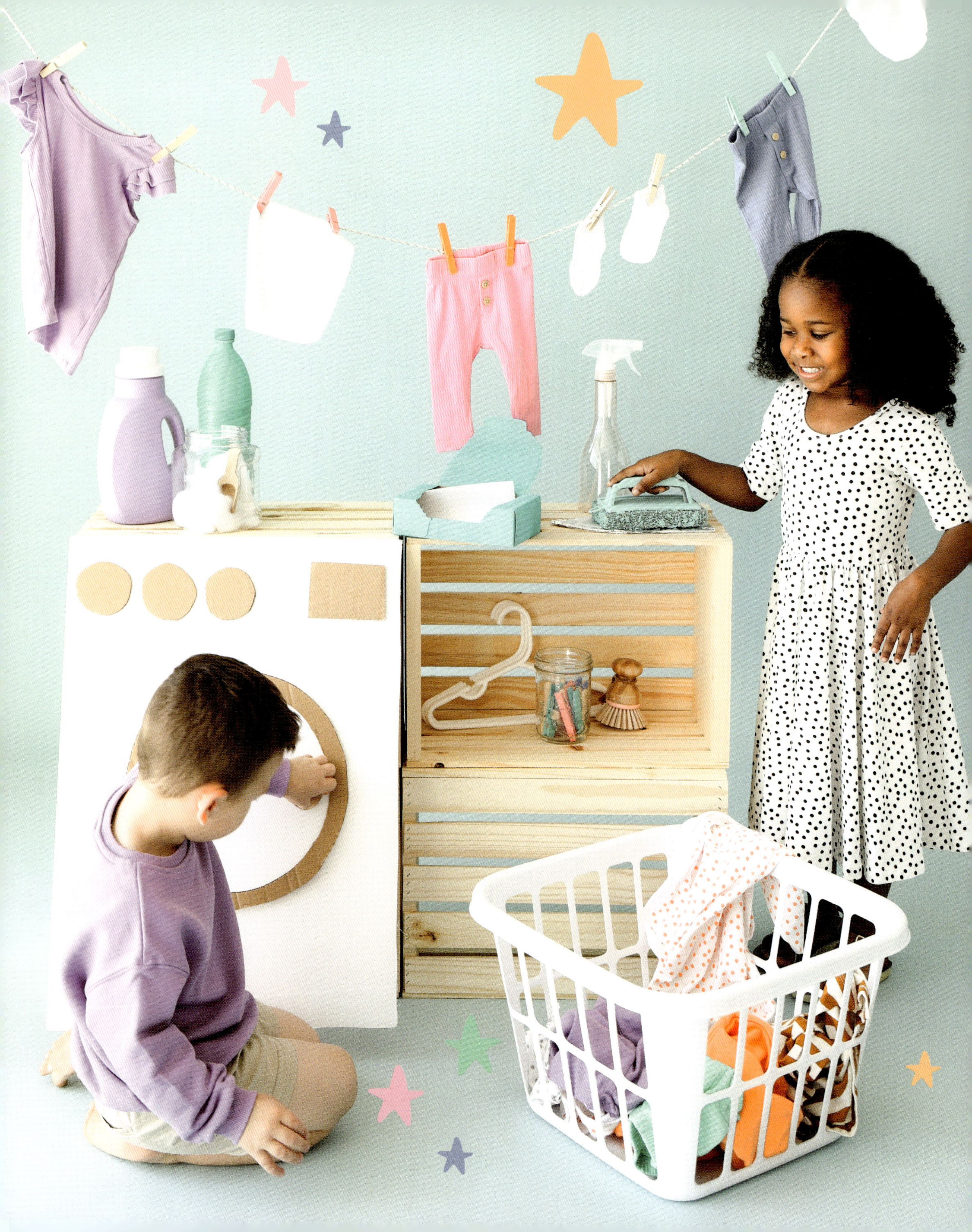

6

ROLLENSPIEL

Im Waschsalon

Der Wäschekorb ist voll! In diesem Kapitel zeigen wir dir, wie du eine Spiel-Waschküche aufbauen kannst. Für die Erwachsenen ist Wäsche waschen eine endlose, lästige Hausarbeit, Kindern kann es großen Spaß machen, die verschiedenen Sinneseindrücke dabei wahrzunehmen und eine Pflicht der Erwachsenen nachzuspielen. Es ist toll für Kinder, am Haushalt mitzuwirken, aber in der Alltagsroutine ist nicht immer genug Zeit, ihnen die dafür nötigen Handgriffe beizubringen. Deshalb sind Spielwelten wie dieser Waschsalon eine tolle Sache. Dein Kind kann Kleidung sortieren, sie zum Trocknen aufhängen, zusammenlegen und so weiter. Es trainiert seine feinmotorischen Fähigkeiten, unterscheidet Farben, sortiert Teile nach Eigenschaften und eignet sich praktische Fähigkeiten an.

DAS BRAUCHEN WIR

- weißen und braunen Karton oder feste Pappe
- Schere
- Klebstoff
- Klebeband
- leere Waschmittel- oder Weichspülerflaschen
- Wattebäusche
- Glas
- leere Trocknertücher-Packung
- weißen Filz
- Faden
- Putzschwamm mit Griff
- Alufolie
- 4 Wäschekörbe
- Karteikarten
- Wäscheklammern
- Farbe oder Marker
- Plastikschale
- Flüssigseife

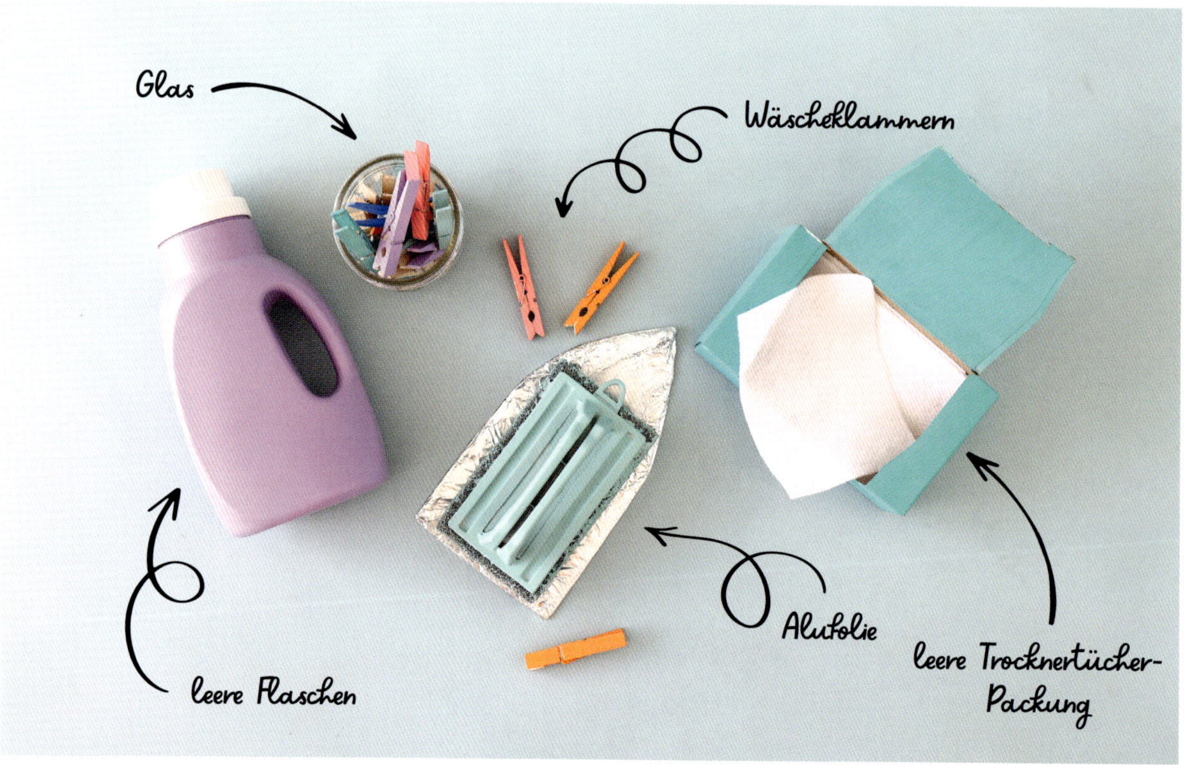

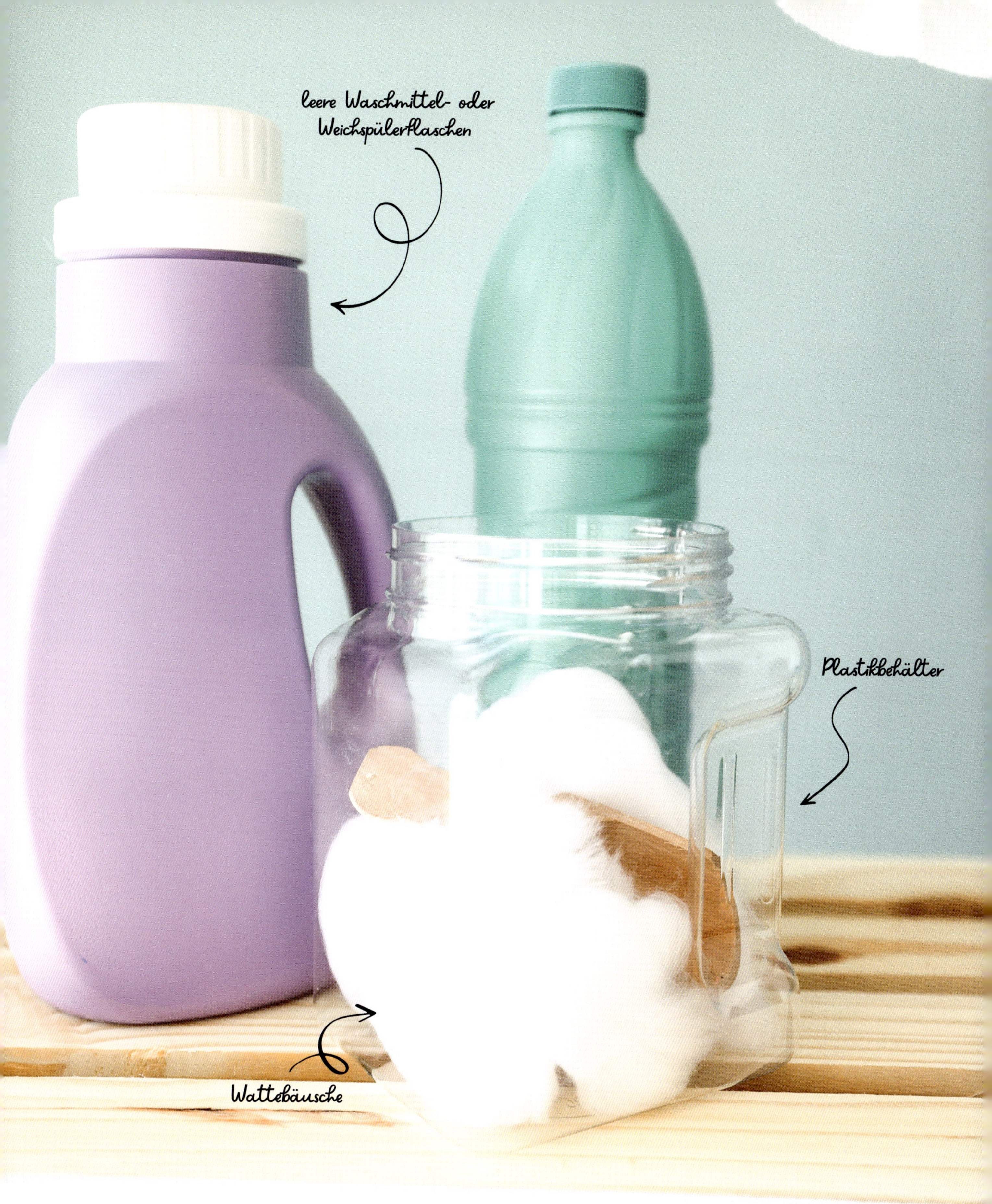
leere Waschmittel- oder Weichspülerflaschen
Plastikbehälter
Wattebäusche

DIE KULISSE GESTALTEN

IM WASCHSALON

Baue eine Waschmaschine, in die dein Kind die dreckige Wäsche legen kann.

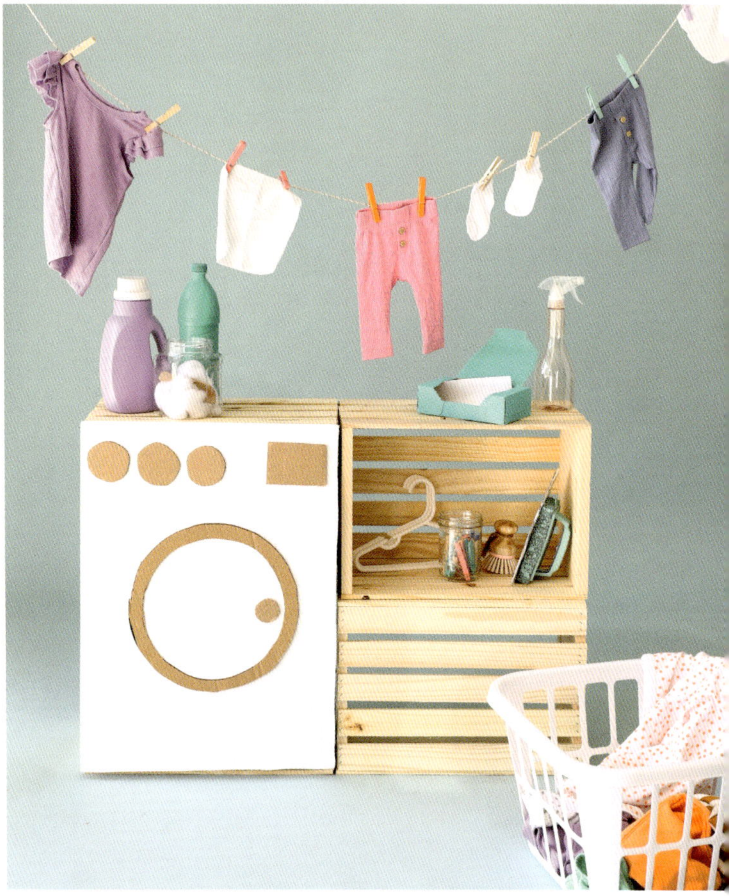

1. Nimm ein großes Stück weißen Karton, schneide einen großen Kreis in die Mitte, wobei du etwa ein Viertel des Kreises an einer Seite stehenlässt. Das wird die Tür, die man auf- und zumachen kann.
2. Schneide Pappkreise aus und klebe sie als Temperatur- und Programmregler über die Tür. Du kannst sie auch einfach aufmalen.
3. Du kannst den Karton an der Wand anbringen, dann kann dein Kind die Tür öffnen und schließen. Wenn du zwei Holzkisten stapelst und den Karton daran befestigst, kann es auch Wäsche »in« die Maschine legen.
4. Leere Waschmittel- oder Weichspülerflaschen können als Waschmittel benutzt werden. Wattebäusche in einem Glas können die Seifenlauge darstellen. Die leere Trocknertücher-Packung kannst du mit weißen Filzstücken als Trocknertücher befüllen.
5. Spanne ein Seil oder einen Faden als Wäscheleine auf. Wenn du einen stabilen Wäschetrockner hast, kannst du diesen aufstellen.

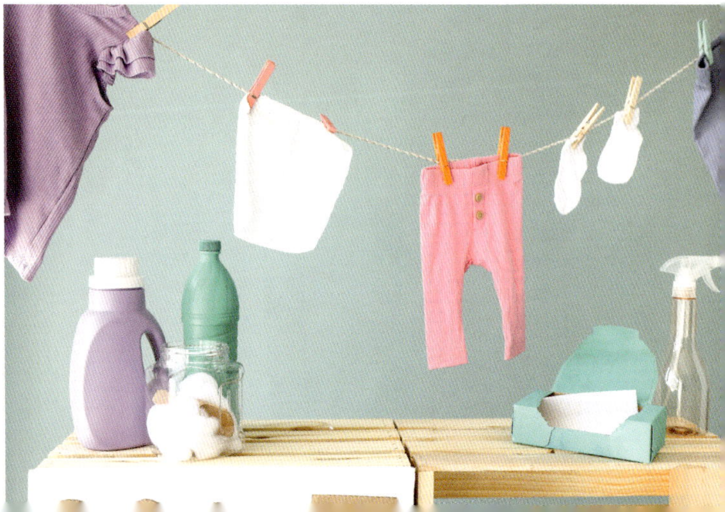

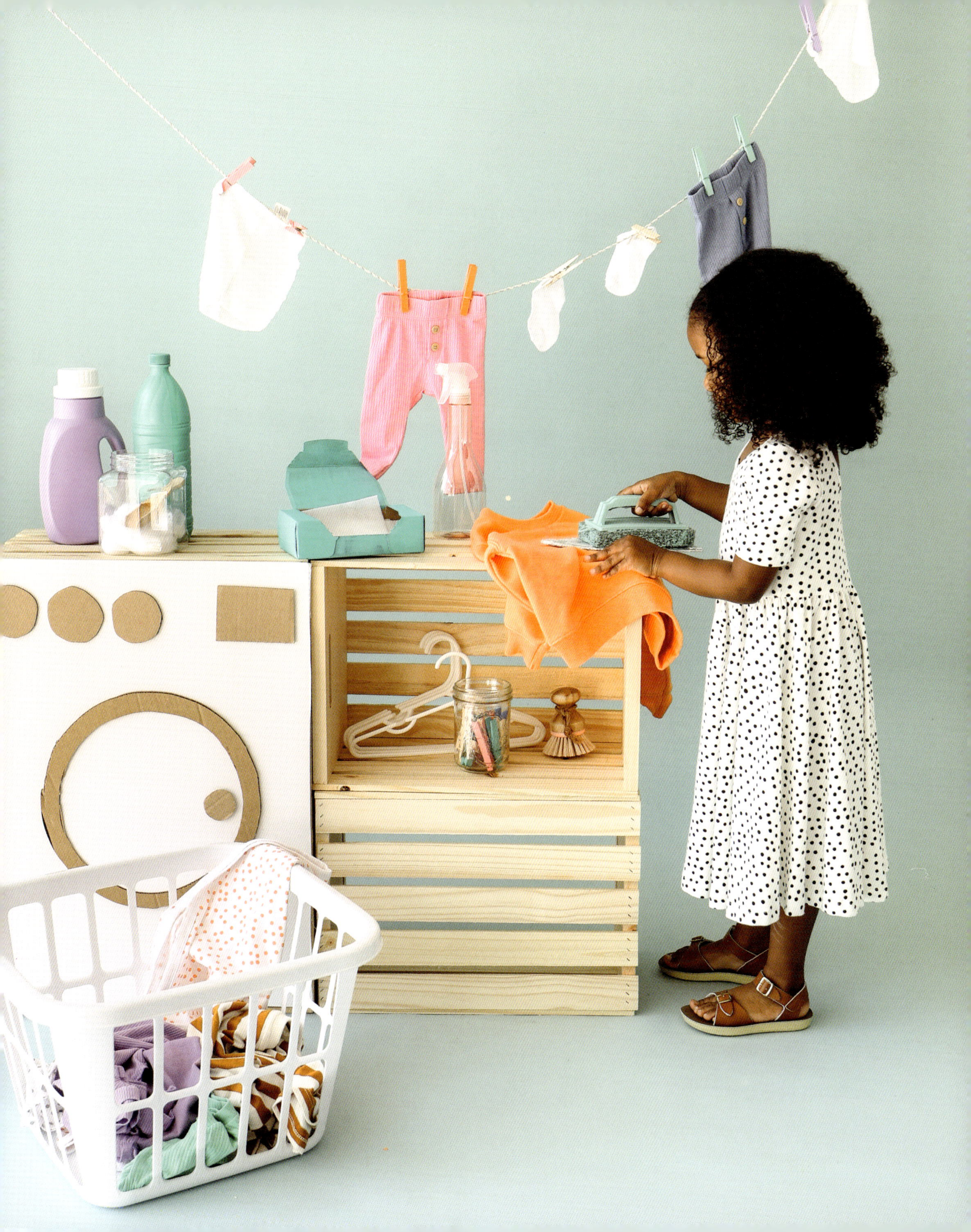

EIN SPIEL-BÜGELEISEN HERSTELLEN

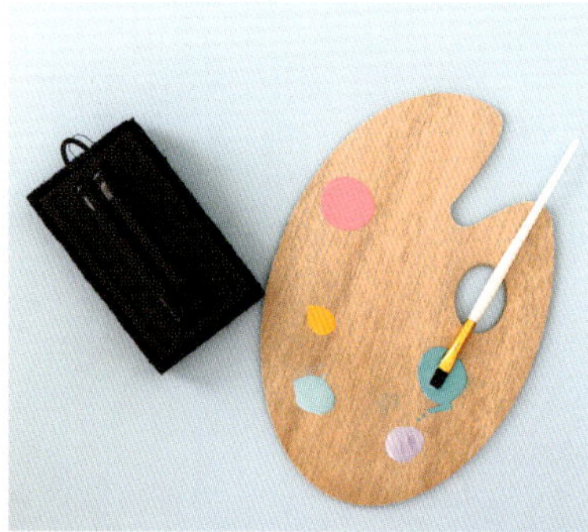

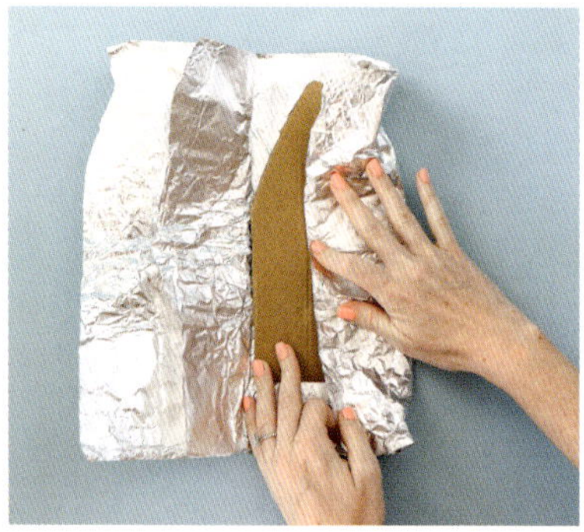

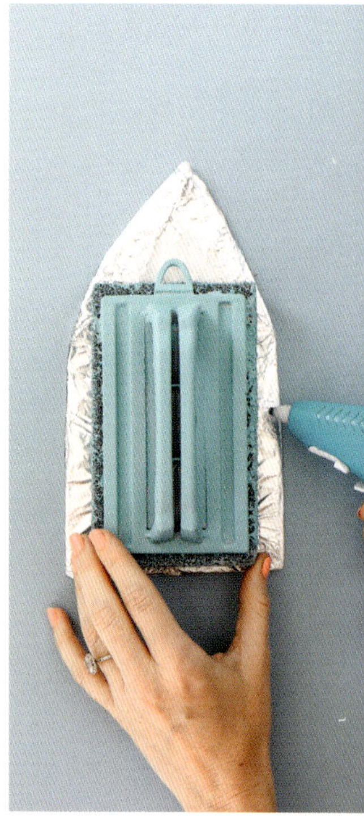

Es macht Spaß, echte Gegenstände zu verwenden, wie leere Waschmittelbehälter. Außerdem ist das weniger aufwendig. Doch bei einem Bügeleisen, das für kleine Hände sehr unhandlich ist, stellt dieser einfache Nachbau aus Pappe, Alufolie und einem Schwamm einen sehr guten Ersatz dar.

1. Schneide aus einem Stück Karton die Bügelfläche aus; sie sollte ungefähr die Form eines Dreiecks haben und etwas breiter sein als der Putzschwamm.
2. Falte die Alufolie um die Pappe und klebe sie fest.
3. Wenn du magst, kannst du den Schwamm anmalen. Lass die Farbe gut trocknen.
4. Klebe den Schwamm als Griff mittig unten an das Bügeleisen.

SEIFENLAUGEN-SENSORIKBOX

Beim Aufschäumen von Spülmittel entsteht eine sehr effektvolle, fluffige Lauge, mit der du eine tolle Sensorikbox fertigen kannst.

1. Gib so viel Wasser in eine Plastikschale, dass der Boden bedeckt ist.
2. Um die Lauge herzustellen, gibst du Wasser und Spülmittel in einen Mixer, etwa 2 Teelöffel (30 ml) Seife auf 120 ml Wasser. Mixe alles, bis es sehr schaumig ist.
3. Gieße die Lauge in die Sensorikbox und lass dein Kind spielen.

Erweitere das Spiel: Lege noch ein paar Schwämme und kleine Becher zum Schöpfen dazu und stelle eine zweite Kiste daneben, sodass dein Kind die Laugen hin- und hergießen kann. Wenn du Puppenkleidung hast, kann diese gewaschen werden.

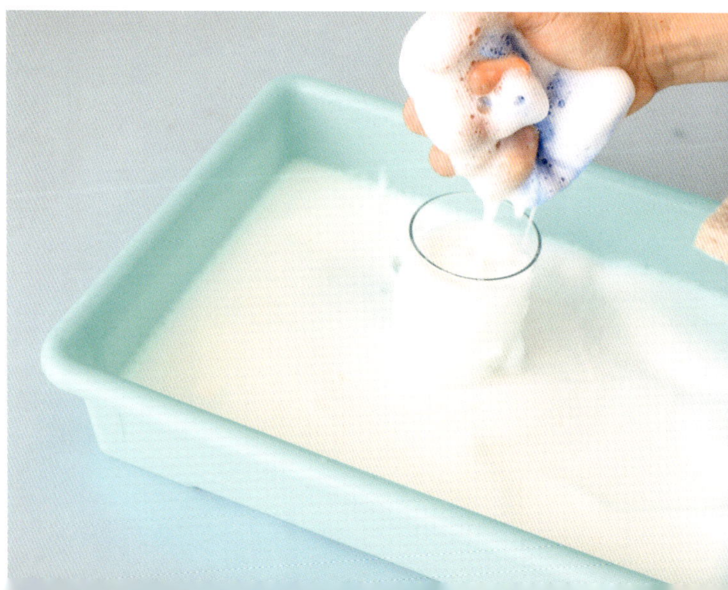

WÄSCHE NACH FARBEN SORTIEREN

Eine Waschmaschine ist nichts ohne die Wäsche, die gewaschen werden muss, und beim Sortieren kann diese gut ins Spiel integriert werden. Sortieren ist eine wichtige mathematische Fähigkeit, bei der dein Kind Kleidungsstücke identifiziert, bestimmt, inwieweit sich die Teile gleichen oder unterscheiden und entsprechend der Vorgaben den richtigen Kategorien zuordnet. Das ist ganz schön viel Information auf einmal! Bei dieser Aktivität überlegst du dir, basierend auf der zur Verfügung stehenden Wäsche und dem Sortiertalent deines Kindes, welche und wie viele Kategorien es geben soll.

1. Stelle vier Kisten, Boxen, Wäschekörbe oder -wannen auf.
2. Gib deinem Kind bestimmte Kleidungsstücke und lass es sie in die Körbe sortieren; sie können nach den Kategorien Farbe, hell/dunkel, Oberteile und Hosen, Kinder- und Erwachsenenkleidung usw. sortiert werden.
3. Du kannst die Kategorien auf Karteikarten aufmalen und sie in die Körbe legen, damit deinem Kind das Sortieren leichter fällt. Male zum Beispiel ein T-Shirt auf die Karte für den T-Shirt-Korb oder ein rotes Quadrat für den Korb für die roten Wäschestücke.

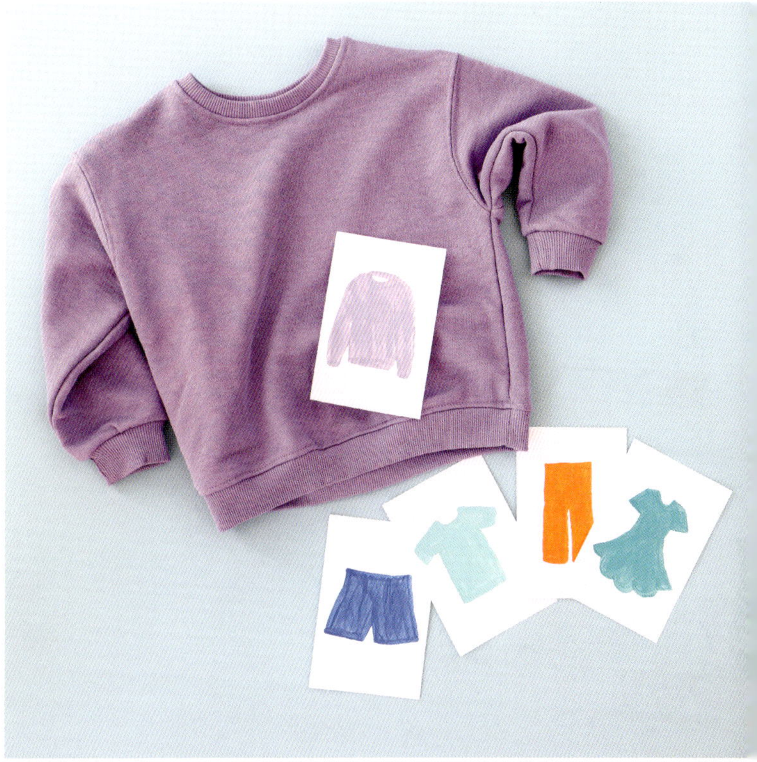

Altersgerechte Anpassung: Sortieren ist eine wichtige mathematische Fähigkeit; bei kleineren Kindern reichen ganz einfache Kategorien, aber ältere Kinder können schnell komplexere Kategorien unterscheiden, wie »helle Oberteile«, bei denen sie mehrere Eigenschaften in Betracht ziehen müssen.

WÄSCHE ZUSAMMENLEGEN ÜBEN

Wäsche zusammenlegen ist eine Fertigkeit, die man im Alltag häufig braucht, und für kleine Hände kann das richtig schwierig sein. Dieses Faltbrett macht die Aufgabe ein bisschen leichter. Kinder können das Zusammenlegen üben, ohne völlig frustriert zu werden, was vielleicht ohne ein solches Brett der Fall wäre.

1. Nimm ein großes Stück Pappe und zeichne ein großes »H« in die Mitte. Schneide das H auseinander; jetzt solltest du zwei lange schmale Rechtecke an der Seite und zwei kleinere Rechtecke in der Mitte haben.
2. Klebe das Brett wieder zusammen, sodass es beweglich ist. Platziere das Klebeband über jedem Schnitt, den du gemacht hast.
3. Schneide das Klebeband nur für die Unterseiten des H aus, sodass das Mittelstück hochgeklappt werden kann.
4. Zeige deinem Kind, wie man das Brett benutzt: Lege ein T-Shirt auf die Mitte, falte wenn nötig die Ärmelenden, damit alles auf das Brett passt. Klappe zuerst die Seiten zur Mitte und dann die untere Klappe hoch; jetzt sollte dein T-Shirt perfekt zusammengelegt sein.

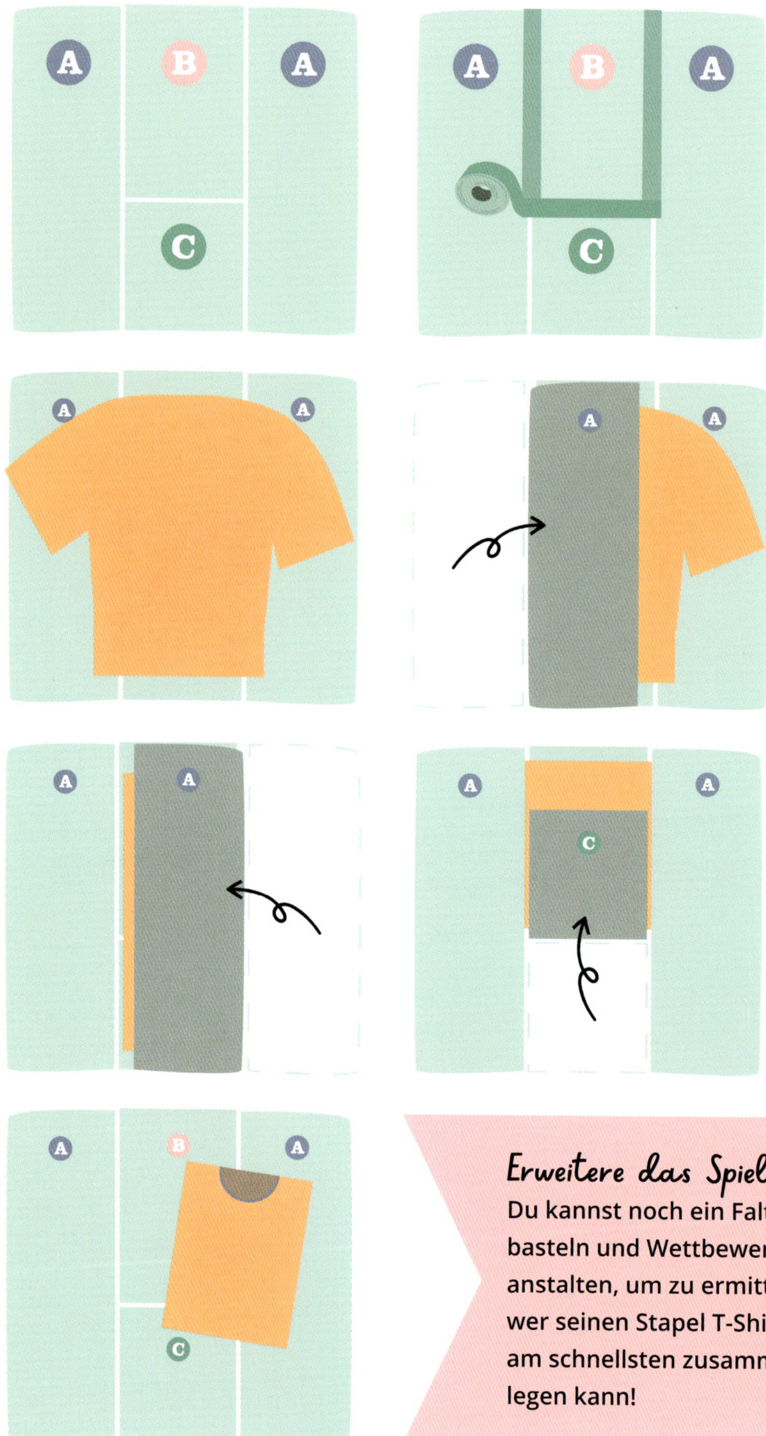

Erweitere das Spiel:
Du kannst noch ein Faltbrett basteln und Wettbewerbe veranstalten, um zu ermitteln, wer seinen Stapel T-Shirts am schnellsten zusammenlegen kann!

WÄSCHEKLAMMERN NACH FARBEN SORTIEREN

Bei dieser einfachen Aktivität lernen die Kinder, Farben zu unterscheiden, und trainieren ihre feinmotorischen Fähigkeiten!

1. Entweder du malst deine Wäscheklammern verschiedenfarbig an oder du kaufst welche, die bereits mehrere Farben haben.
2. Zeichne einfache Kleidungsstücke auf Karteikarten, in denselben Farben, wie sie die Wäscheklammern haben. Oder verwende echte Kleidungsstücke.
3. Lass dein Kind die Karten oder Wäschestücke mit den entsprechenden Wäscheklammern aufhängen.

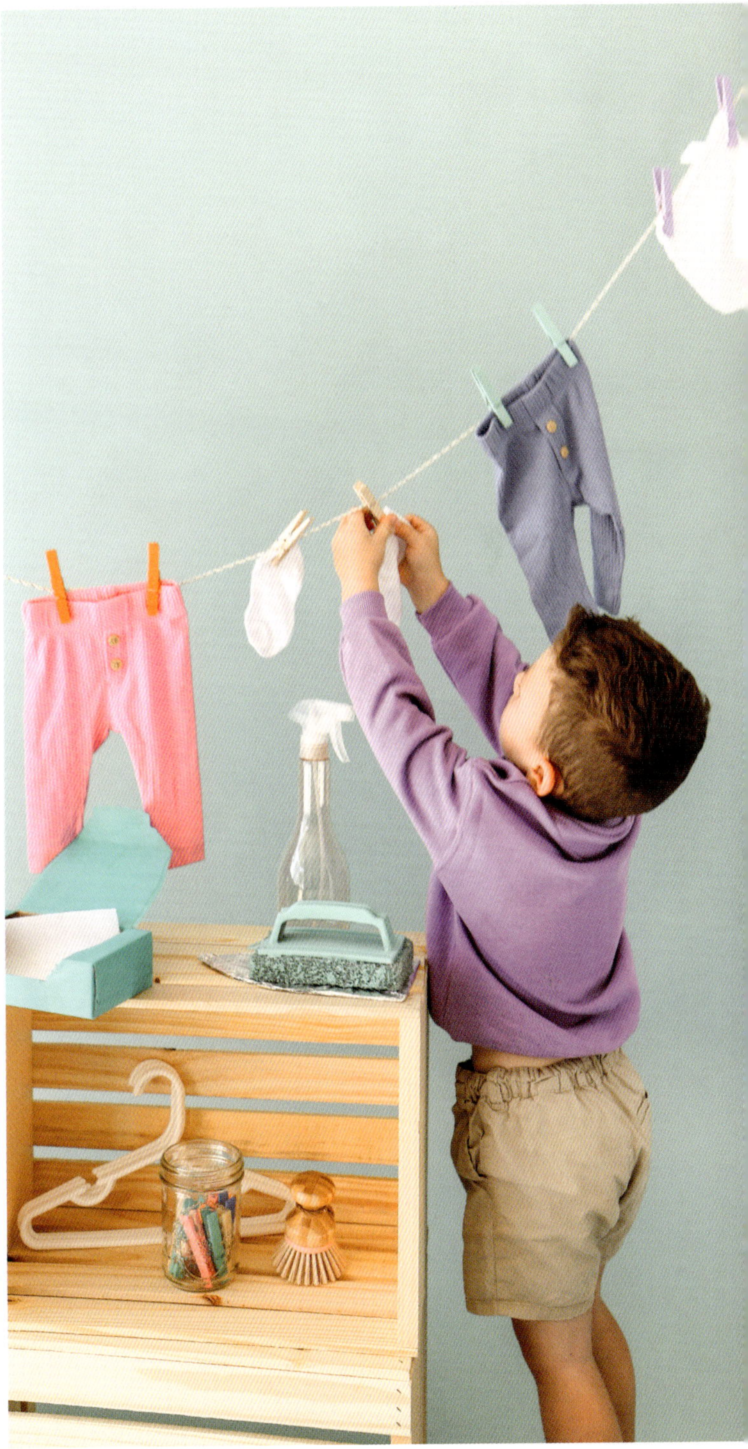

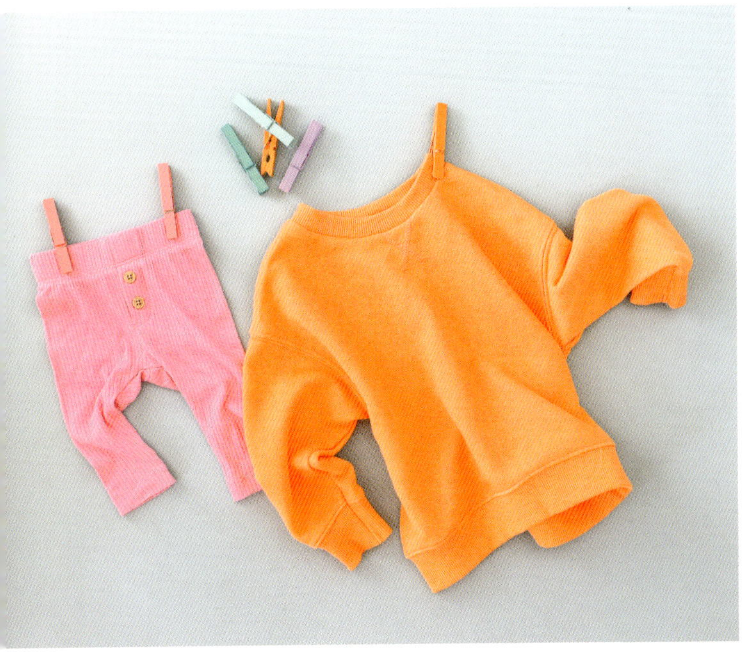

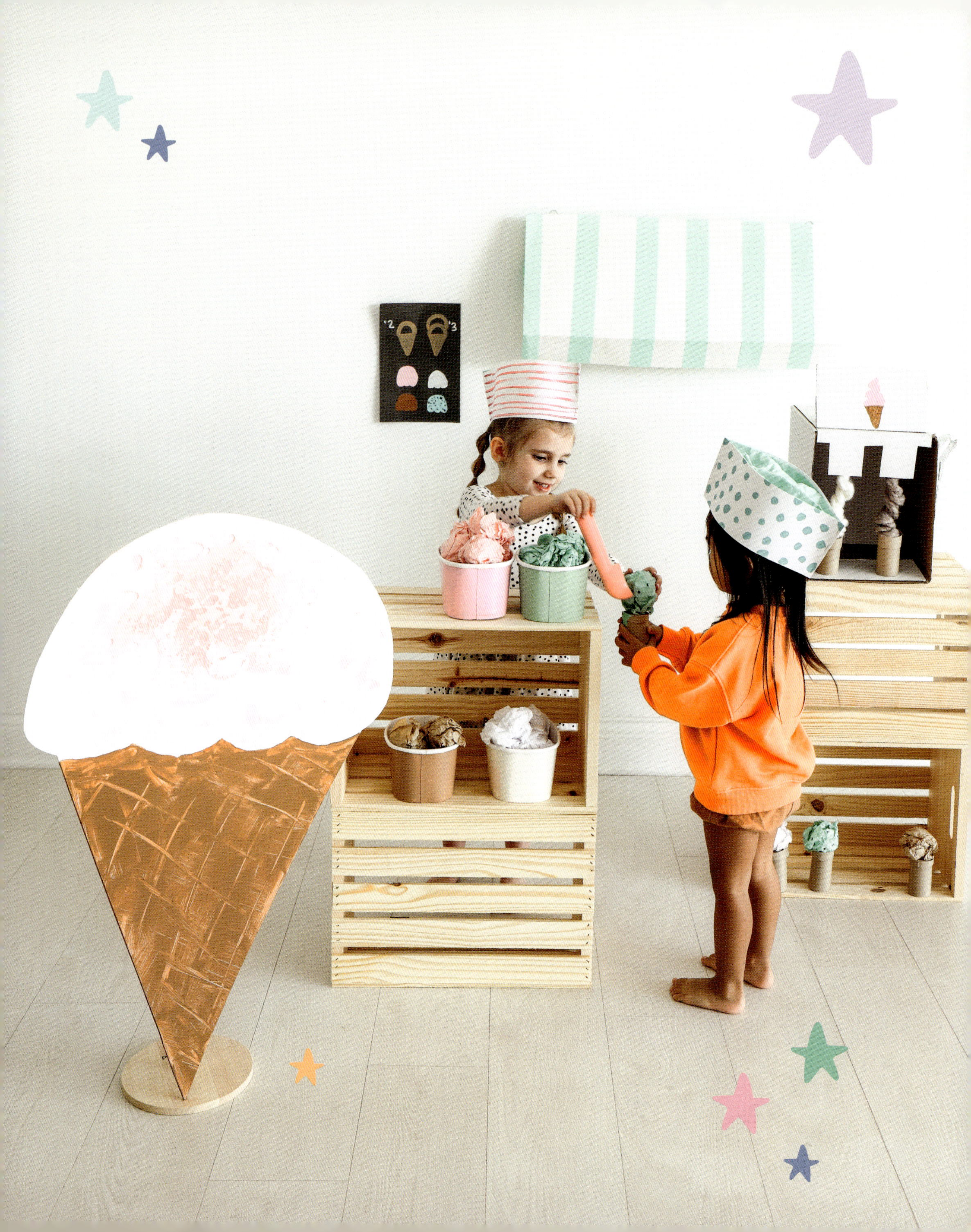

7

ROLLENSPIEL

Im Eiscafé

Eine oder zwei Kugeln? In diesem Kapitel geht es um eine unserer Lieblingssüßspeisen: Eiscreme! Viele Kinder lieben Eis, aber wie oft haben sie die Gelegenheit dazu, die Kugeln selbst zu portionieren und zu servieren? Diese Spielwelt ermöglicht ihnen genau das. Durch die Kombination echter Eiscremebecher und -portionierlöffel mit unechter Eiscreme kann dein Kind stundenlang spielen, ohne dass das Eis schmilzt. Ein anderer toller Aspekt einer Laden-Spielwelt ist, dass dein Kind lernt, etwas zu bestellen. Es kann in die Rolle eines Kunden schlüpfen und sich darin üben, zu sagen, was es haben möchte.

DAS BRAUCHEN WIR

- weißen Karton, 56 x 71 cm
- Washi Tape
- Malerkrepp
- Pappkartons
- Wolle in zwei Farben
- Klopapierrollen
- Tonpapier
- Alufolie
- Heißkleber
- Leichtschaumplatte
- Rasierschaum
- Mehl
- weißen Klebstoff
- Lebensmittelfarbe, rosa
- Schaumstoffpinsel
- Acrylfarbe, braun
- leere Eiscremebecher
- Seidenpapier
- Eisportionierlöffel
- Karton
- Tacker
- Muffin-Backform

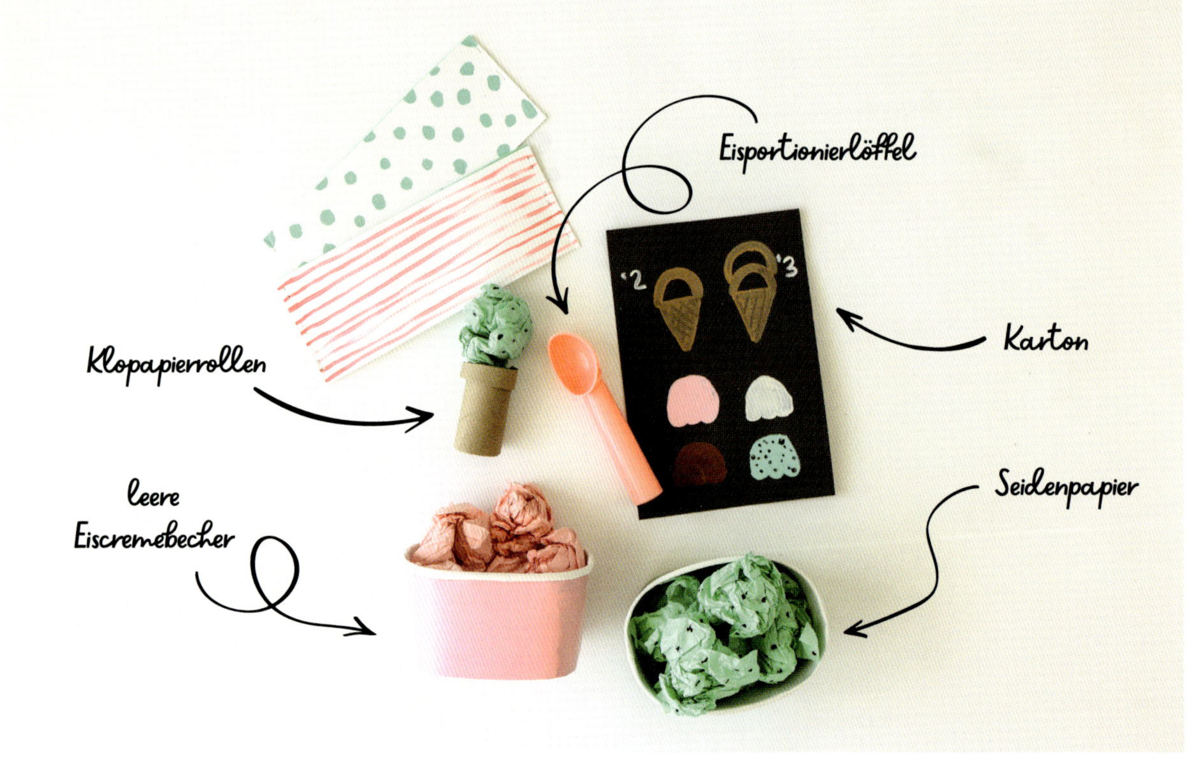

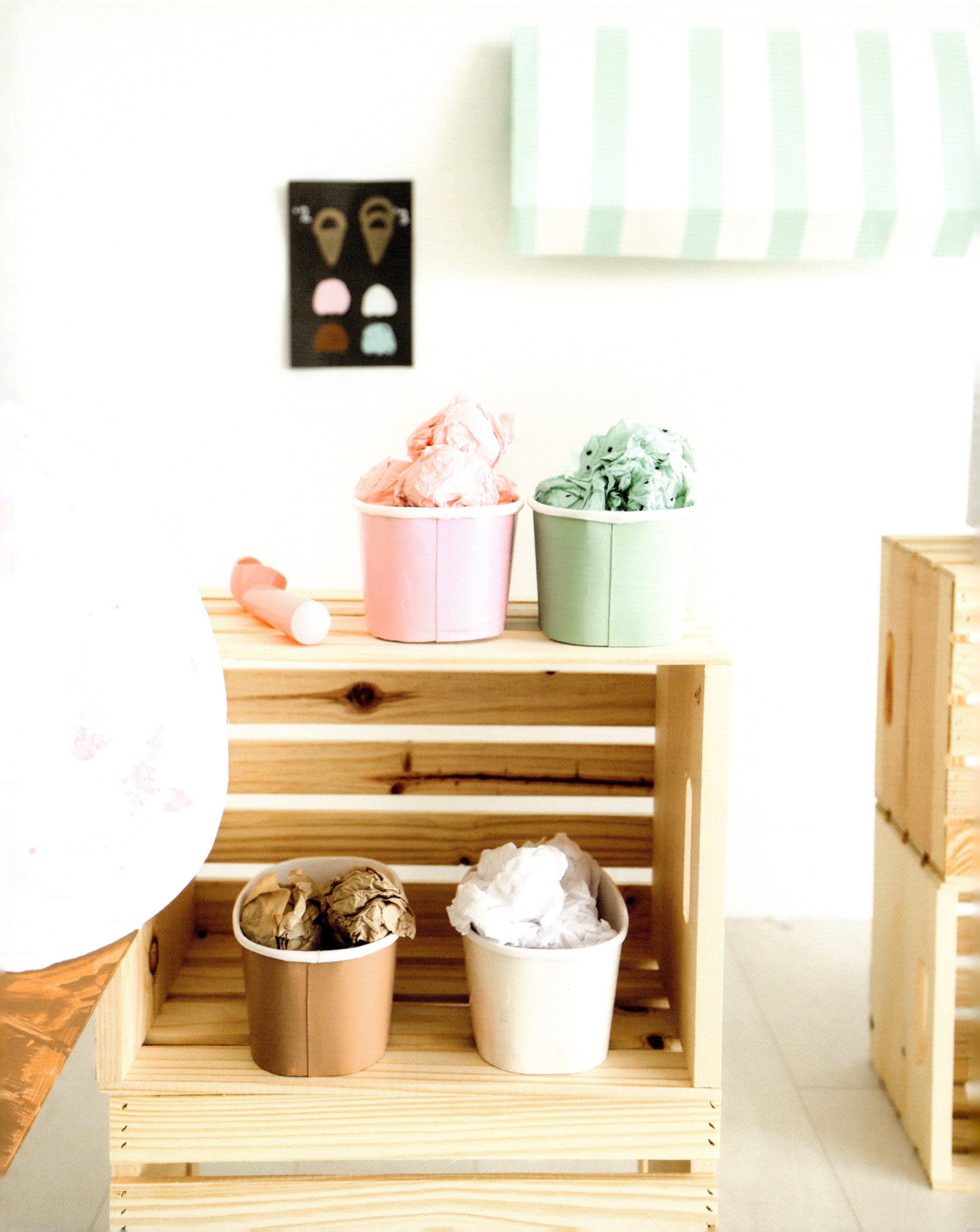

DIE KULISSE GESTALTEN

IM EISCAFÉ

Hänge eine Markise auf, ein großes Schild daneben, und stelle eine Softeismaschine auf. Jetzt kann dein Kind leckeres Eis servieren!

MARKISE

Diese Markise ist einfach herzustellen und kann auch für eine Vielzahl anderer Spielwelten verwendet werden.

1. Klebe Washi-Tape-Streifen auf ein Stück weißen Karton.
2. Falte die lange Seite nach unten, das wird die einige Zentimeter nach unten zeigende Klappe. Diese Seite klebst du mit Tape an die Wand. Falte die gegenüberliegende Seite ebenfalls nach unten, aber etwas schmaler. Klebe die breitere Falte mit Malerkrepp an die Wand. Nun könnt ihr den Schatten genießen, den die Markise euch spendet.

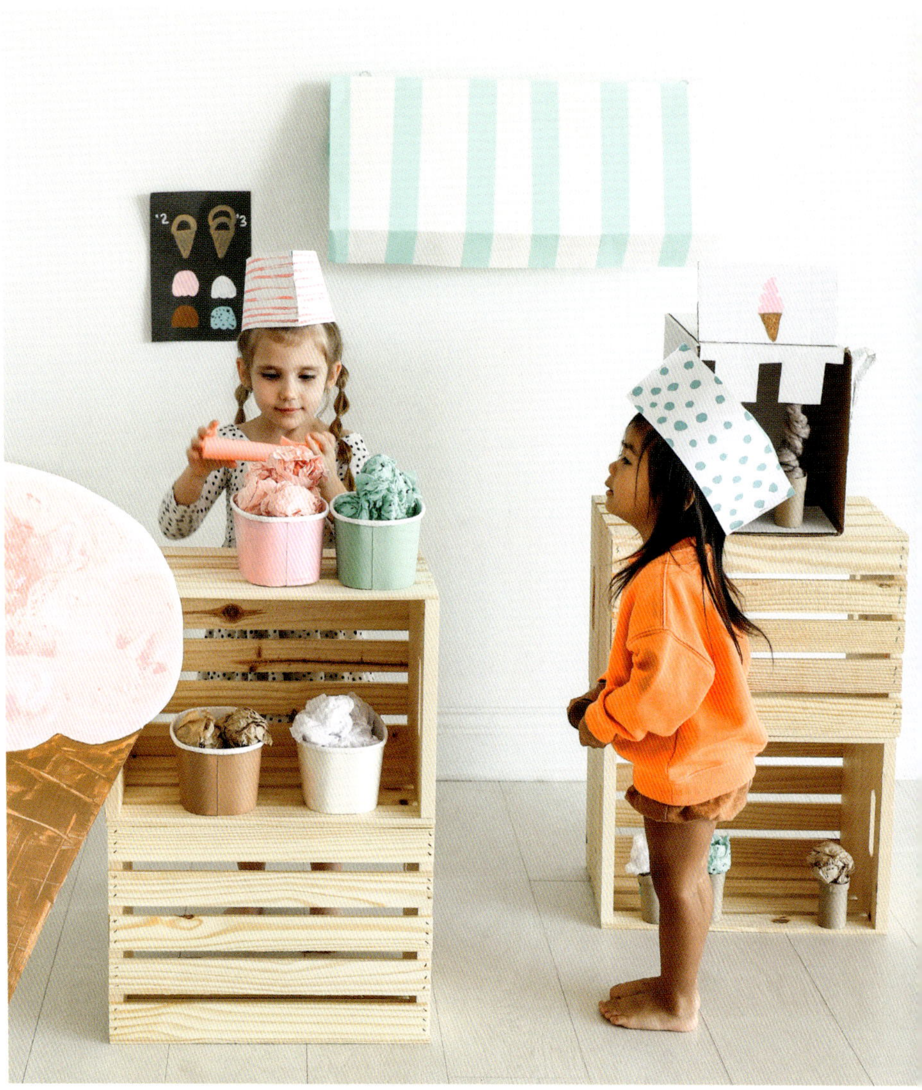

SOFTEISMASCHINE

Die meisten Kinder haben einen Eisportionierlöffel daheim, aber wer hat schon eine Softeismaschine? Wenn man ein neues Element in ein bereits bekanntes Spiel integriert, bringt das frischen Wind ins Spiel.

1. Beginne, indem du den Korpus der Maschine baust. Die Vorderseite der Box soll weitgehend offen sein, mit zwei Hebeln zum Drücken oben, mit denen du das Eis in die Becher füllst.

2. Für das Eis brauchst du zwei Farben Wolle als Geschmacksrichtungen. Je nachdem, wie dick der Faden ist, nimmst du mehrere Fäden, die ungefähr so lang sind wie die Box, und verdrehst sie vorsichtig ineinander. Klebe jeweils einen dicken gedrehten Faden oben hinter den Hebel. Das untere Ende füllst du in eine Klopapierrolle und klebst es fest. Du kannst oben an die Rolle einen Rand aus Tonpapier kleben, sodass es aussieht wie eine Eiswaffel.

3. Bringe einen Griff an der Seite der Maschine an. Nimm ein Stück Karton und umwickle es mit Alufolie. Klebe die Enden des Streifens als Kringel an die Box, lass ihn oben offen.

4. Bastle jetzt noch die Schilder. Male eine Eiswaffel auf ein Stück Karton, falte ihn unten nach hinten, damit dein Schild steht, und klebe es oben auf die Maschine. Dann schreibst du die Geschmacksrichtungen auf die Hebel oder malst sie auf.

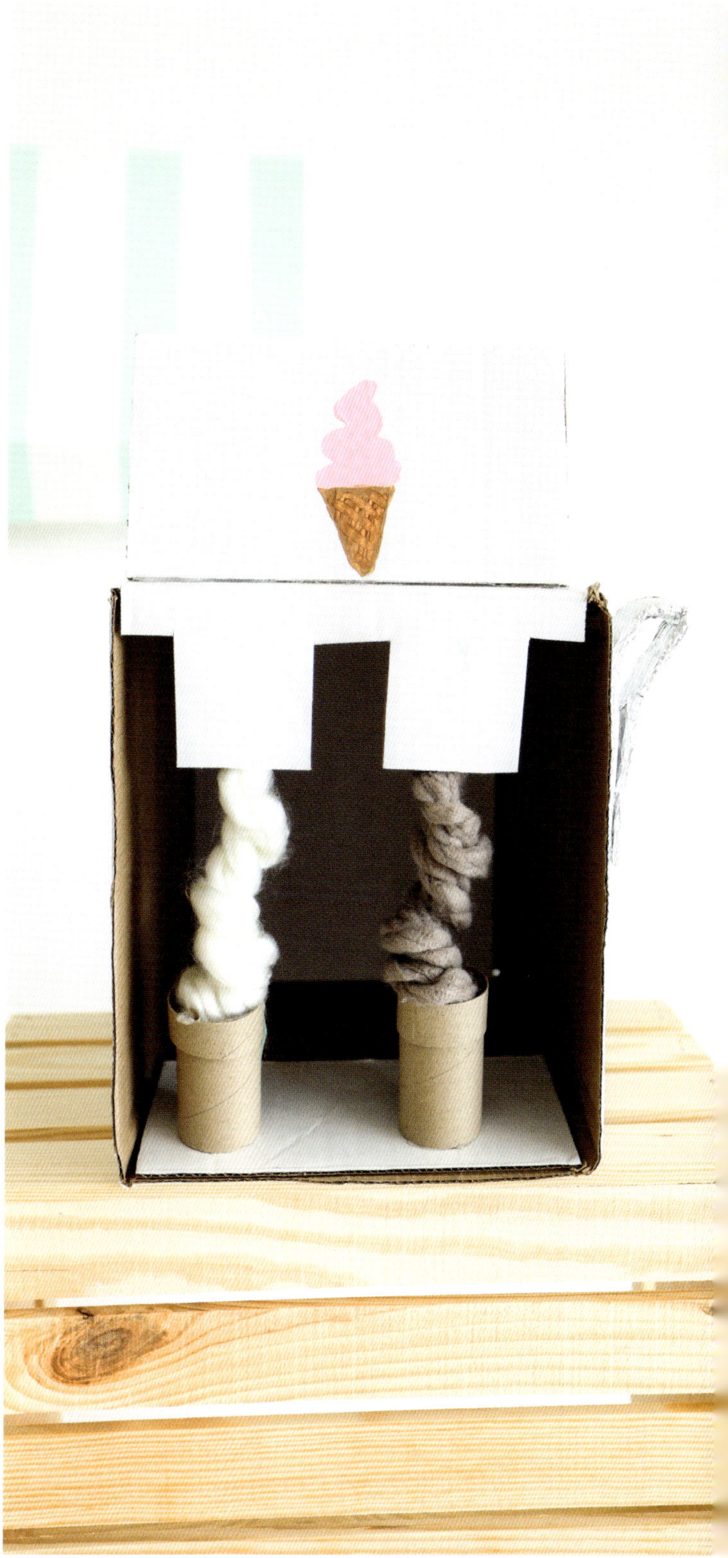

PLAKATIVES EISCREME-SCHILD

Eine riesige Eiswaffel sorgt für die richtige Stimmung! Stelle die Farbe her, die dir am besten gefällt, tausche die rosa Lebensmittelfarbe gegen eine andere, wenn du magst. Unserer Erfahrung nach sorgt sie in Gelform für kräftigere Farben und in flüssiger Form wird sie pastelliger.

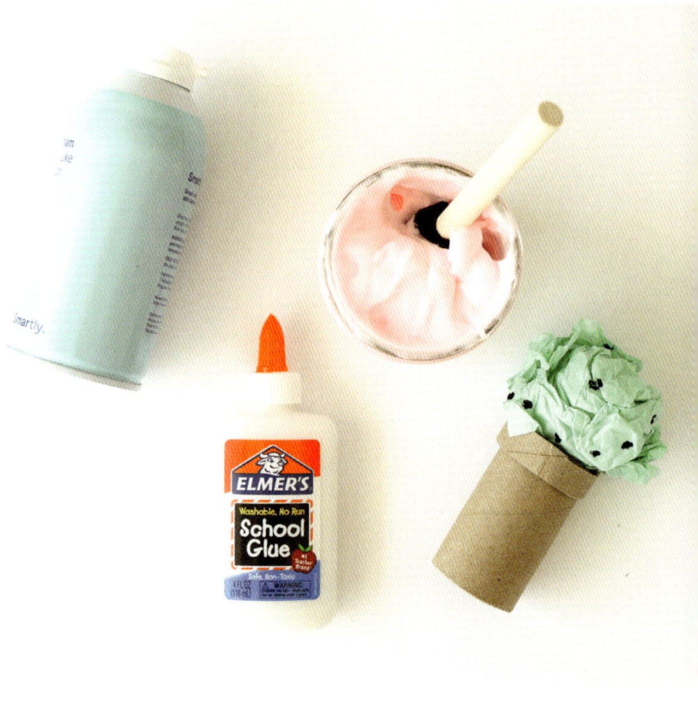

1. Schneide eine große Eiswaffelform aus der Leichtschaumplatte.
2. Stelle pastellige Farbe für die Eiskugel her, indem du 40 g Rasierschaum (¾ Tasse), 30 g Mehl (¼ Tasse), 60 ml weißen Klebstoff (¼ Tasse) vermischst und ein paar Tropfen rosa Lebensmittelfarbe dazugibst.
3. Male die Eiskugel mit dieser Farbe auf die Platte; mit einem Schaumstoffpinsel lässt sie sich sehr gut auftragen!
4. Verwende braune Acrylfarbe, um die Waffel anzumalen. Du kannst ein Karomuster kreieren, solange die Farbe noch nass ist, indem du das Pinselende durchziehst.
5. Lass das Schild komplett trocknen und bringe es dann an: Du kannst es direkt an die Wand kleben oder auf eine Kiste, die du am Eingang des Eiscafés aufstellst.

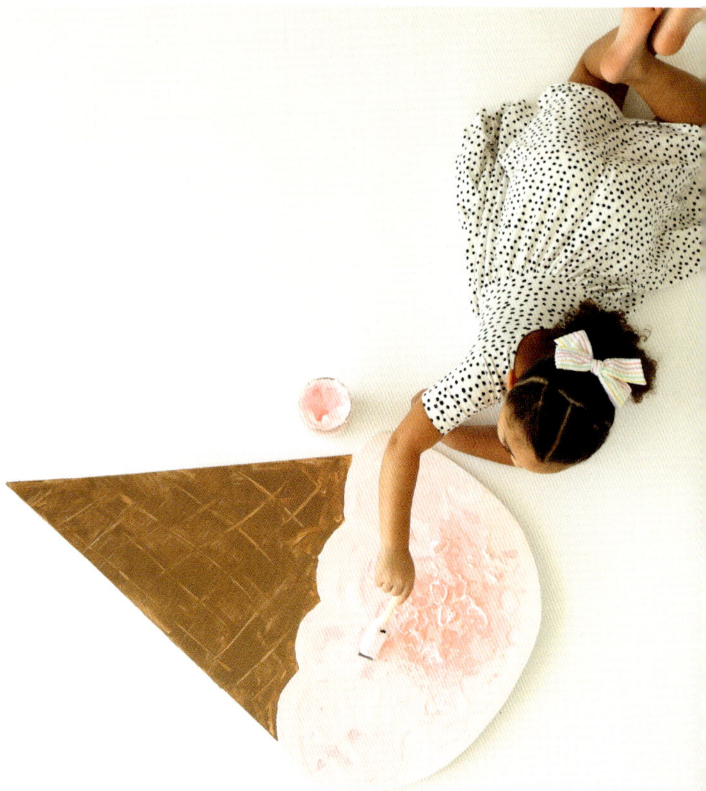

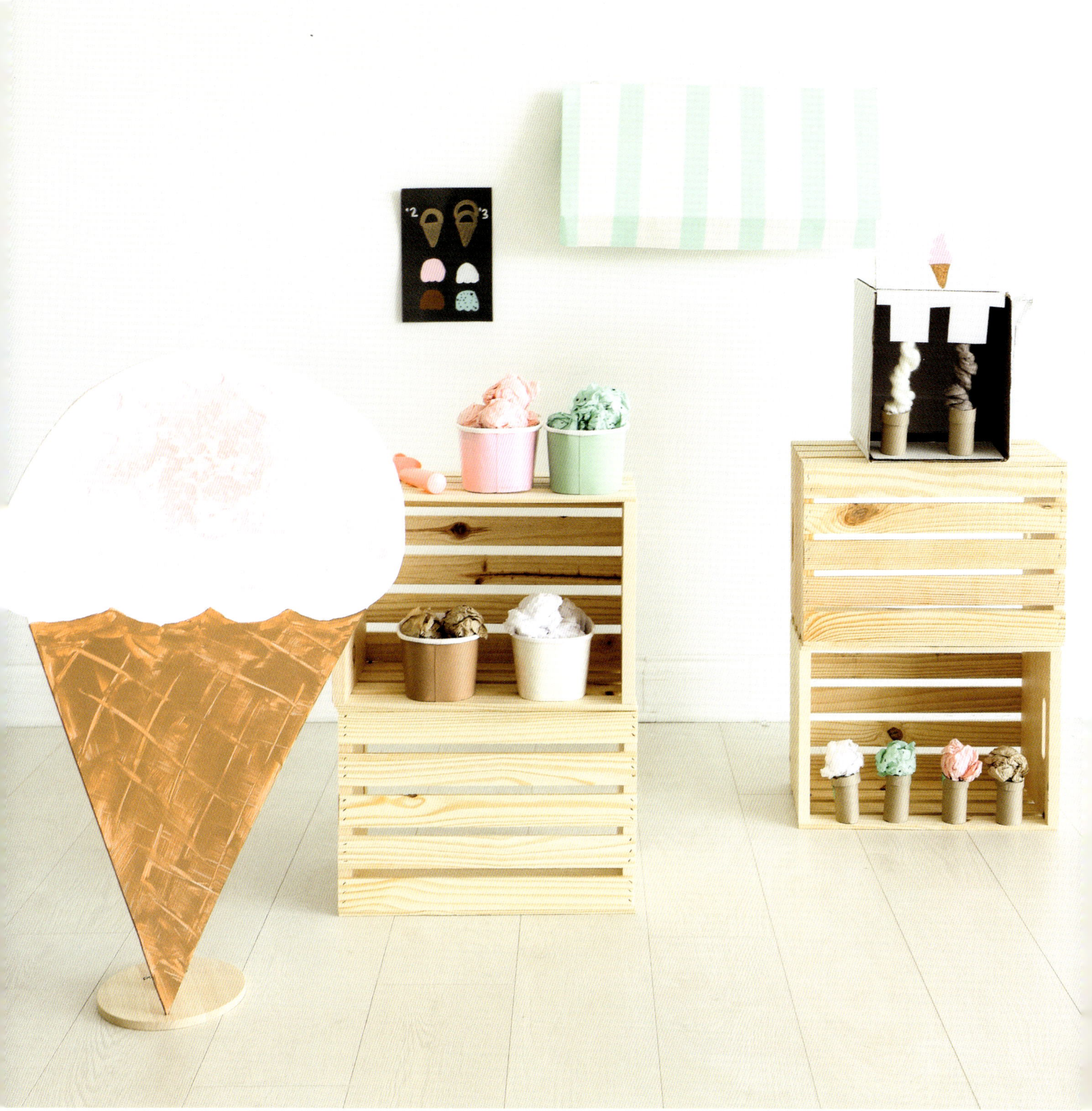

EIS HERSTELLEN

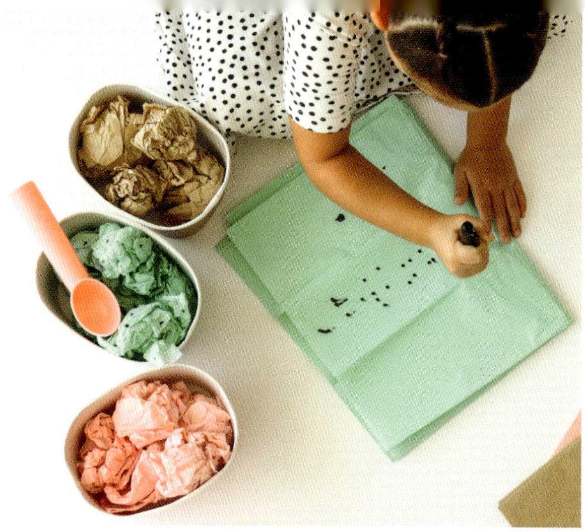

Ein Eiscafé muss Eiscreme haben! Dieses Eis schmilzt nicht und die Kleinen können es leicht mit einem echten Eisportionierlöffel servieren.

1. Iss etwas Eis, wasche und trockne die Becher.
2. Bemale die Becher passend zu den Geschmacksrichtungen: rosa für Erdbeere, braun für Schokolade, weiß für Vanille und grün für Minz-Schoko.
3. Knülle das Seidenpapier in den verschiedenen Farben zusammen; das werden eure Eiskugeln. Male vor dem Zerknüllen braune oder schwarze Punkte als Schokostückchen auf das grüne Seidenpapier.
4. Fülle die Becher mit den Eiskugeln und lass dein Kind mit dem Portionieren beginnen!

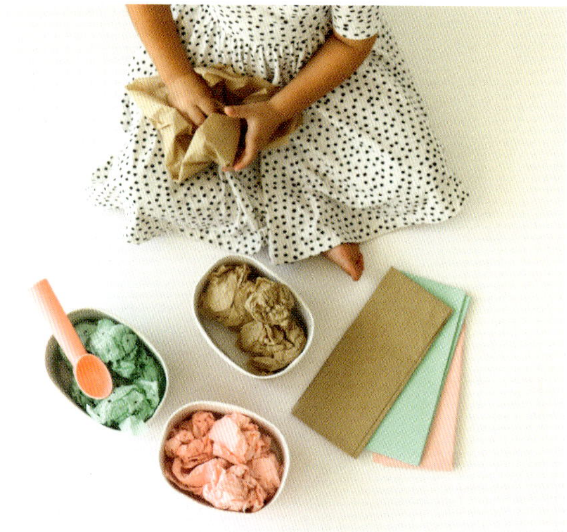

WIR LERNEN ETWAS

Die Eiscreme in die richtigen Becher zu füllen, trägt dazu bei, dass dein Kind ein Verständnis für Farben, Muster und Beziehungen entwickelt. Es muss lernen, verschiedene Gegenstände zu vergleichen und festzustellen, worin sie sich ähneln und unterscheiden. Diese einfache Aktivität legt den Grundstein hierfür und bereitet es darauf vor, komplexere Eigenschaften und Gegenstände zu betrachten.

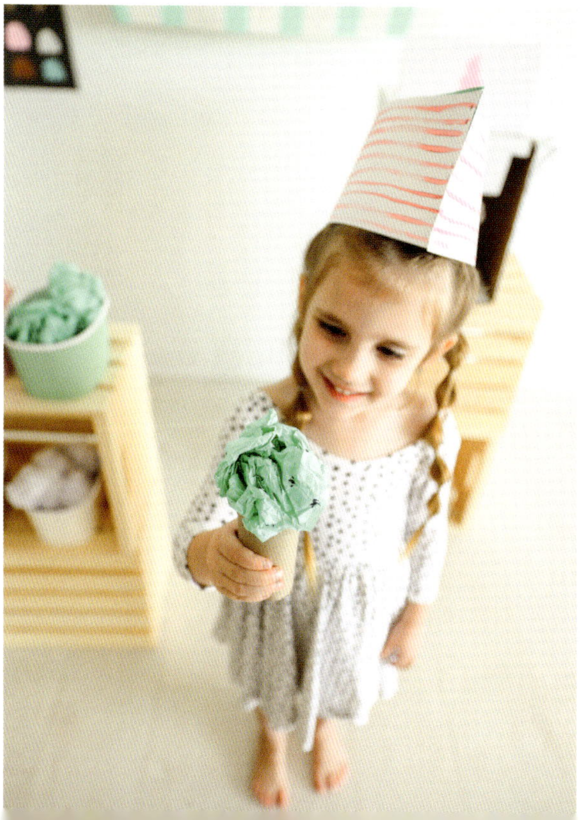

EINEN EISVERKÄUFER-HUT BASTELN

Manchmal braucht es nichts weiter als einen Hut, um in eine neue Rolle zu schlüpfen! Sich entsprechend anzuziehen, kann es Kindern leichter machen, in eine neue Rolle zu schlüpfen, und dient im Spiel auch als Erinnerung dafür, wer wer ist.

1. Nimm zwei Blatt Seidenpapier und lege sie aufeinander. Falte sie wie eine Ziehharmonika im Abstand von 2,5 cm über die lange Seite zusammen.
2. Schneide ein Blatt Tonpapier der Länge nach in der Mitte durch. Klebe die lange Seite auf das gefaltete Seidenpapier auf die obere Ecke von einem der beiden Tonpapierstücke. Mach das Gleiche noch einmal auf der anderen Seite mit dem anderen Stück.
3. Platziere die beiden Tonpapierstücke übereinander, mit dem Seidenpapier in der Mitte, und tackere die kurzen Seiten zusammen.
4. Verziere die Außenseiten des Eisverkäuferhuts mit Farbe oder Markern.
5. Du kannst die beiden Tonpapierseiten vorsichtig auseinanderziehen und deinem Kind den Hut aufsetzen.

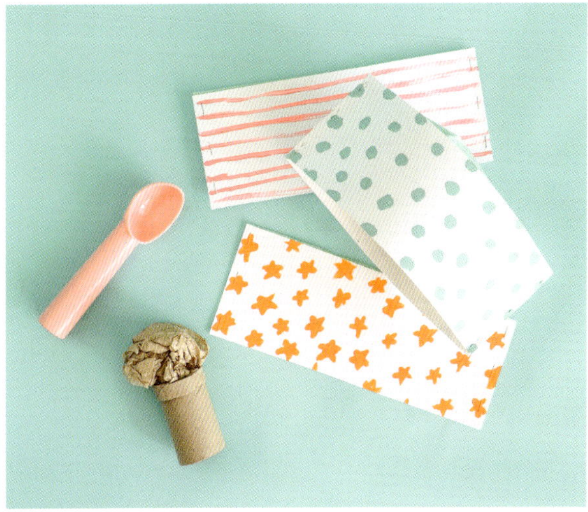

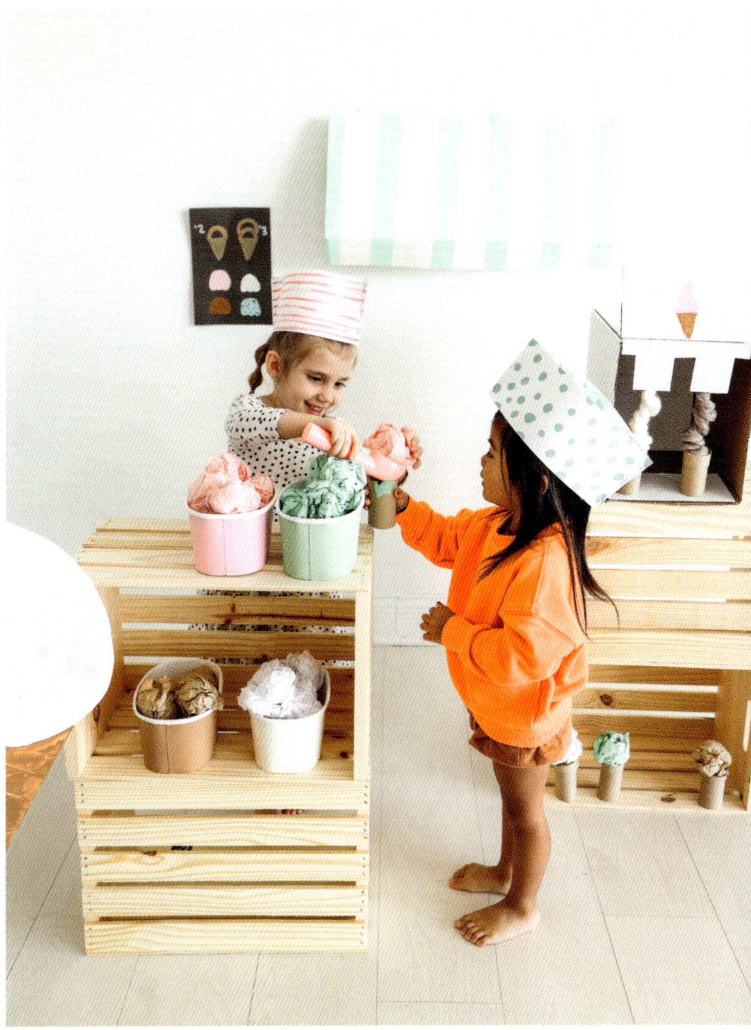

EIS NACH GESCHMACKS-RICHTUNGEN SORTIEREN

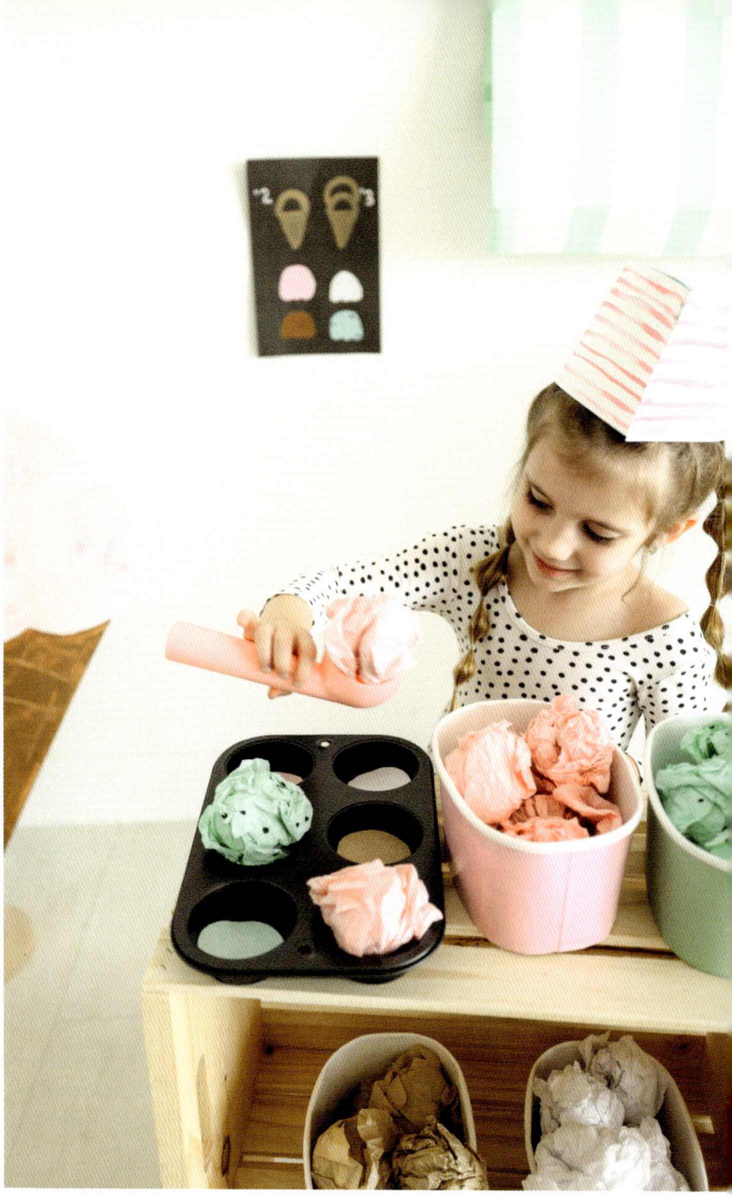

Wenn du deinem Kind eine neue Spielwelt zeigst, ist es gut, wenn du ihm gleich etwas zu tun gibst, wie zum Beispiel sortieren. So macht es sich damit vertraut und erhält Anregungen, wie es die Gegenstände noch benutzen kann.

1. Benutze die Eisportionierlöffel für diese Aktivität! Schneide Kreise aus dem Seidenpapier aus, das du für die Herstellung der Eiskugeln benutzt hast, und lege sie in eine Muffin-Backform (vielleicht brauchst du mehrere Lagen, damit dein Kind die Farbe gut erkennen kann).
2. Gib deinem Kind den Portionierer und lass es die Eiskugeln nach Farben in die Muffinform sortieren.

Erweitere das Spiel: **Lege ein Farbmuster in eine Reihe der Form und lass dein Kind dieses in die anderen Reihen übernehmen.**

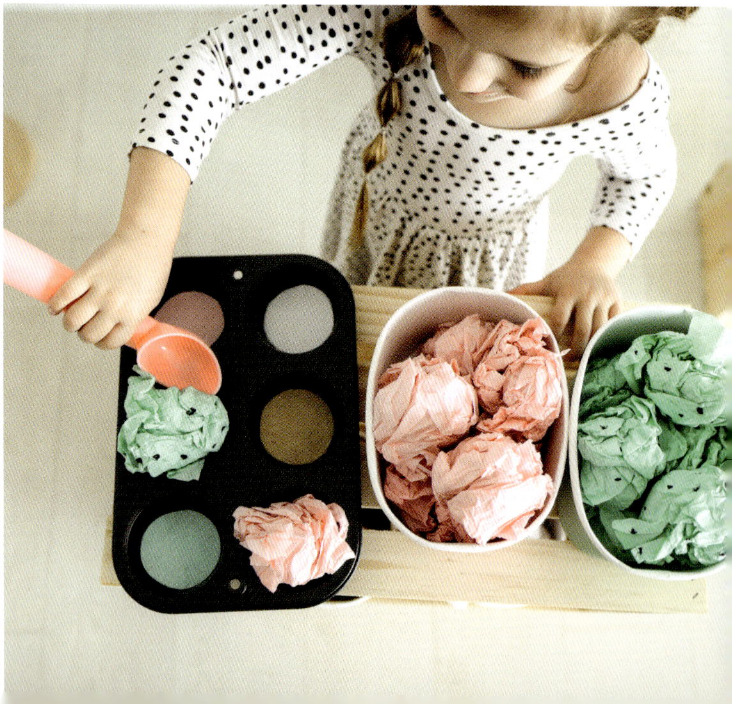

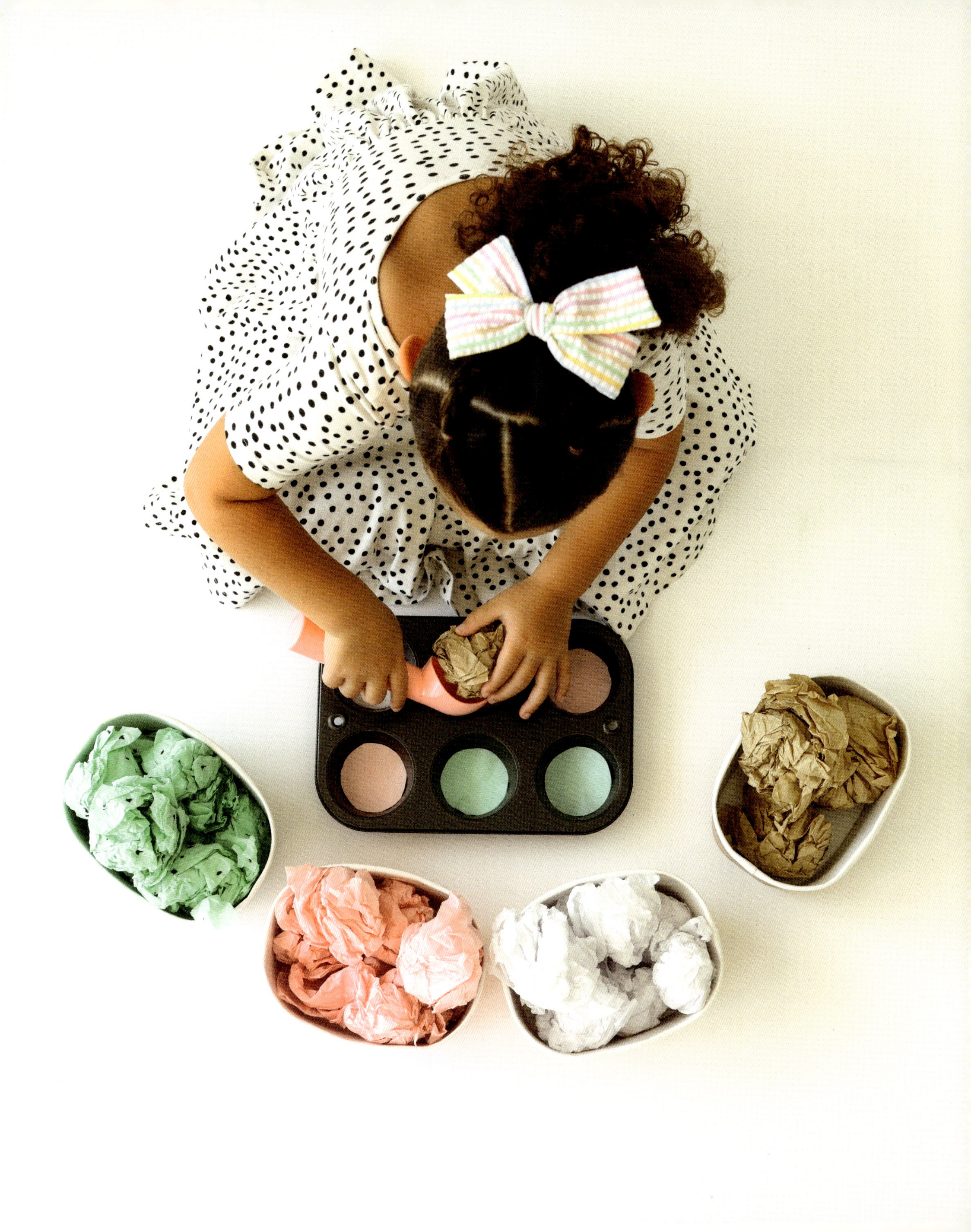

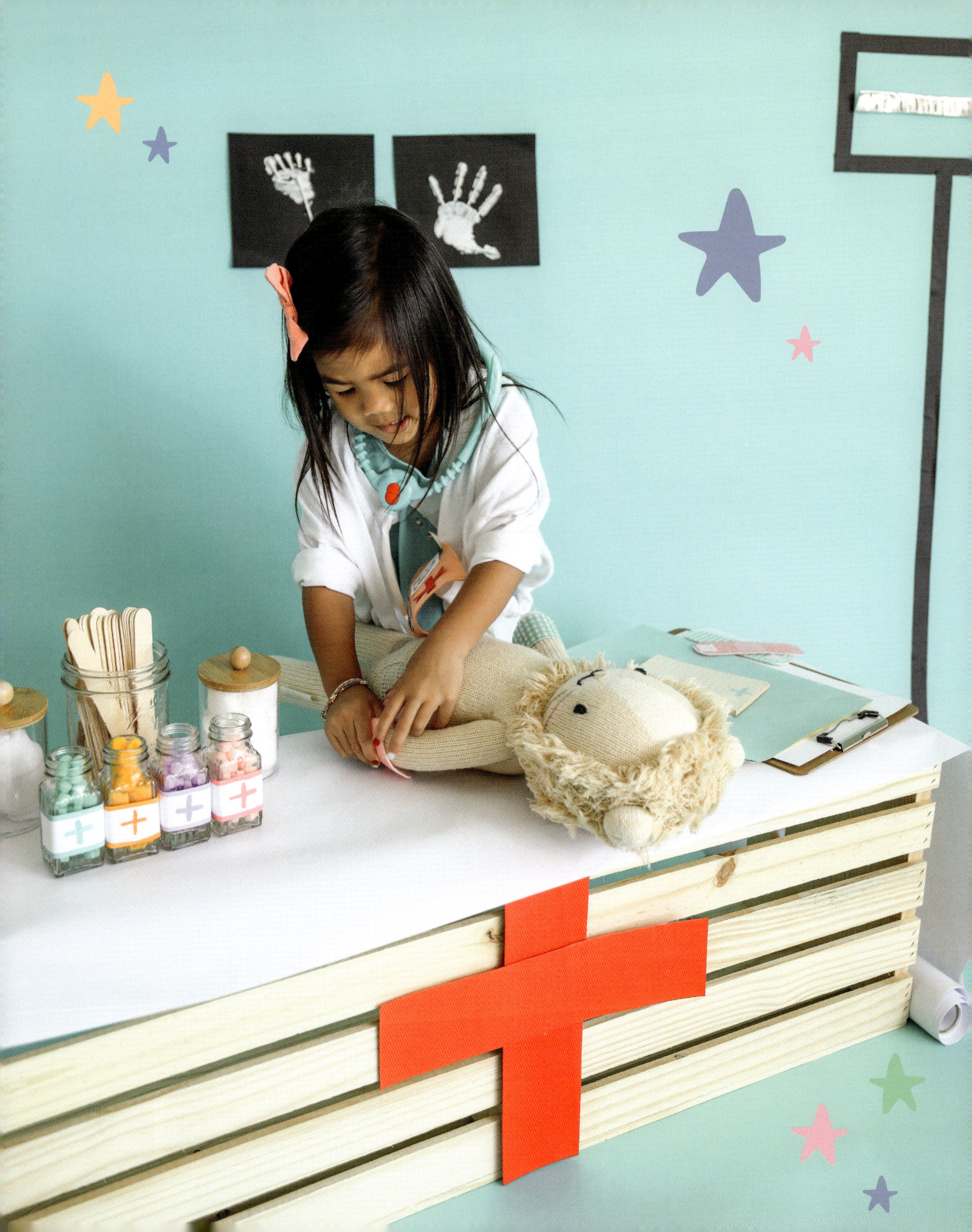

8

ROLLENSPIEL

In der Arztpraxis

Ein Arztbesuch steht an! In diesem Kapitel gestalten wir eine Arztpraxis, in der dein Kind seine eigenen Erfahrungen beim Arzt ins Spiel einbauen kann. Wir zeigen dir, wie du ein Wartezimmer, einen Untersuchungsraum und auch eine Apotheke aufbaust, sodass dein kleiner Doktor auf alle Bedürfnisse seiner Patienten eingehen kann. Diese Spielwelt fördert das mathematische Denken, denn es gehören Zahlen, Mengen, Kategorien und vieles mehr dazu, ebenso wissenschaftliche Überlegungen, wie der Körper funktioniert. Außerdem hat sie ein großes Potenzial für soziales und emotionales Lernen; in der Rolle des Doktors lernt dein Kind, empathisch zu sein und sich in andere hineinzuversetzen. Diese Arztpraxis hilft deinem Kind auch dabei, Nervosität oder Angst vor einem Arztbesuch abzubauen; in seiner eigenen Praxis hat es die Kontrolle und kann alles so machen, wie es möchte.

DAS BRAUCHEN WIR

- Holzkisten
- rotes Papier
- Tape
- Klemmbretter
- Karteitasche
- Stifte
- Karton
- Schere
- Datumsstempel und Tinte (optional)
- weiße Papierrollen
- schwarzes Washi Tape
- Marker
- weißen Stift
- kleine Vorratsgläser
- Eisstiele
- Wattestäbchen
- Wattebäusche
- Heftpflaster
- Masken
- Mullbinden
- kleinen Notizblock
- weißes T-Shirt
- Klebeband zum Aufbügeln (optional)
- Filz
- kleines Foto deines Kindes
- Clip fürs Namensschild
- Klettband
- weiße Farbe
- schwarzes Tonpapier
- Stück Schnur oder Faden
- Wäscheklammern
- Pompons
- Pinzette (optional)
- Klebepunkte
- lange Socken

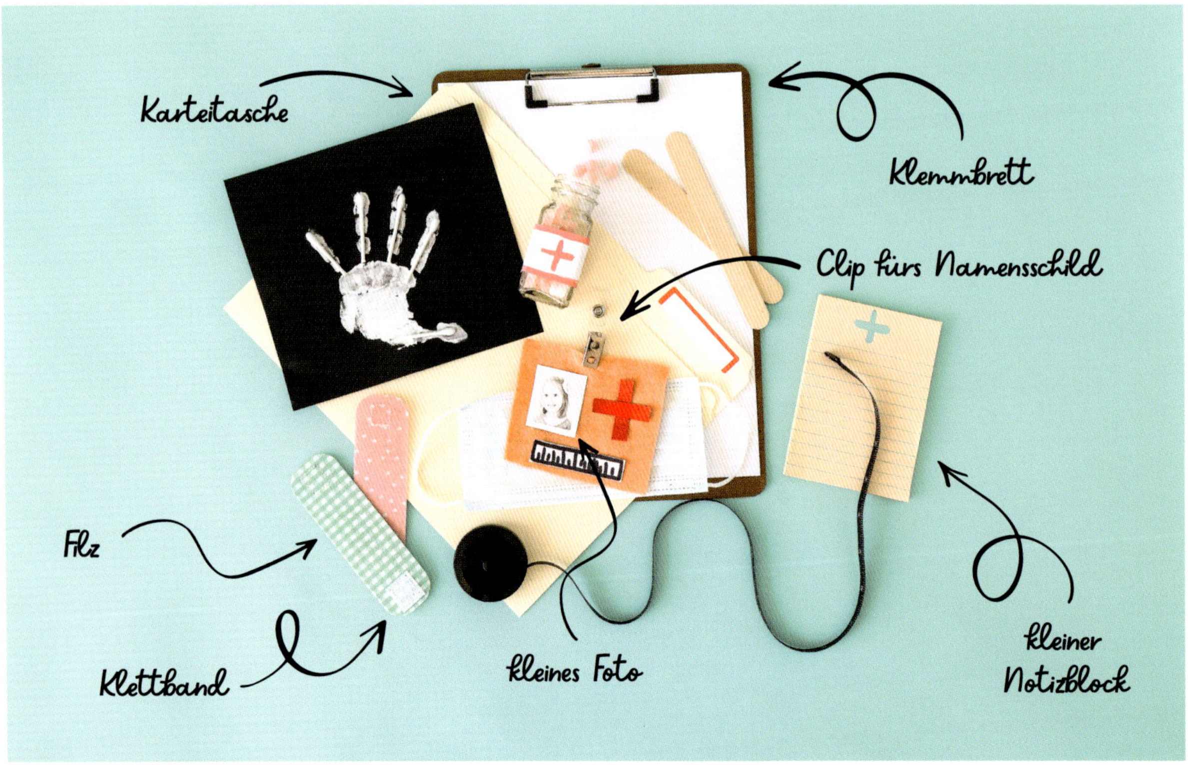

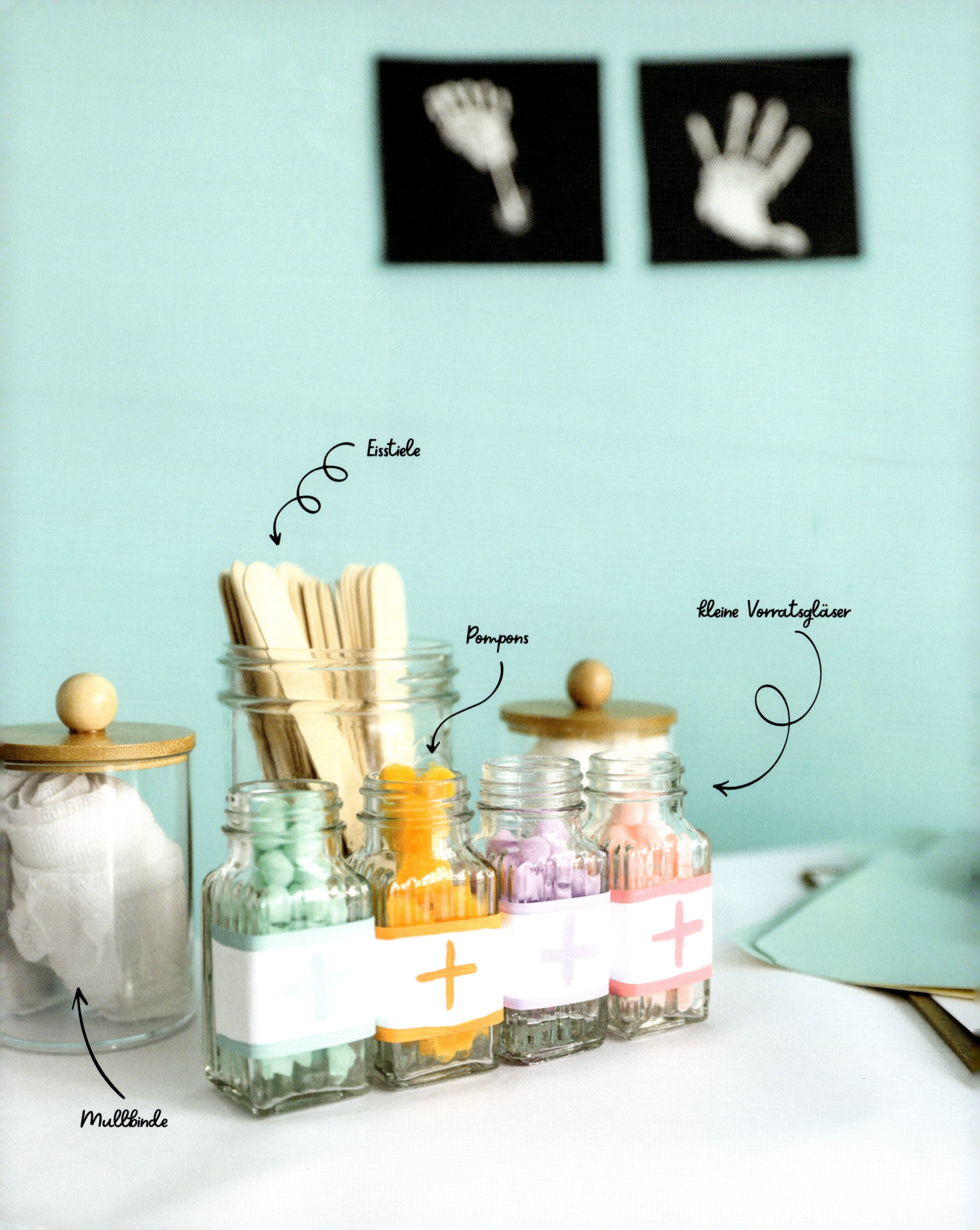
Eisstiele
Pompons
kleine Vorratsgläser
Mullbinde

DIE KULISSE GESTALTEN

IN DER ARZTPRAXIS

Du brauchst einen Anmeldebereich und ein Untersuchungszimmer.

ANMELDEBEREICH

1. Baue einen Tisch aus gestapelten Kisten auf und klebe mit zwei Streifen rotem Papier ein rotes Kreuz vorne auf.

2. Lege Klemmbretter, Karteitaschen und Stifte bereit. Bastle einen Laptop aus Pappe: Falte ein rechteckiges Stück Karton in der Mitte zusammen, schneide kleine Stücke aus Pappe als Tasten aus und klebe sie auf die Unterseite des Kartons. Schneide ein Rechteck aus, das kleiner ist als die obere Hälfte, und klebe es als Bildschirm oberhalb der Tasten auf. Bemale alles. Du kannst Streifen locker an den Seiten aufkleben, damit der Bildschirm nicht zuklappt.

3. Ein Datumsstempel und Tinte bringen zusätzlichen Spielspaß.

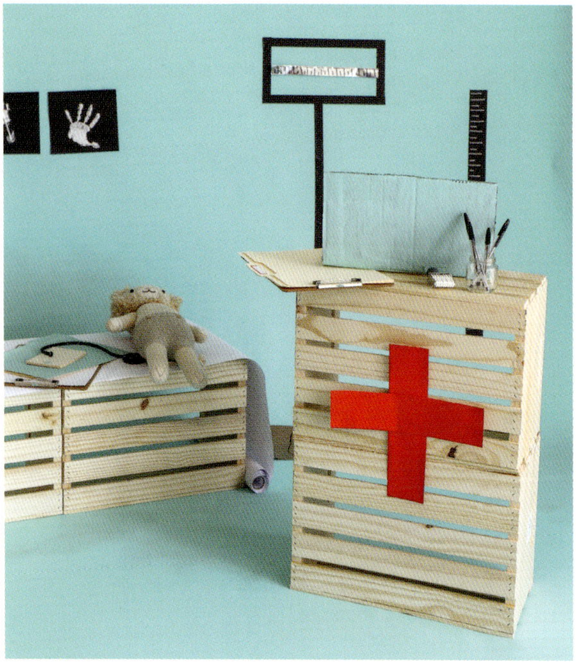

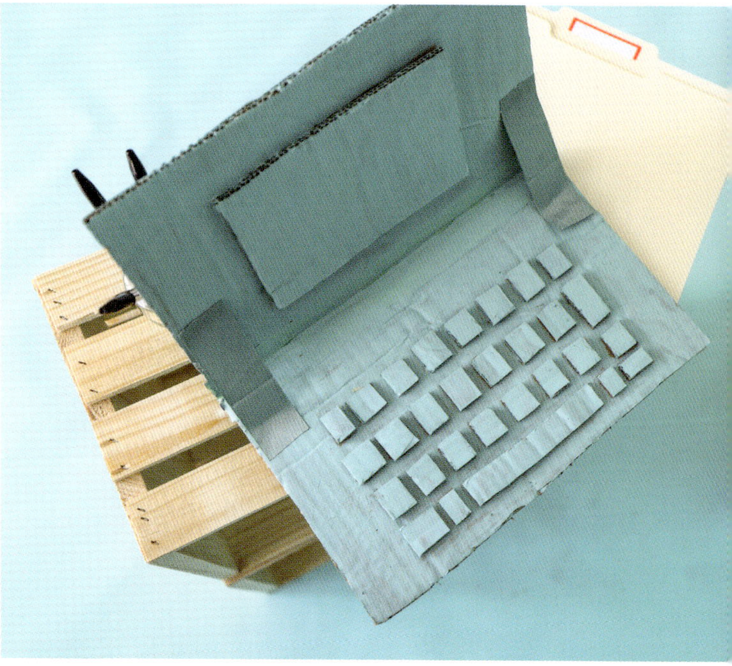

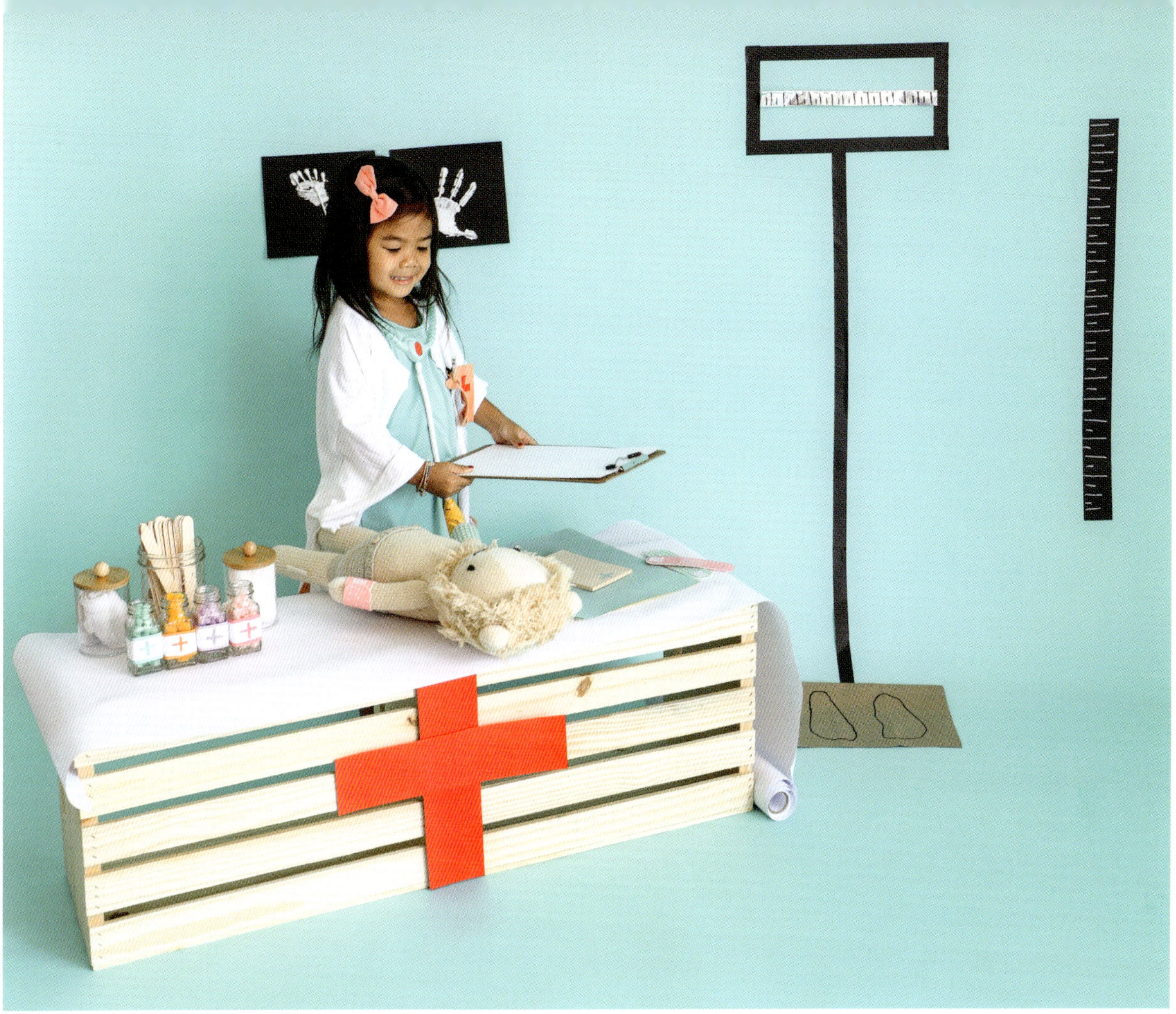

DAS UNTERSUCHUNGSZIMMER

1 Stelle zwei Holzkisten nebeneinander und klebe weißes Papier obendrauf. Das wird der Untersuchungstisch.

2 Bastle mit schwarzem Washi Tape eine Waage an die Wand: Klebe einen langen Streifen auf und oben einen rechteckigen Rahmen. Klebe einen Streifen silberfarbenes Tape quer in die Mitte und zeichne Messstriche mit schwarzem Marker darauf. Lege ein Stück Pappe auf den Boden, auf das du Fußabdrücke malst.

3 Klebe mit schwarzem Tape eine Messlatte an die Wand und zeichne mit weißem Marker die Messstriche ein.

4 Lege verschiedene medizinische Gegenstände dazu, wie Vorratsgläser mit Eisstielen, Wattestäbchen, Wattebäuschen, Verbänden, Masken und Mullbinden. Wenn du einen Spiel-Arztkoffer hast, kannst du natürlich auch die darin enthaltenen Dinge verwenden.

5 Nun legst du noch einen kleinen Notizblock und Stift für dein Kind bereit, sodass es Rezepte ausstellen kann.

EINEN ARZTKITTEL UND EIN NAMENSSCHILD BASTELN

Es ist wichtig, wie ein echter Arzt auszusehen, und ein weißer Mantel und ein Namensschild sind wesentliche Bestandteile der Arztkleidung! Vielleicht hast du bereits einen Arztkittel zum Verkleiden; wenn nicht, kannst du aus einem alten T-Shirt, Klebstoff und Filz diesen einfachen Kittel herstellen.

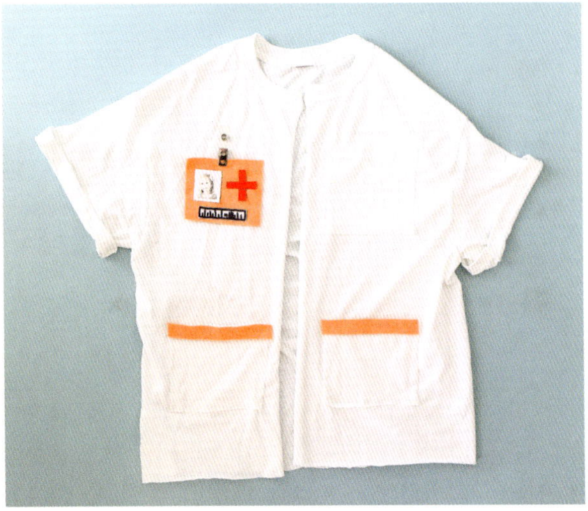

ARZTKITTEL

1. Suche ein übergroßes weißes T-Shirt heraus, das zerschnitten werden darf. Wenn du keins hast, kannst du im Secondhandshop eins erwerben.
2. Schneide unten ein Stück ab, damit es die richtige Länge für dein Kind hat; hebe den Rest auf.
3. Schneide das T-Shirt vorne in der Mitte auf, sodass das T-Shirt sich wie eine Jacke öffnen lässt.
4. Verwende den Stoffrest, um Taschen zu basteln; klebe sie entweder auf oder bügle sie mit Klebeband zum Aufbügeln auf.
5. Befestige Filzstreifen oben an den Taschen, das verleiht ihnen etwas mehr Struktur und erleichtert deinem Kind die Benutzung.

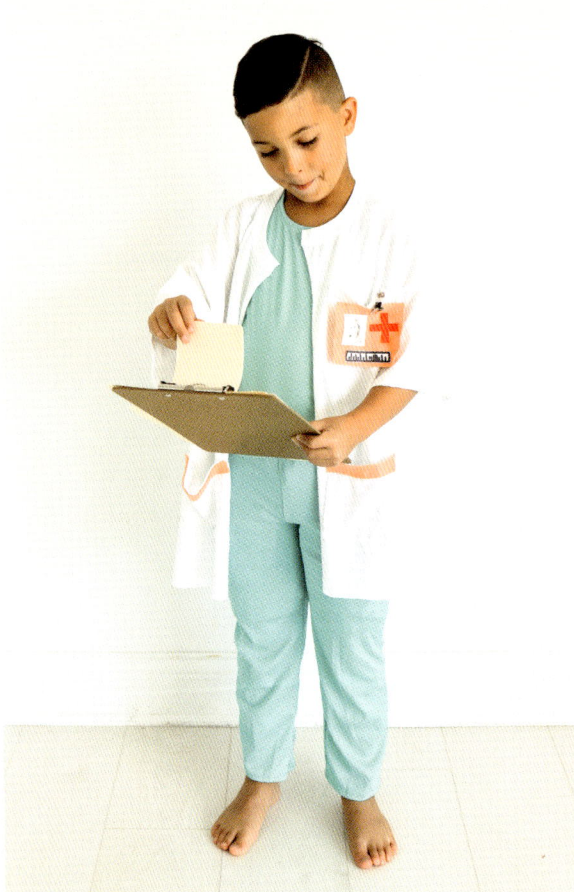

Erwachsenen-Tipp: Es ist nicht schlimm, wenn es kein ganz weißes T-Shirt ist. Wenn eine Seite einen Aufdruck hat, mach einfach die Rückseite des Kittels daraus.

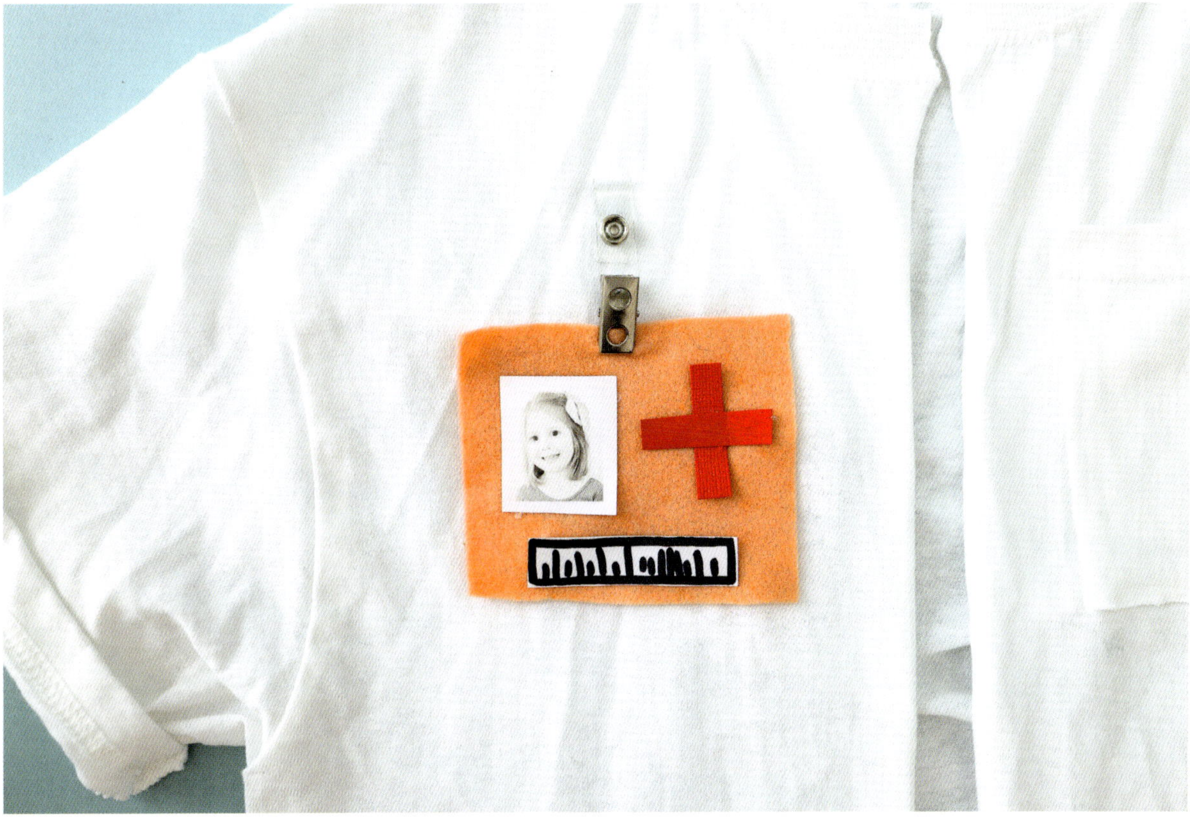

NAMENSSCHILD

1. Schneide ein rechteckiges Stück Filz aus.
2. Drucke ein kleines Foto von deinem Kind aus.
3. Klebe es auf das Schild und klebe noch einen Streifen Papier auf, auf das du den Namen deines Kindes schreibst. Du kannst auch dazuschreiben, welche Art Doktor es gerne sein möchte!
4. Schneide ein rotes Kreuz aus dem Filz aus und klebe es auf das Schild neben das Bild.
5. Befestige einen Clip oben, sodass das Schild mit einem Stück Klettband am Arztkittel befestigt werden kann.

Altersgerechte Anpassung: Ältere Kinder können ihren Namen selbst schreiben. Etwas Wichtiges zu schreiben, was man für das Spiel benötigt, ist eine gute Motivation!

RÖNTGENBILD

Dieses Projekt erfordert feinmotorische Fähigkeiten, aber gibt deinem Kind die Möglichkeit, sich mit der menschlichen Anatomie zu beschäftigen. Es denkt darüber nach, wie unser Körper funktioniert, insbesondere das Skelett.

1. Dein Kind kann Röntgenbilder basteln, die in der Praxis aufgehängt werden. Verwende weiße Farbe und bemale Hand oder Fuß deines Kindes.
2. Drücke die bemalte Fläche auf ein Blatt schwarzes Tonpapier.
3. Klebe Wattestäbchen als Knochen auf den Druck.
4. Hänge die Röntgenbilder an einem Stück Schnur oder Faden mit Wäscheklammern auf. Dein Kind kann die Röntgenbilder, die es sich genauer ansehen muss, einfach herunternehmen und wieder aufhängen.

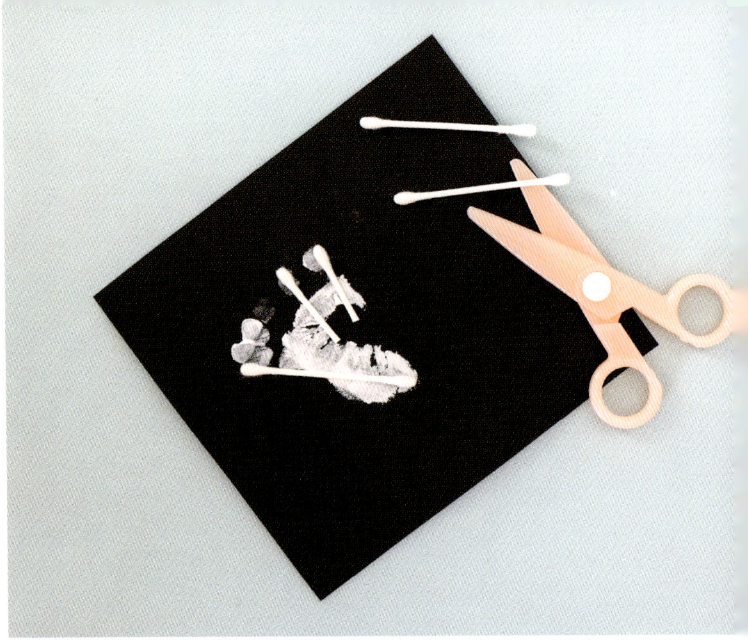

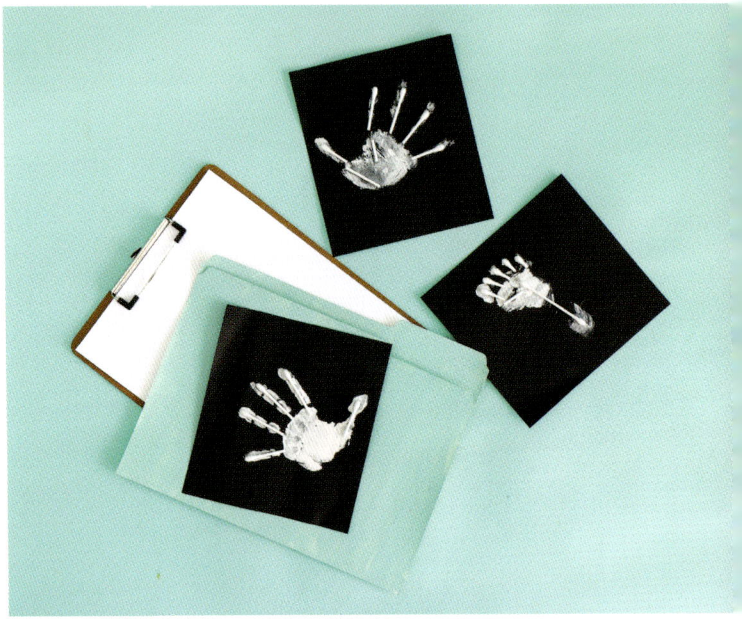

GESCHICKLICHKEITS-TRAINING

Mit Wäscheklammern zu hantieren, ist eine sehr gute Übung für die Feinmotorik. Im Stehen kann das für unsere Kleinen schwieriger sein, als es aussieht!

Altersgerechte Anpassung: Kleinere Kinder trainieren bei dieser Aktivität, etwas festzukleben und einfache Bilder zu gestalten.

POMPONS SORTIEREN

Beim Sortieren lernt man, auf bestimmte Eigenschaften zu achten. Verschiedene Gegenstände zu vergleichen, fördert die sprachlichen Fähigkeiten (man muss beschreiben, worin sich die Gegenstände ähneln und unterscheiden). Auch mathematisches Können wird trainiert (Eins-zu-eins-Korrespondenz, Begreifen, in welchen Verhältnissen Objekte zueinanderstehen).

1. Nimm mehrere Vorratsgläser und schneide Papierstreifen aus, die du als Etiketten darauf klebst. Male mit Markern Kreuze in der Farbe der Pompons auf. Oder verwende stattdessen Pappbecher, dann kannst du direkt darauf schreiben. Kleinere Kinder bekommen Gläser mit einer Farbe, ältere können mehrere Farben in dasselbe Glas sortieren.

2. Lege die Pompons bereit und lass dein Kind diese nach Farben sortieren. Eine besondere feinmotorische Übung ist die Verwendung einer Pinzette, um die Pompons in die Behälter zu befördern.

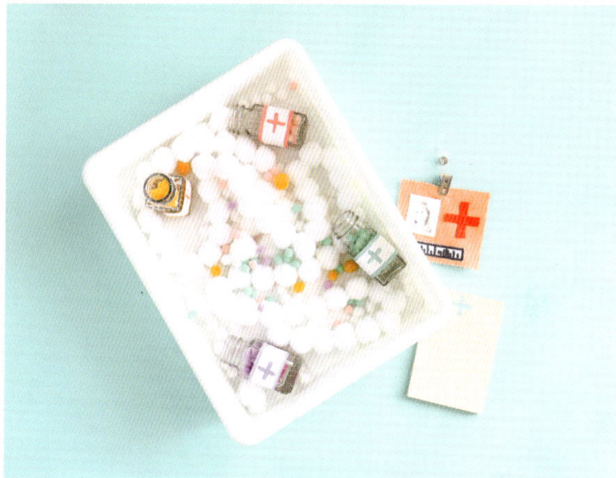

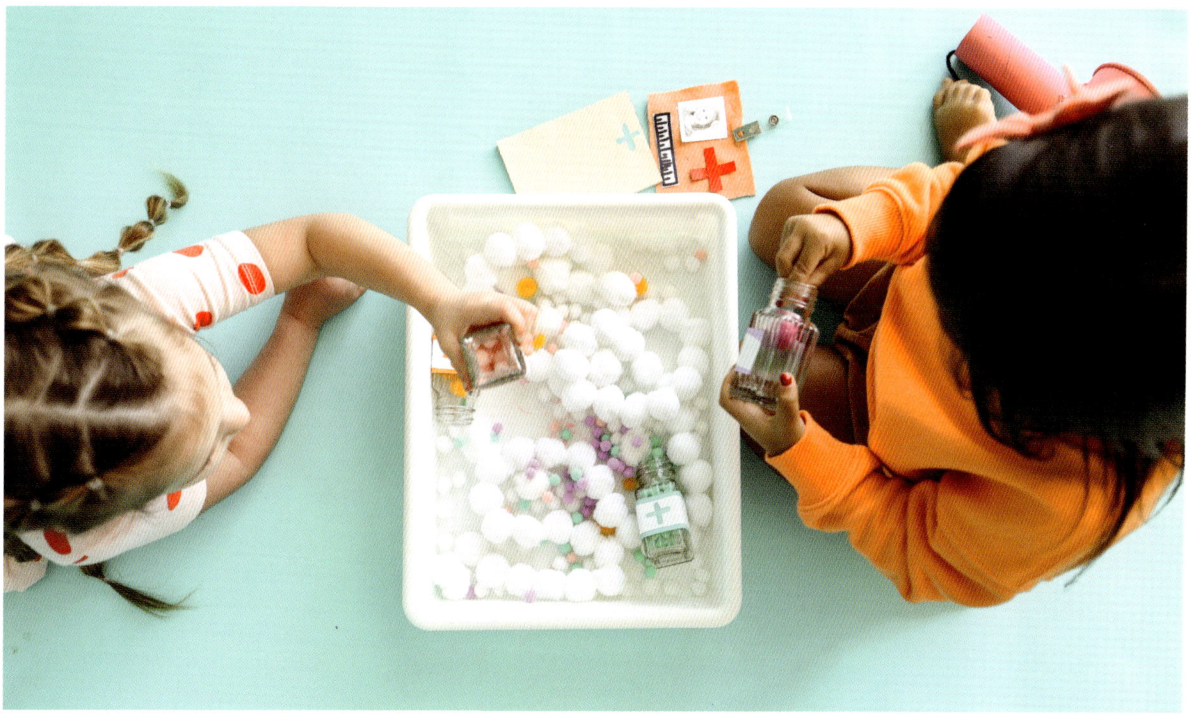

PFLASTER AUFKLEBEN

Feinmotorische Fähigkeiten zu entwickeln, ist wichtig für Kinder. Sie brauchen sie zum Schreiben, aber es gibt noch viele andere Aufgaben, für die sie kräftige Gliedmaßen brauchen, zum Beispiel für das Öffnen und Schließen von Deckeln und Reißverschlüssen und vieles mehr.

1. Lege ein großes Stück Kraftpapier aus und ummale die Umrisse eines Kuscheltiers mit einem Stift.
2. Verteile Punkte in der Form des Körpers. Du kannst deinem Kind auch Klebepunkte geben, die es aufklebt. Dann kann es Pflaster auf die Punkte kleben.

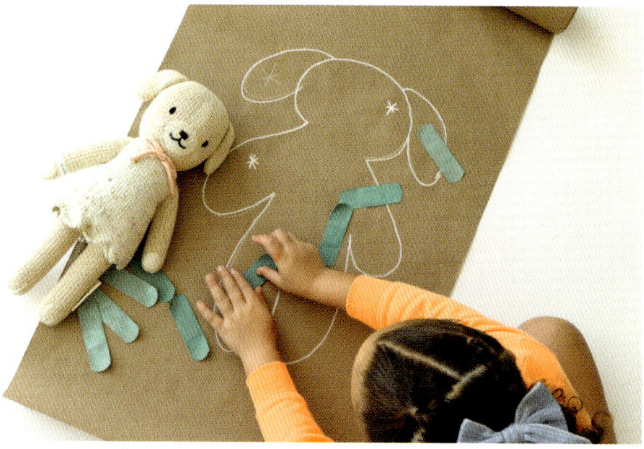

GESCHICKLICHKEITS-TRAINING

Hier kann man sehr gut über die verschiedenen Körperteile sprechen und Ortspräpositionen einbauen, wie »über«, »unter«, »neben« und »zwischen«.

EINEN SPIEL-GIPS ANLEGEN

Wir finden es super, wenn ihr alle Elemente für die Arztpraxis selbst anfertigt. Wenn ihr schon einen Spiel-Arztkoffer habt, könnt ihr noch diesen Gips basteln. Neue Dinge zu einem geliebten Spiel hinzuzufügen, kann die Begeisterung dafür wieder aufleben lassen.

1. Nimm eine lange Socke und schneide die Fußspitzen ab.
2. Dein Kind kann sie als Gips über seinen Arm ziehen. Es kann den Gips auch bunt verzieren, wenn es möchte.

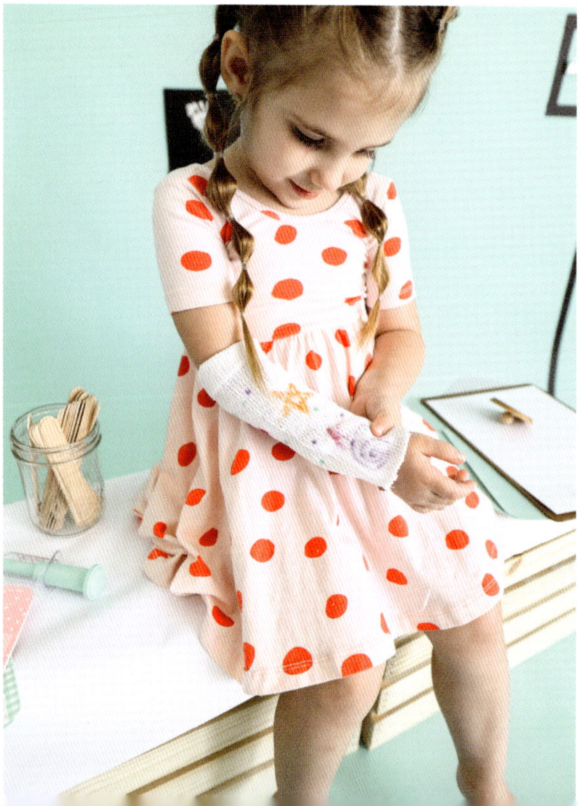

GEWICHT UND GRÖSSE MESSEN

Hier arbeiten die Kinder mit Zahlen und vergleichen Maßeinheiten miteinander (mehr oder weniger); das bildet eine gute Grundlage für zukünftiges mathematisches Denken.

1. Mit der Messlatte misst dein Kind die Größe seiner Patienten. Mithilfe von Klebezetteln kann es sich merken, wie groß der Patient ist.

2. Du kannst auch eine weiße Papierrolle nehmen und damit die »Untersuchungsliege« bedecken. So kann dein Kind die Größe der Kuscheltierpatienten markieren.

WIR LERNEN ETWAS

Mit einem flexiblen Maßband und einer Küchenwaage kann dein Kind experimentieren. Eine Küchenwaage ist anders als die Badezimmerwaage nur für leichtere Dinge wie kleine Kuscheltiere geeignet.

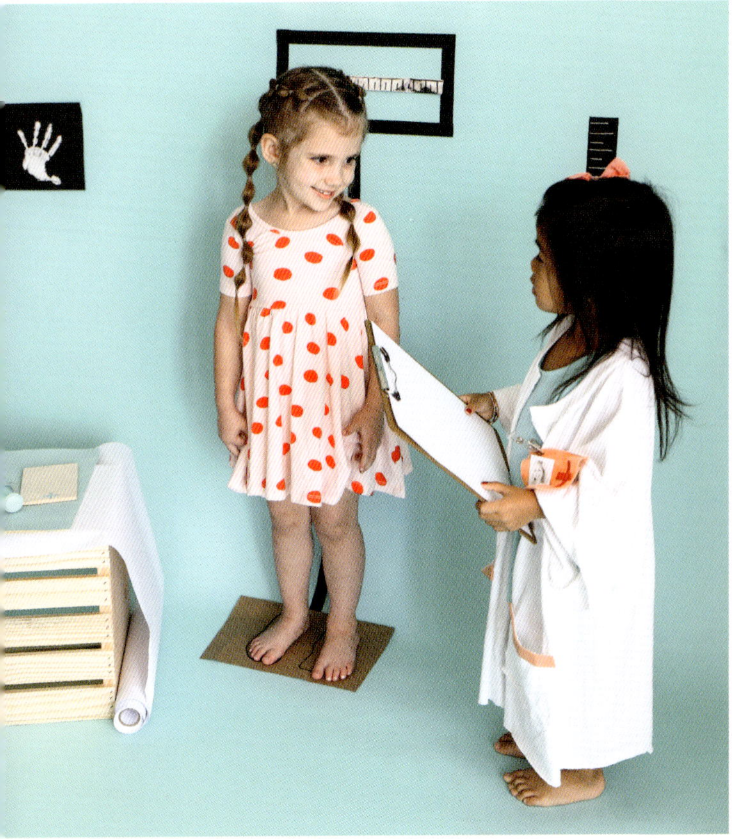

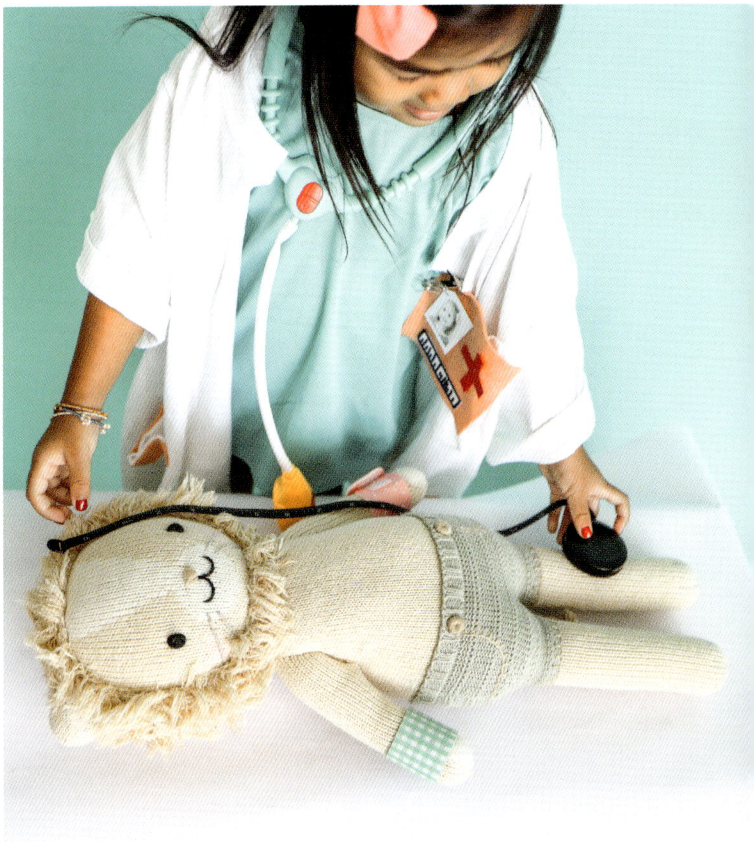

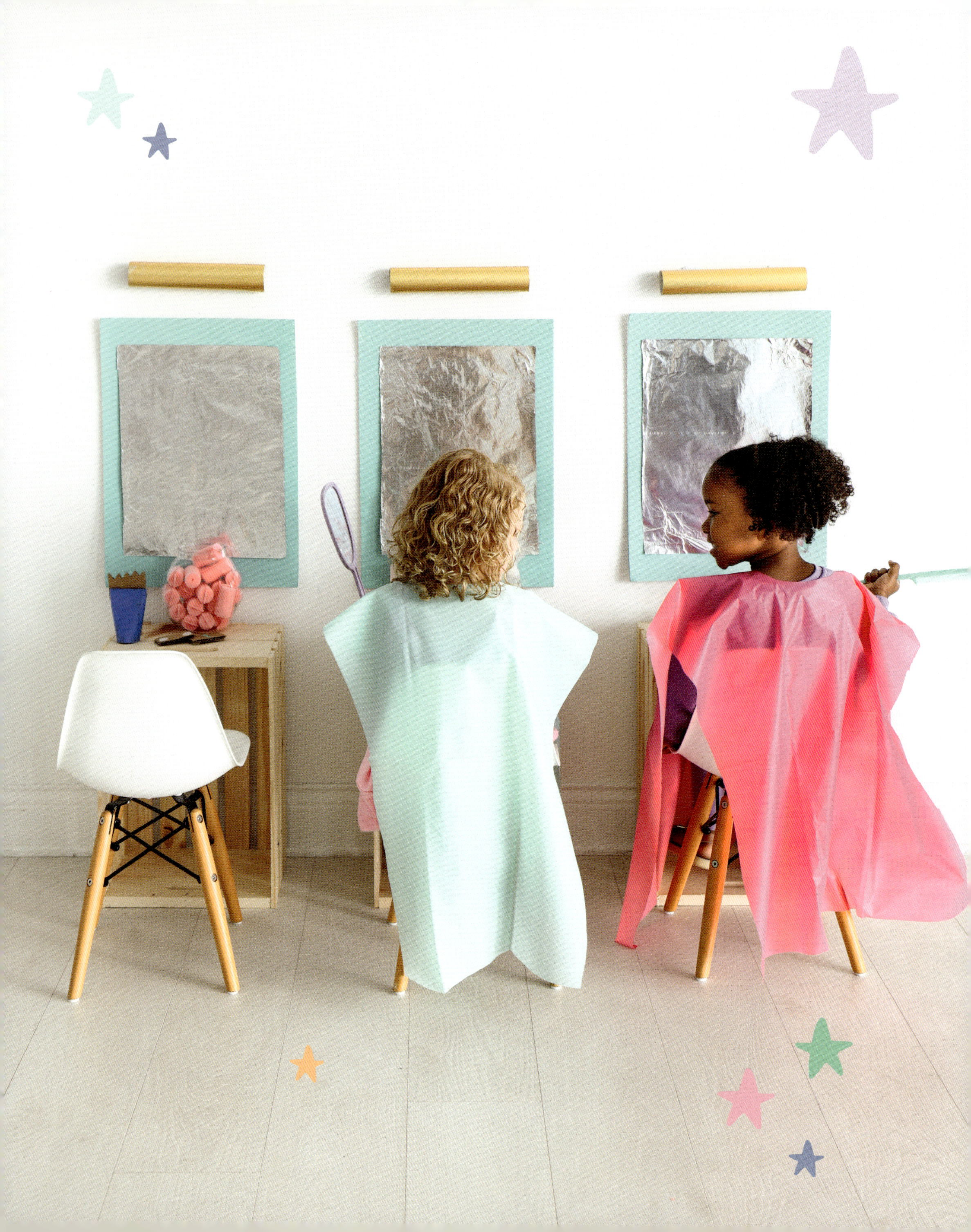

9

ROLLENSPIEL

Beim Friseur

Es geht in den Friseursalon! In diesem Kapitel zeigen wir dir, wie du einen Salon einrichten kannst, in dem dein Kind sich um die verschiedensten Haartypen kümmern kann. Es kann waschen, schneiden, föhnen – natürlich nicht in echt! Frisuren aus Wolle können die Kinder selbst schneiden, und mit dem Haargummi-Turm können sie praktische Fertigkeiten üben und ihre Feinmotorik trainieren. Diese ersten Haarschnitte können für die Kleinen auch schwierig sein, genau wie in der Arztpraxis können sie hier Berührungsängste vor dem eigenen Friseurbesuch abbauen. Auch das Frisiertwerden am Morgen lassen sie dann vielleicht leichter über sich ergehen. Uns ist auch wichtig, dass das nicht nur als Spielkulisse für Mädchen angesehen wird. Menschen jeglichen Geschlechts gehen zum Friseur und wir sind der Ansicht, dass wir Spielmöglichkeiten anbieten sollten, die sich nicht an Gender-Stereotypen halten.

DAS BRAUCHEN WIR

- Holzkisten
- Haaraccessoires wie Lockenwickler, Kämme, Handspiegel, Haargummis, Haarreifen usw.
- alte Shampooflaschen
- kleine Hocker oder Stühle
- Klebeband
- Alufolie
- Leichtschaumplatte
- Plastikwanne
- Goldpapier
- leere Küchenrollen
- Schere
- Vinyltischdecken (oder Papierrolle)
- Pappbecher
- Klopapierrollen
- Flüssigklebstoff
- Farbe und Stifte
- Wollfaden
- Tacker
- Karton
- Klettband
- Tonpapier
- Pappteller
- Kinderschere
- Ballons
- Rasierschaum
- Zungenspatel

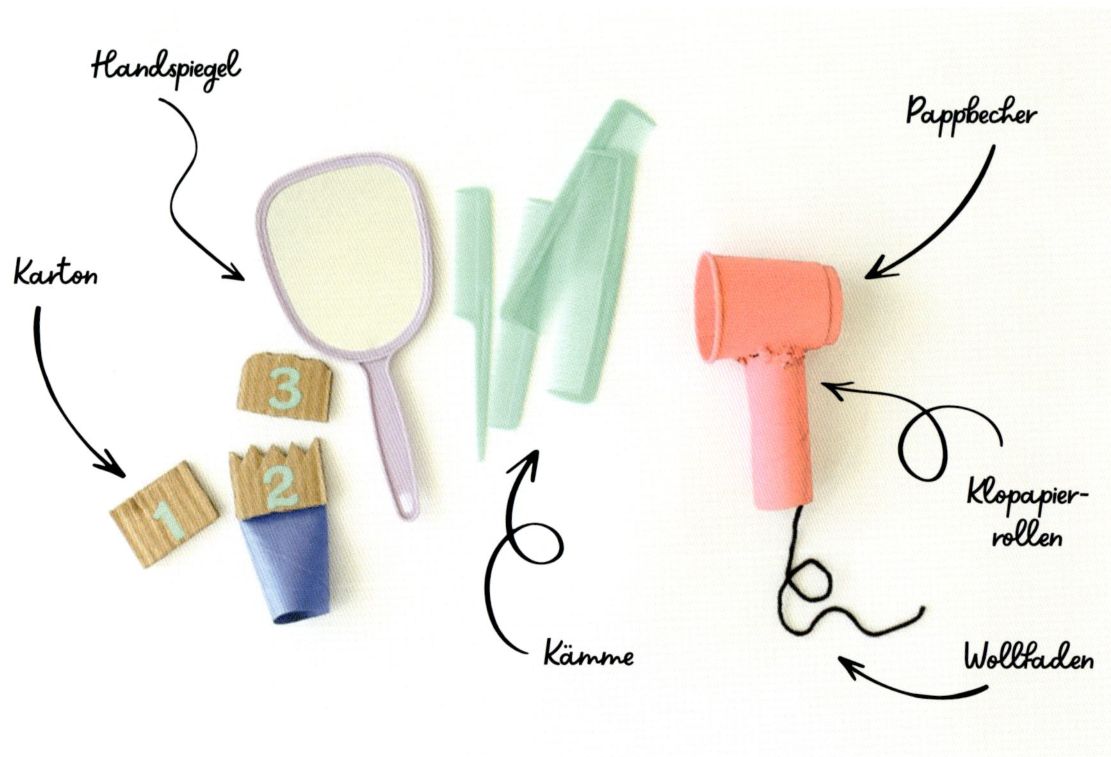

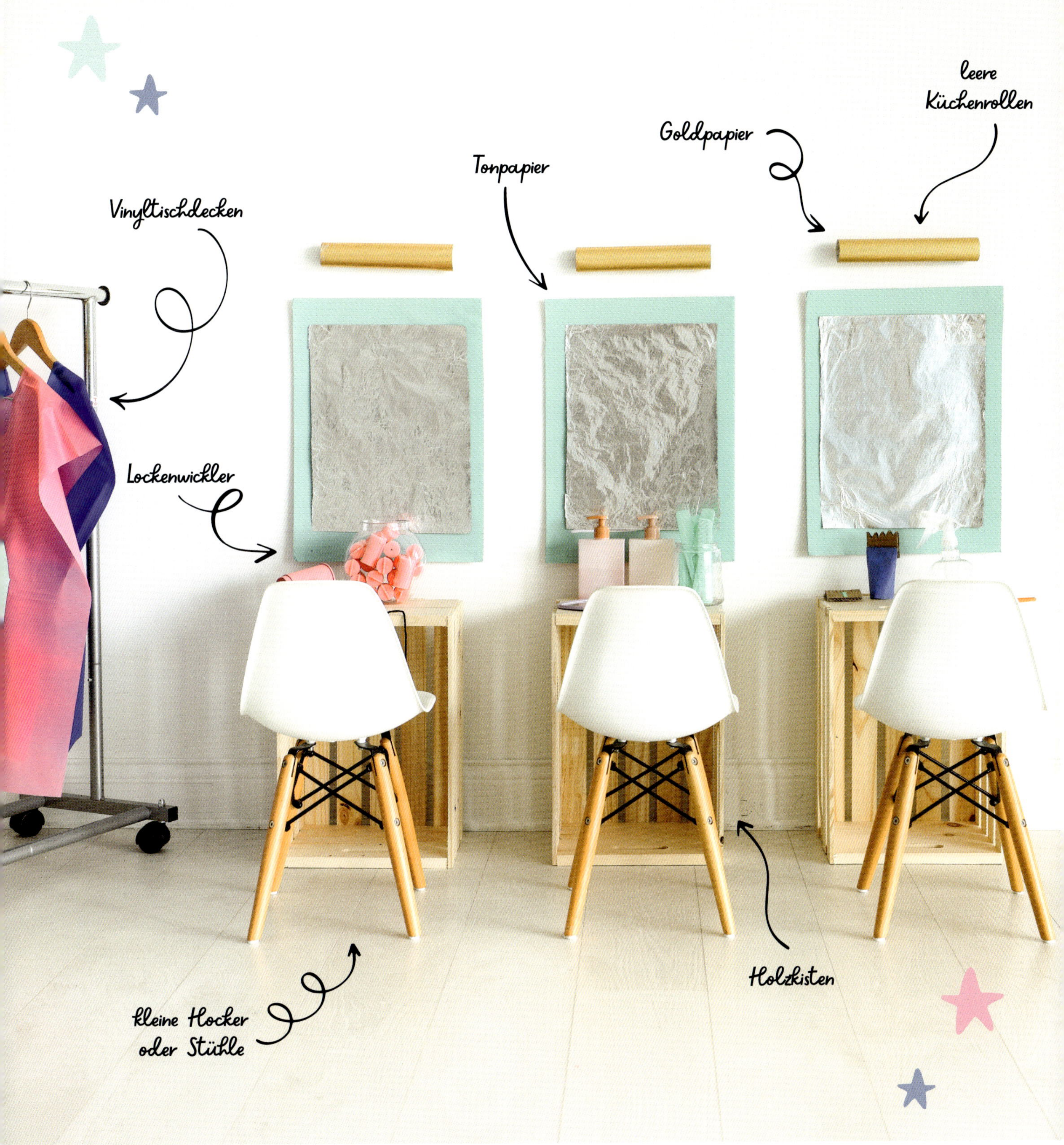
leere Küchenrollen
Goldpapier
Tonpapier
Vinyltischdecken
Lockenwickler
Holzkisten
kleine Hocker oder Stühle

DIE KULISSE GESTALTEN

BEIM FRISEUR

Gestalte verschiedene Frisierplätze

- Benutze eine Kiste für jeden Frisierplatz und stelle sie aufrecht hin. Dein Hairstylist oder Friseur kann seine Utensilien und Werkzeuge auf oder in die Kiste legen, wie Handspiegel, Kämme, Wickler und alte Shampooflaschen.
- Stelle einen kleinen Stuhl oder Hocker vor jede Kiste, damit der Kunde sich setzen kann. Klebe ein großes Stück Alufolie auf ein noch etwas größeres Stück Leichtschaumplatte als Spiegel. Klebe je einen Spiegel über jede Kiste.

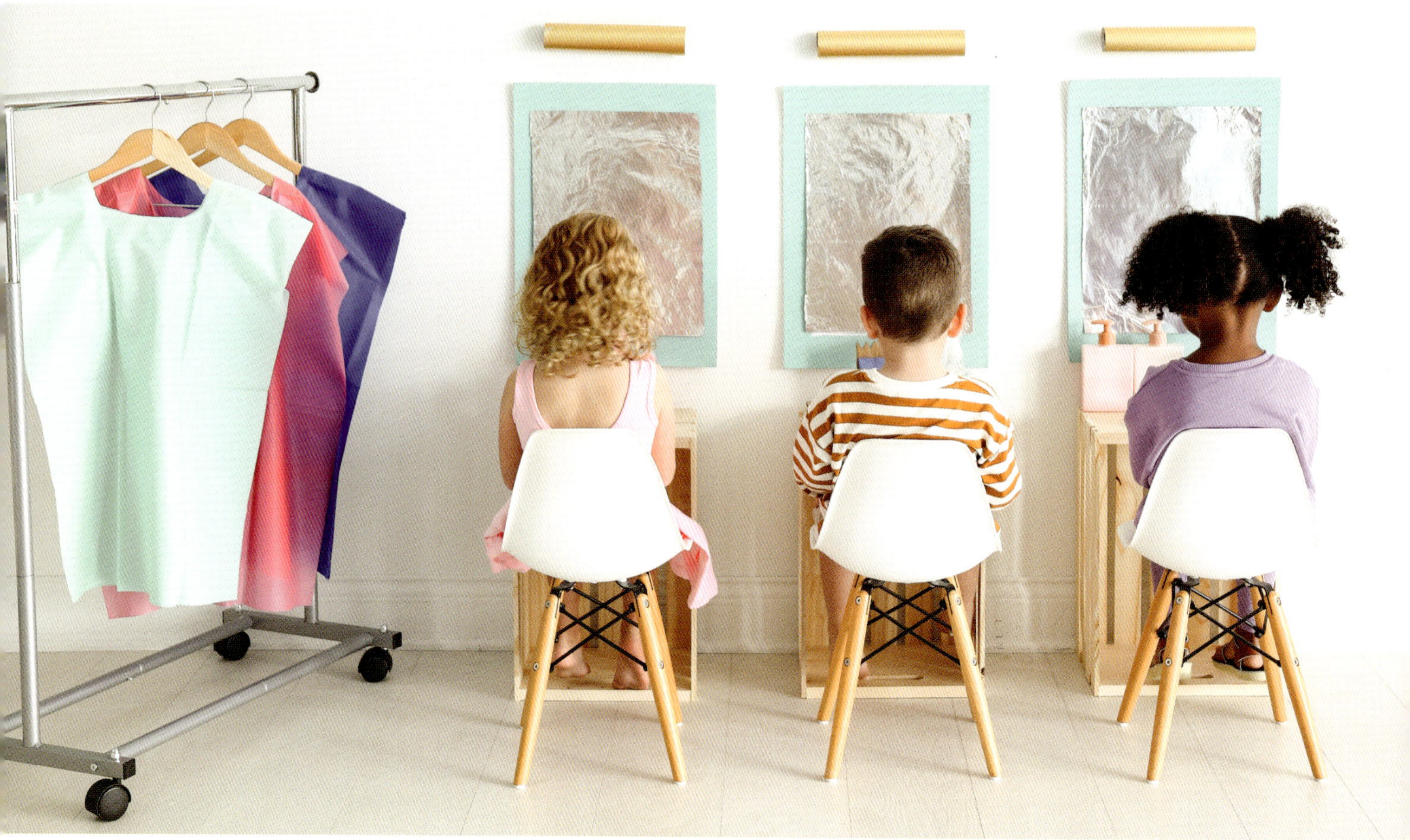

- Als Waschbecken stellst du einfach eine Plastikwanne auf eine der Kisten.
- Jeder Platz bekommt eine Lampe. Dafür wickelst du eine leere Küchenrolle mit Goldpapier ein und klebst sie fest. Dieses Licht befestigst du dann mit Klebeband über dem Spiegel.
- Capes für die Kunden stellst du her, indem du einfache Poncho-Formen aus Vinyltischdecken oder einer großen Papierrolle ausschneidest. Hier musst du eventuell zwei Bahnen aneinanderkleben. Schneide ein 50 x 132 cm großes Rechteck aus und lege es zur Hälfte zusammen, sodass ein 50 x 66 cm großes Rechteck entsteht. Aus der Mitte der gefalteten Seite schneidest du einen 14 cm breiten Halbkreis aus, damit die Öffnung über den Kopf passt.

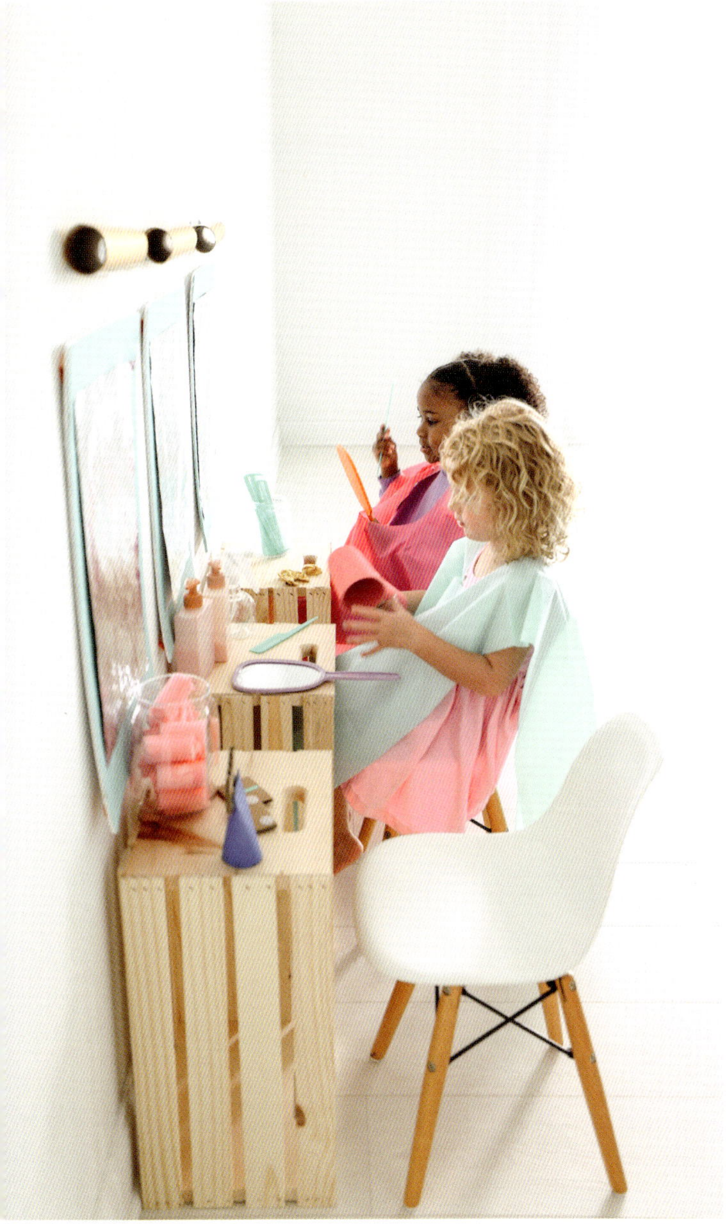

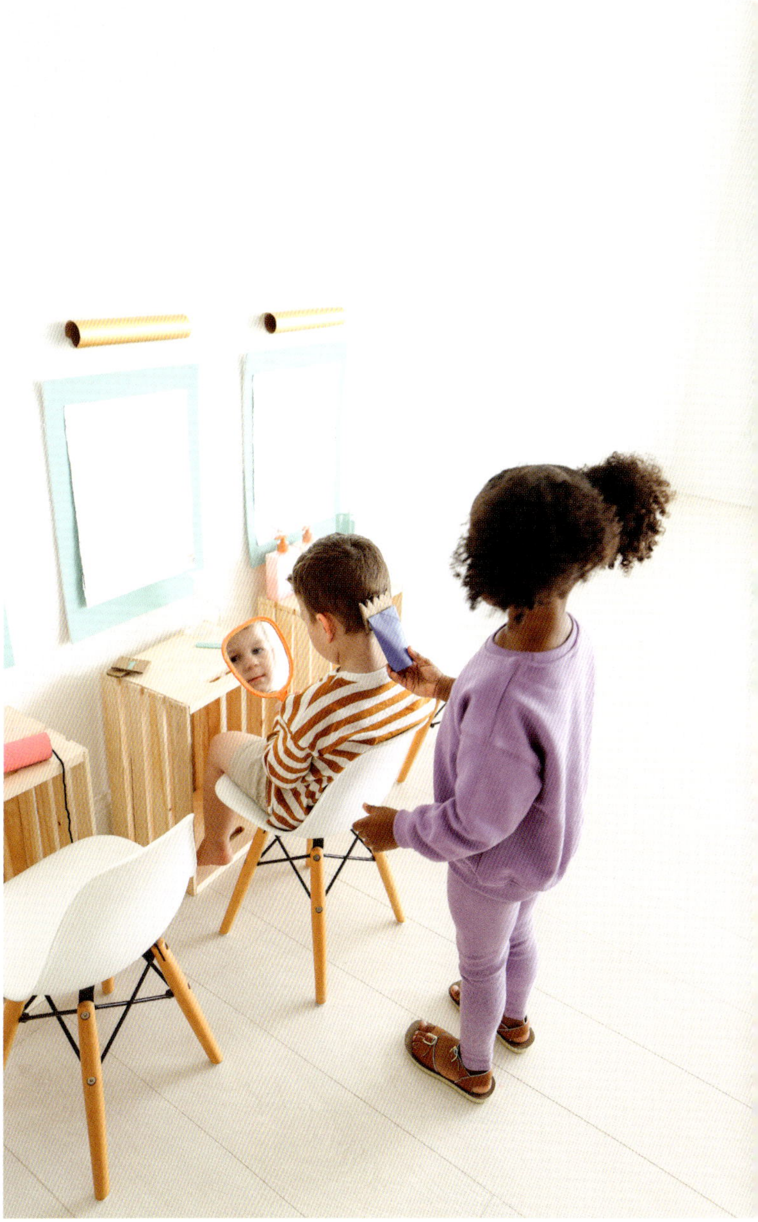

FÖHN UND RASIERER BASTELN

Mit diesen Utensilien, die dein Kind von seinen Friseurbesuchen kennt, kann es verschiedene Haartypen und -styles frisieren.

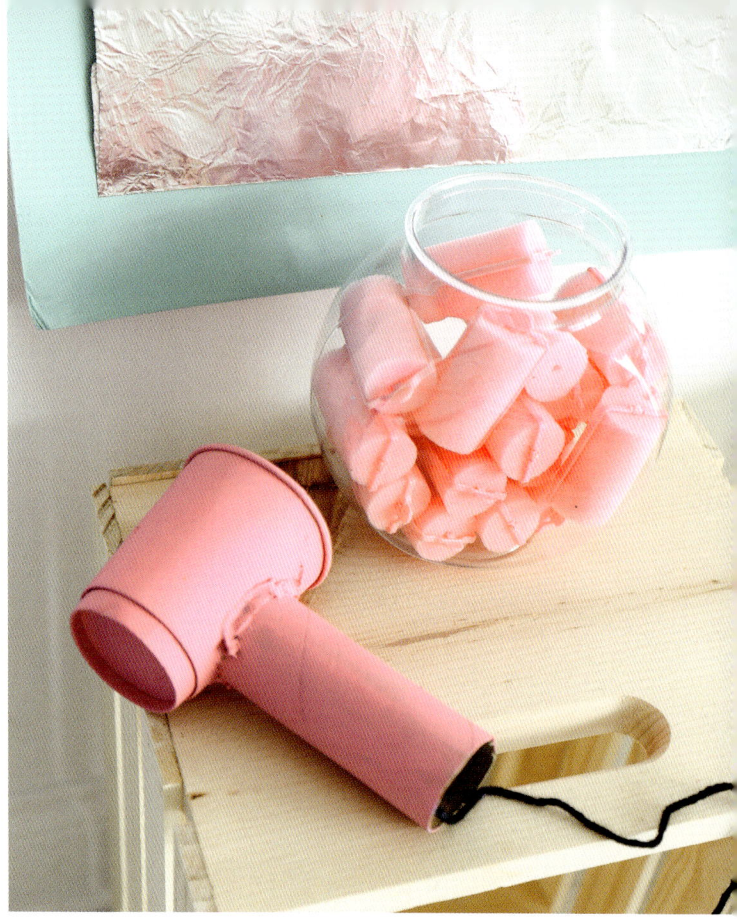

FÖHN

1. Nimm einen Pappbecher und eine leere Klopapierrolle und schneide das Ende der Rolle bei Bedarf ein, sodass es besser an die Seite des Bechers passt. Klebe die Rolle im unteren, schmaleren Bereich an die Seite des Bechers.
2. Male deinen Haartrockner bunt an.
3. Klebe einen Wollfaden mit Tape oder Flüssigklebstoff als Kabel in die Rolle.

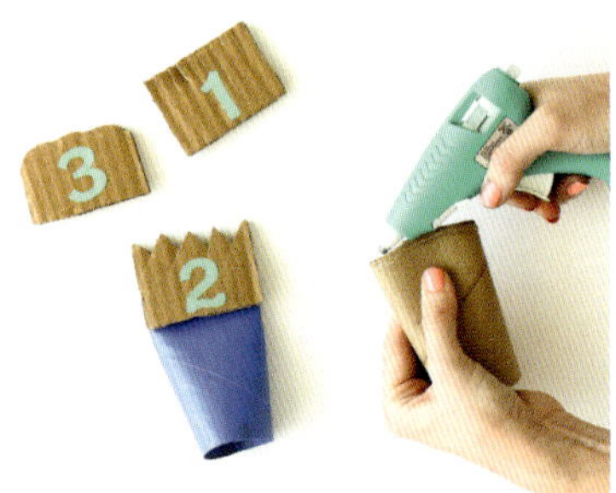

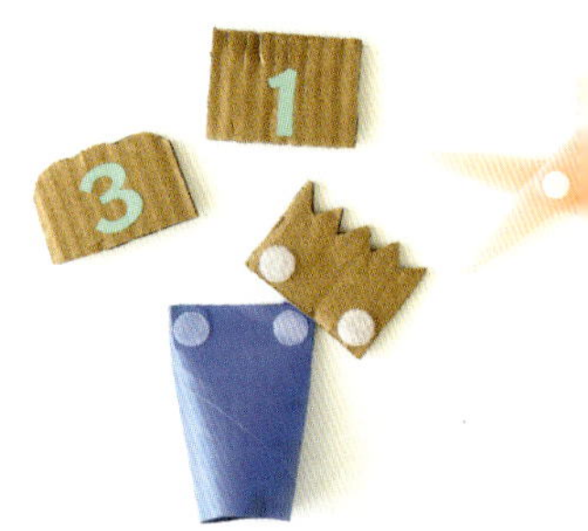

RASIERER

1. Nimm eine leere Klopapierrolle und tackere ein Ende zu.
2. Male die Rolle bunt an.
3. Bastle verschiedene Aufsätze für den Rasierer, indem du rechteckige Stücke aus Pappe ausschneidest; du kannst verschiedene Muster in die langen Oberseiten schneiden und eine Zahl auf jedes Stück malen.
4. Befestige Klettpunkte am geschlossenen Ende der Klopapierrolle und an der Rückseite jedes Aufsatzes, sodass du sie nach Bedarf austauschen kannst.

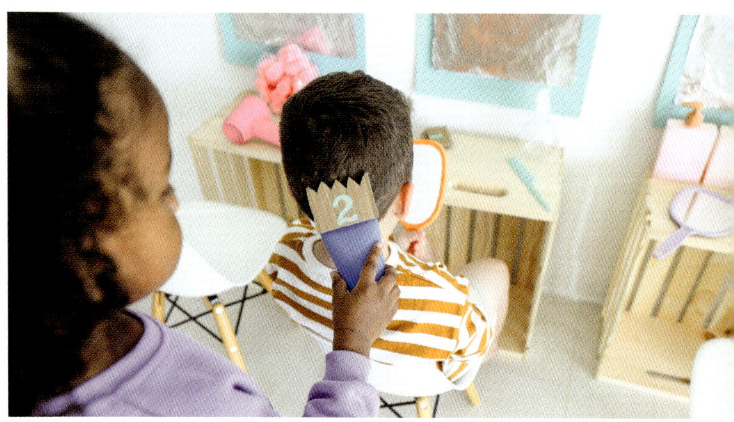

LUSTIGE WOLLFRISUREN

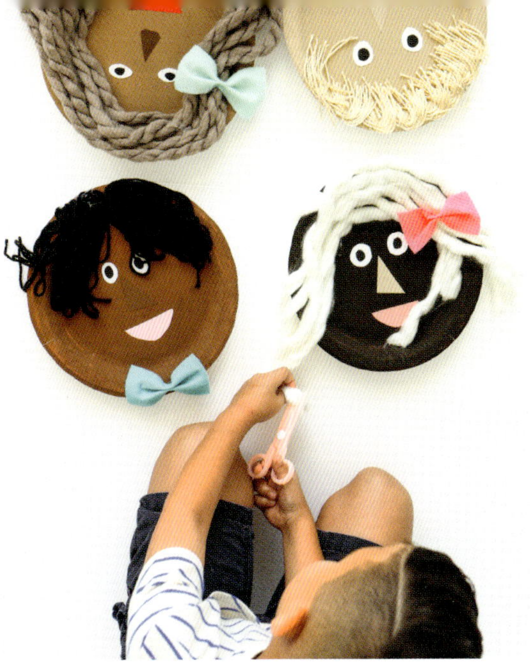

Manchen Erwachsenen mag es nicht wohl dabei sein, kleine Kinder zu einer Haarschneideaktivität anzuregen; immerhin sagen wir alle unseren Kindern ständig, dass sie sich AUF KEINEN FALL die Haare schneiden dürfen. Doch wir können hier sehr klare Ansagen machen, zum Beispiel, dass die Schere nur zum Schneiden der Wollfäden verwendet werden darf. Füge noch Haarspangen, Schleifen und Haargummis dazu, damit dein Kind sich bei den Frisuren, die es stylt, so richtig austoben kann!

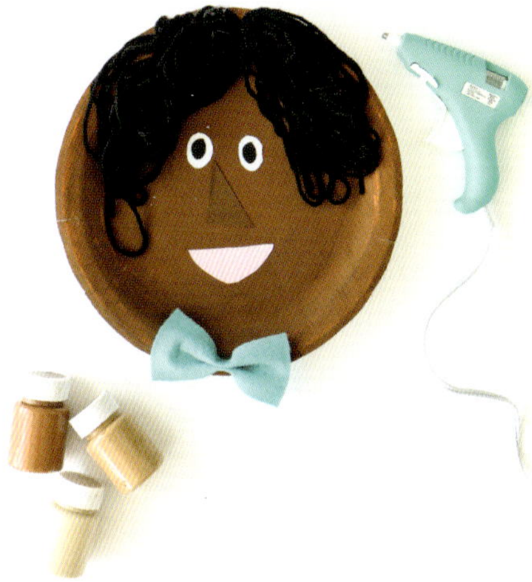

1. Bemale mehrere Pappteller in verschiedenen Hauttönen und lasse sie trocknen.
2. Schneide einfache Formen als Augen, Nasen und Münder aus Tonpapier aus und klebe sie auf die Teller.
3. Klebe Wollfäden als Haare an die Teller. Jeder Teller kann unterschiedlich viele Haare bekommen.
4. Mit der Kinderschere kann dein Kind die Frisuren schneiden, die es mag. Wenn es fertig ist, kann es noch die Schleifen und Spangen verwenden, um die Looks zu stylen.

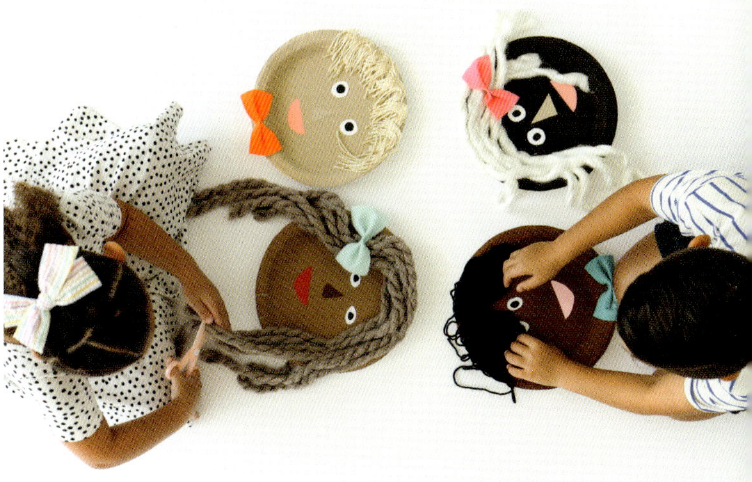

Erwachsenen-Tipp: Je dünner der Faden, desto leichter kann dein Kind schneiden. Überlass den dickeren Faden den älteren Kindern, die besser schneiden können und schärfere Scheren verwenden dürfen!

EINEN HAARGUMMI-TURM BASTELN

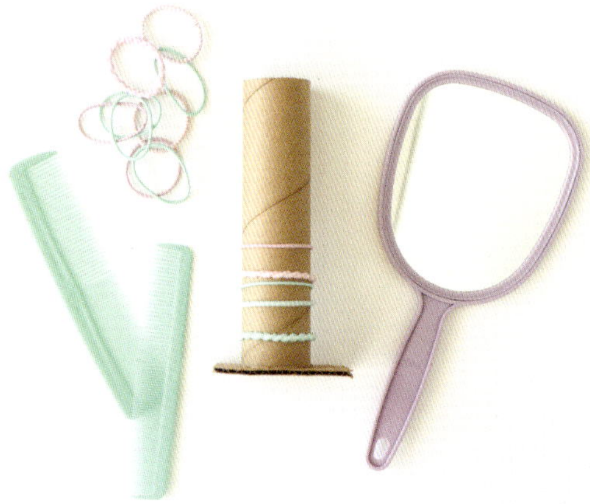

Wenn dein Kind Haargummis benutzt, trainiert es damit seine feinmotorischen Fähigkeiten und übt zusätzlich, sich selbst Haargummis in die Haare zu binden.

1. Schneide ein Stück Karton aus und klebe eine leere Küchenrolle mittig darauf.
2. Lege einige Haargummis daneben und lass dein Kind diese auf den Turm stecken.

WIR LERNEN ETWAS

Mit dieser Aktivität kann dein Kind auch üben, Muster zu machen. Lege einfach verschiedenfarbige Haargummis bereit!

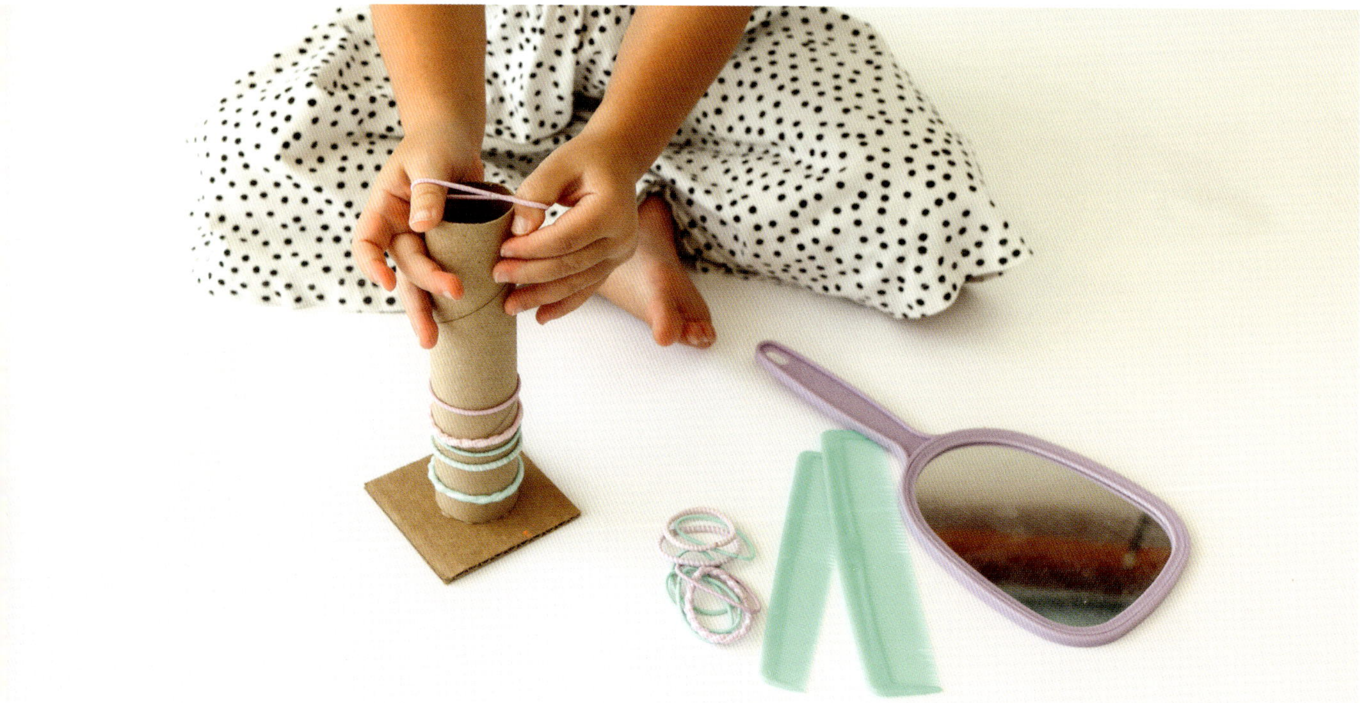

RASIERSCHAUM-SPIEL

Eine tolle Aktivität und eine sinnliche Erfahrung für Kinder, die nicht so gern etwas spielen, bei dem sie schmutzig werden können. Mit dem Zungenspatel als Werkzeug und Wasser in der Nähe, um etwas abzuwaschen, wenn nötig, fühlen sie sich vielleicht sicher genug, mit dem Rasierschaum zu spielen.

1. Blase einen Luftballon auf und male mit einem Marker ein Gesicht auf.
2. Verteile Rasierschaum auf dem Ballon. Dein Kind kann den Kopf oder den Bart rasieren oder beides!
3. »Rasiere« den Schaum mit einem Zungenspatel ab. Stelle eine Wanne mit Wasser daneben, um den Spatel zwischendurch abwaschen zu können.

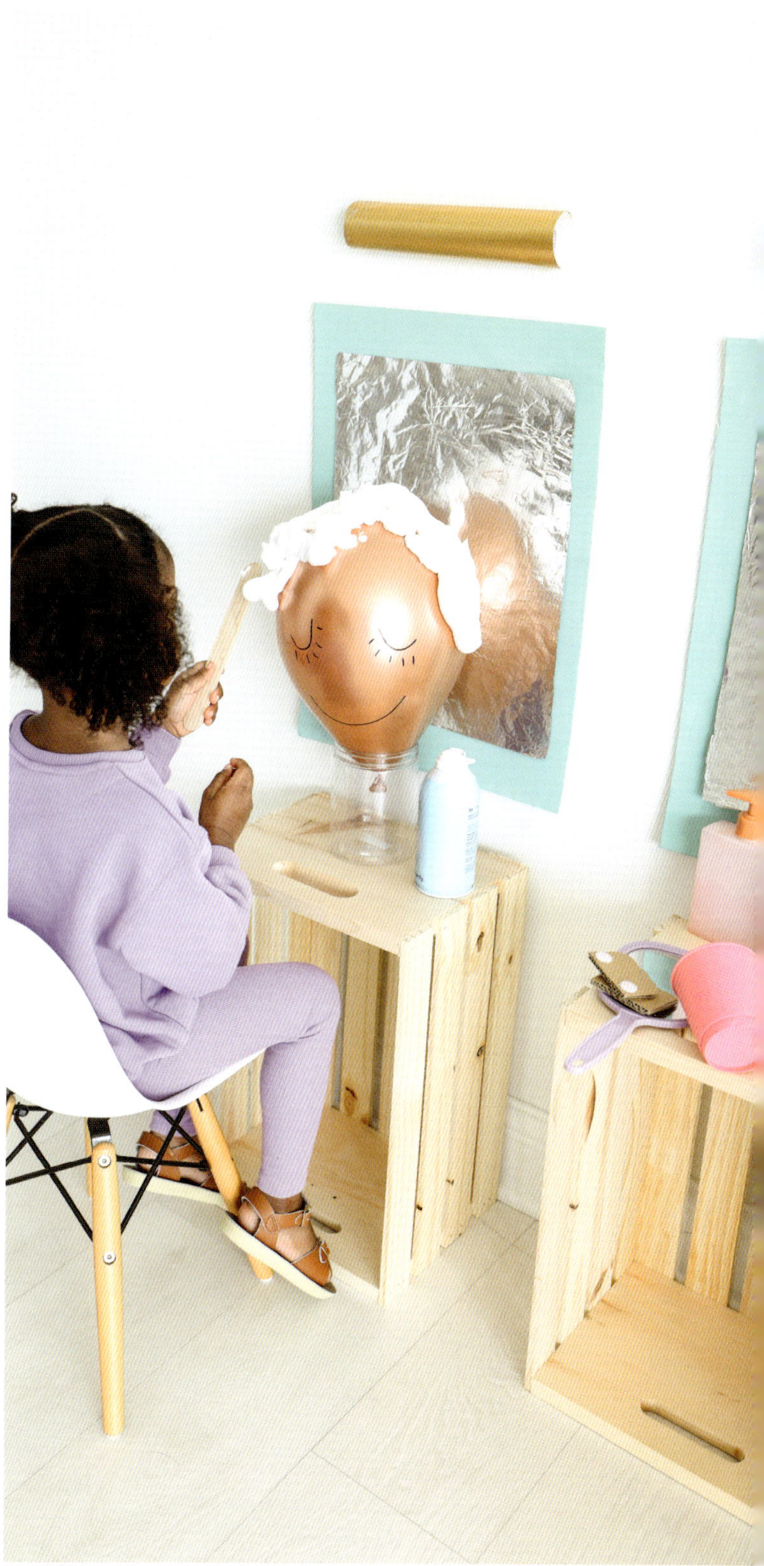

Erwachsenen-Tipp: Damit der Ballon an Ort und Stelle bleibt, kannst du ihn auf ein Glas setzen und rundherum mit Klebeband fixieren.

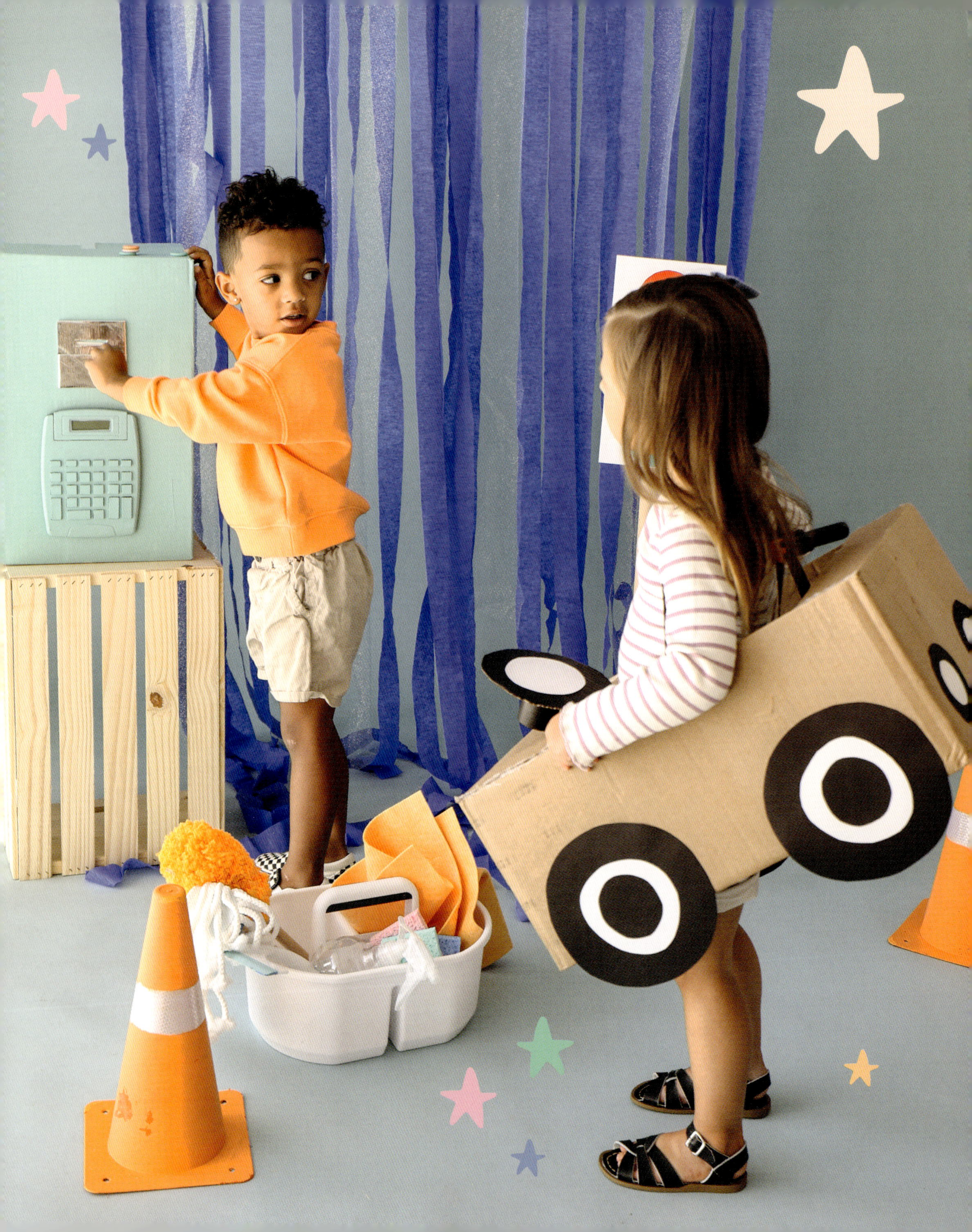

10

ROLLENSPIEL

In der Autowaschanlage

Die Autos müssen gewaschen werden! Diese Spielwelt ist genau das Richtige für kleine Autofans. Wenn man genug Auto gefahren ist, kann man es waschen und so damit weiterspielen. Dein Kind kann sein eigenes Pappauto bauen und es in die Waschanlage bringen. Dieser Monat hält viele tolle sensorische und motorische Komponenten bereit, eine Autowasch-Sensorikbox wird erforscht, es werden Schwämme ausgedrückt und die Autos rundherum inspiziert, ob sie auch sauber sind. Dein Kind ist in Bewegung und nimmt mithilfe dieser Spielwelt viele neue Sinneseindrücke auf.

DAS BRAUCHEN WIR

- Poolnudeln
- Tape
- blaue Papierbänder
- Tüll
- Schnur
- Farbe und Pinsel
- Leichtschaumplatte
- Papproöhren
- Verkehrskegel
- Eimer und Gefäße
- Schwämme
- Aufbewahrungsbox
- Sprühflaschen
- Abzieher
- Putzlappen
- Pappkartons, 45 x 30 x 15 cm
- Flüssigklebstoff
- Tonpapier
- Band
- Taschenrechner
- silberfarbenes Duct Tape
- Holzmünzen
- abwaschbare Farbe

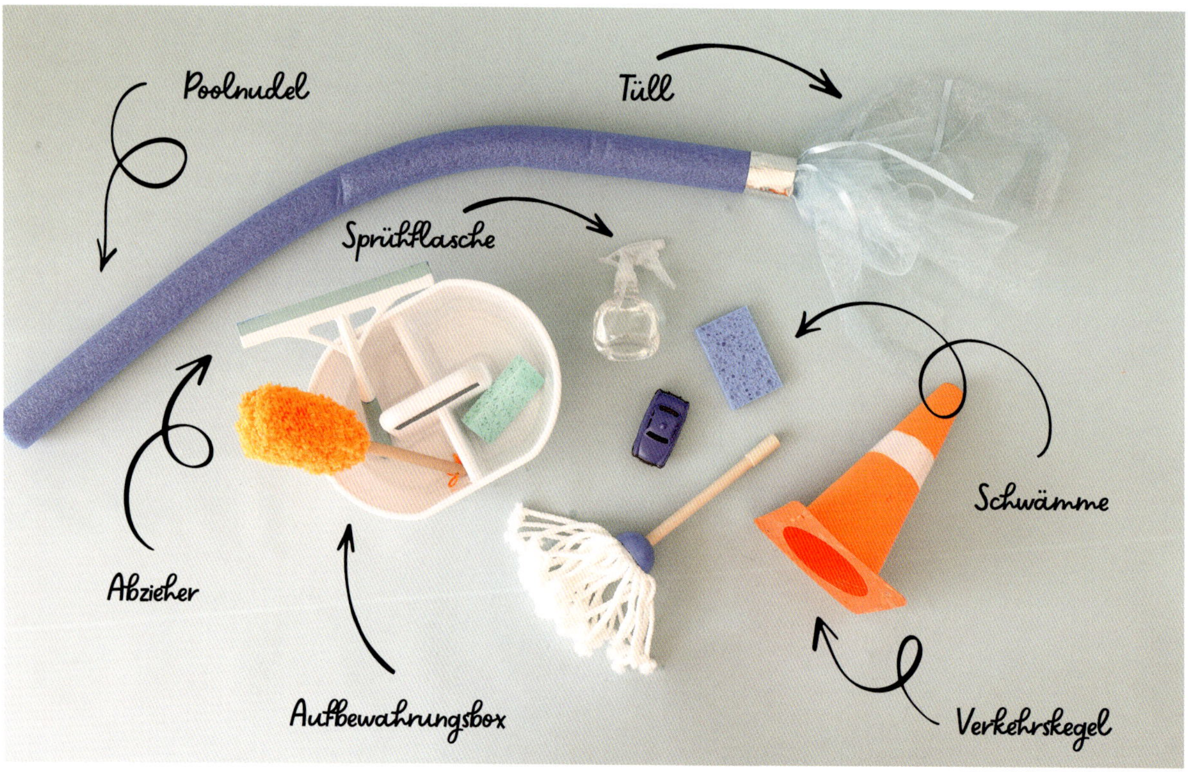

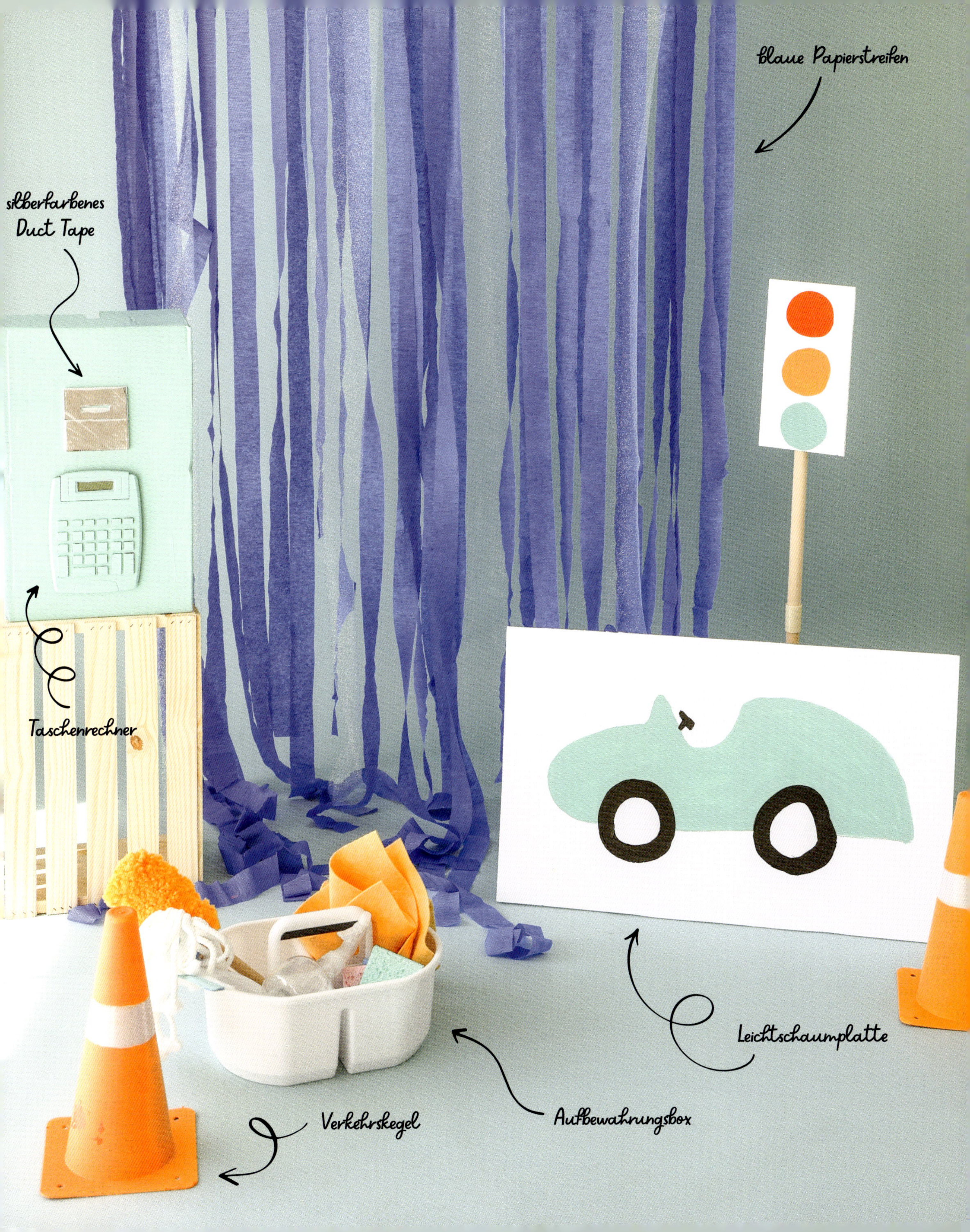

blaue Papierstreifen
silberfarbenes Duct Tape
Taschenrechner
Leichtschaumplatte
Aufbewahrungsbox
Verkehrskegel

DIE KULISSE GESTALTEN

IN DER AUTOWASCHANLAGE

Verwende eine Poolnudel und zwei Rollen blaue Papierstreifen für die Wasserwand. Klebe die Streifen entlang der Nudel fest. Dann rollst du die Nudel ein paarmal hin und her, um die Streifen darumzuwickeln. So verstecken sie das Klebeband und halten etwas besser. Befestige vier Streifen breiten Glitzertüll an der Nudel. Knote eine Schnur an die Enden der Nudel und hänge sie an die Decke. Bastle Zeichen, damit die kleinen Fahrer wissen, was sie zu tun haben. Male eine Ampel auf ein Stück Leichtschaumplatte und ein einfaches Auto auf ein anderes. Einen Ständer kannst du bauen, indem du eine Papprӧhre auf ein großes Stück Leichtschaumplatte/Pappkarton klebst, oder du verwendest Dinge, die du schon hast; wir nehmen dafür gern unseren Spielzeug-Wischmop! Dazu arrangierst du dann noch Verkehrskegel, Eimer, Schwämme, eine Box für deine Utensilien, Sprühflaschen, einen Abzieher und Putzlappen.

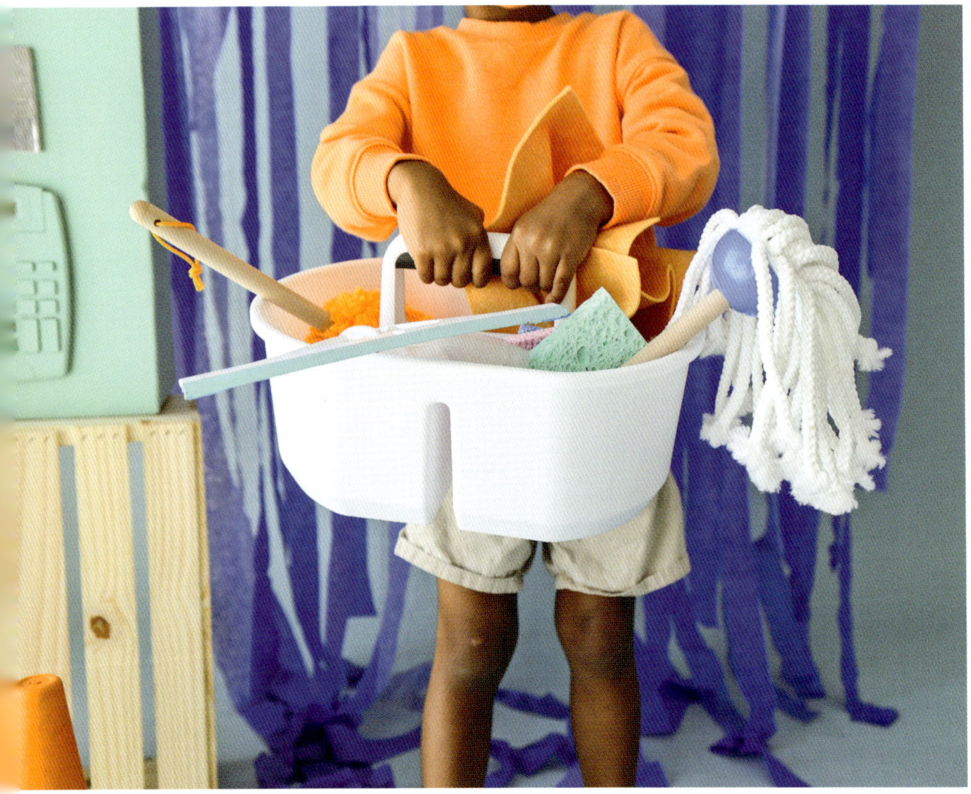

Erwachsenen-Tipp:
Stöbere doch mal in der Kfz-Abteilung im Baumarkt nach brauchbarem Zubehör!

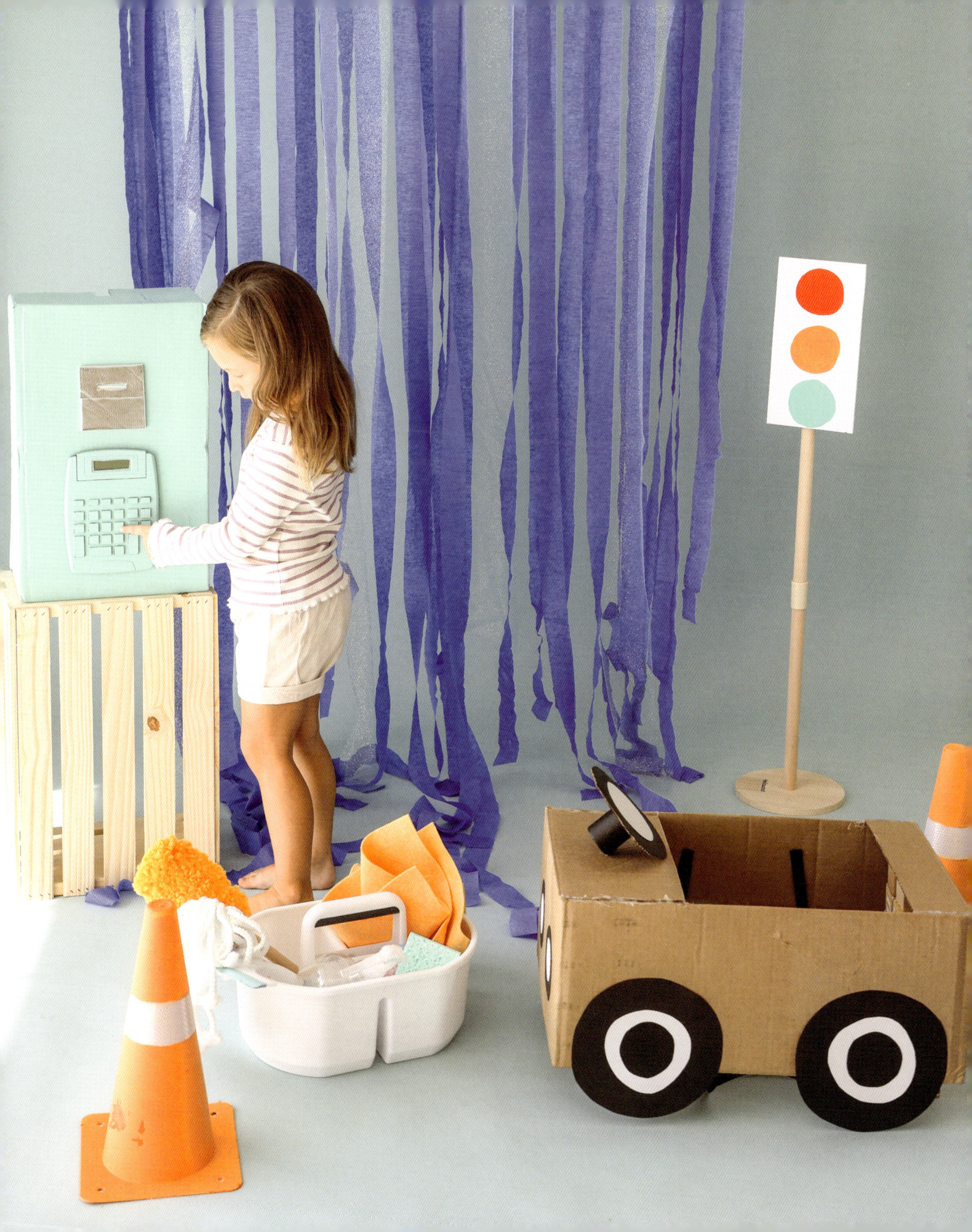

EIN PAPPAUTO BAUEN

Ein Auto ist natürlich unabdingbar in der Autowaschanlage, und dieses hier kann dein Kind auch noch »anziehen«! Wenn mehrere Kinder mitspielen, kann eines das Auto tragen und durch die Waschanlage fahren, während die anderen es waschen. Und auch, wenn nur ein Kind spielt und das Auto nicht »anzieht«, ist es eine lustige Requisite.

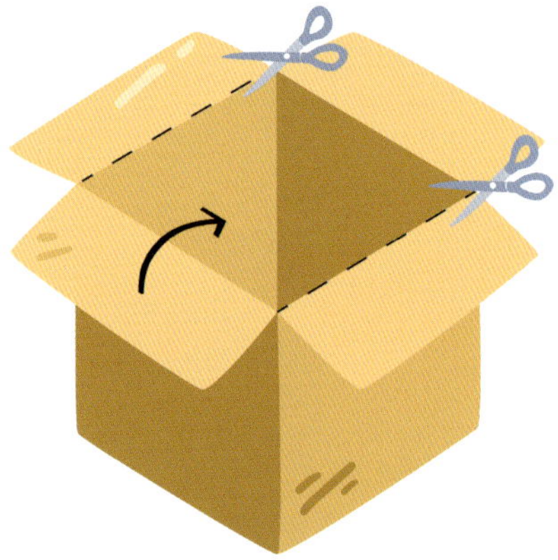

1. Klappe alle Bodenklappen der Pappkartons nach innen und klebe sie fest; so wird die Box stabiler, obwohl die Unterseite offen ist.
2. Klappe die langen oberen Klappen nach innen und klebe auch sie fest.
3. Nimm die kürzere Klappe nach vorne, das wird das Armaturenbrett für das Lenkrad. Klebe sie fest.
4. Schneide die andere kürzere Klappe der Länge nach in der Mitte durch und klebe sie fest, das wird eine kleine Ablage hinten.
5. Schneide für das Lenkrad eine Klopapierrolle in der Mitte durch und klebe einen Pappkreis darauf. Male ihn schwarz an und lass ihn trocknen. Klebe ein Stück weißes Tonpapier in die Mitte des Kreises und klebe alles auf das Armaturenbrett.

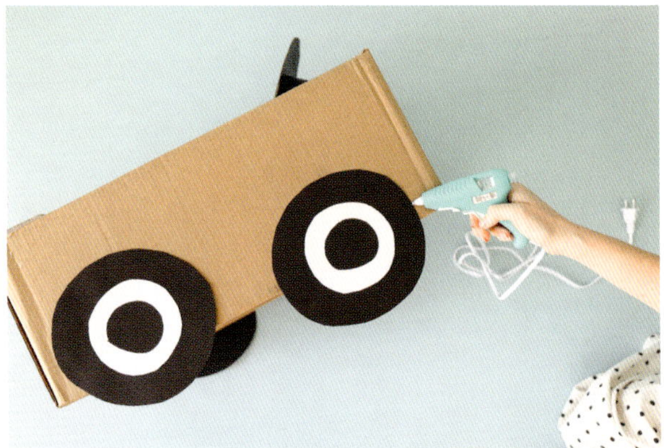

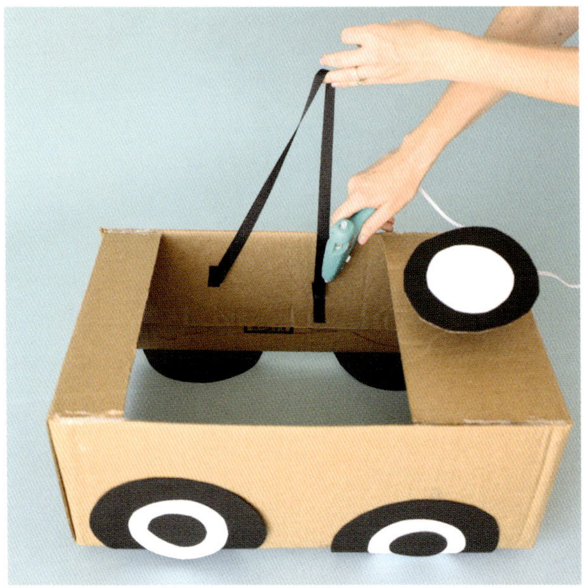

Erwachsenen-Tipp: **Wenn du keine Zeit hast, dieses Auto zu bauen, kannst du Pappkreise (für die Reifen und als Lenkrad) an einem Wäschekorb befestigen, das geht schneller.**

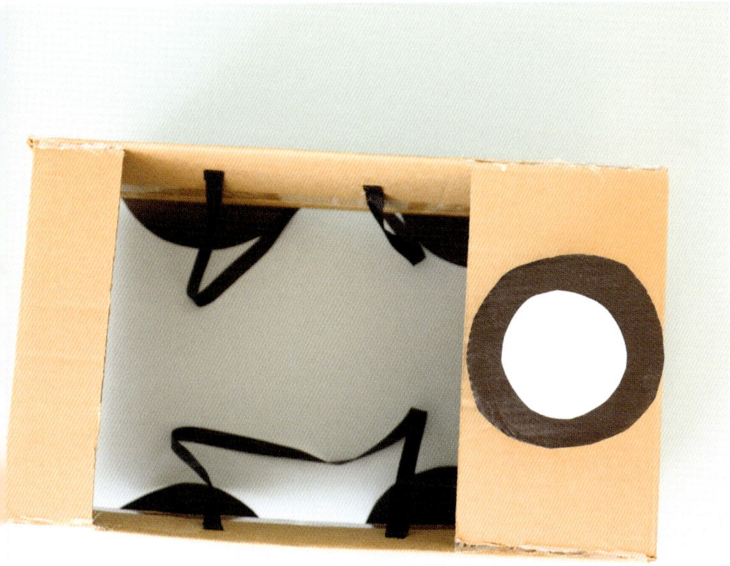

6. Bastle Reifen, Vorder- und Rücklichter aus schwarzem und weißem Kartonpapier und klebe sie entsprechend fest.
7. Verwende eine feste Schnur als Schulterriemen und klebe sie mit Flüssigklebstoff innen fest.

Erweitere das Spiel: Mit dieser Anleitung entsteht ein einfaches Auto, aber natürlich kann man weitere Details hinzufügen. Lass dein Kind mitmachen und seht euch echte Autos zur Inspiration an.

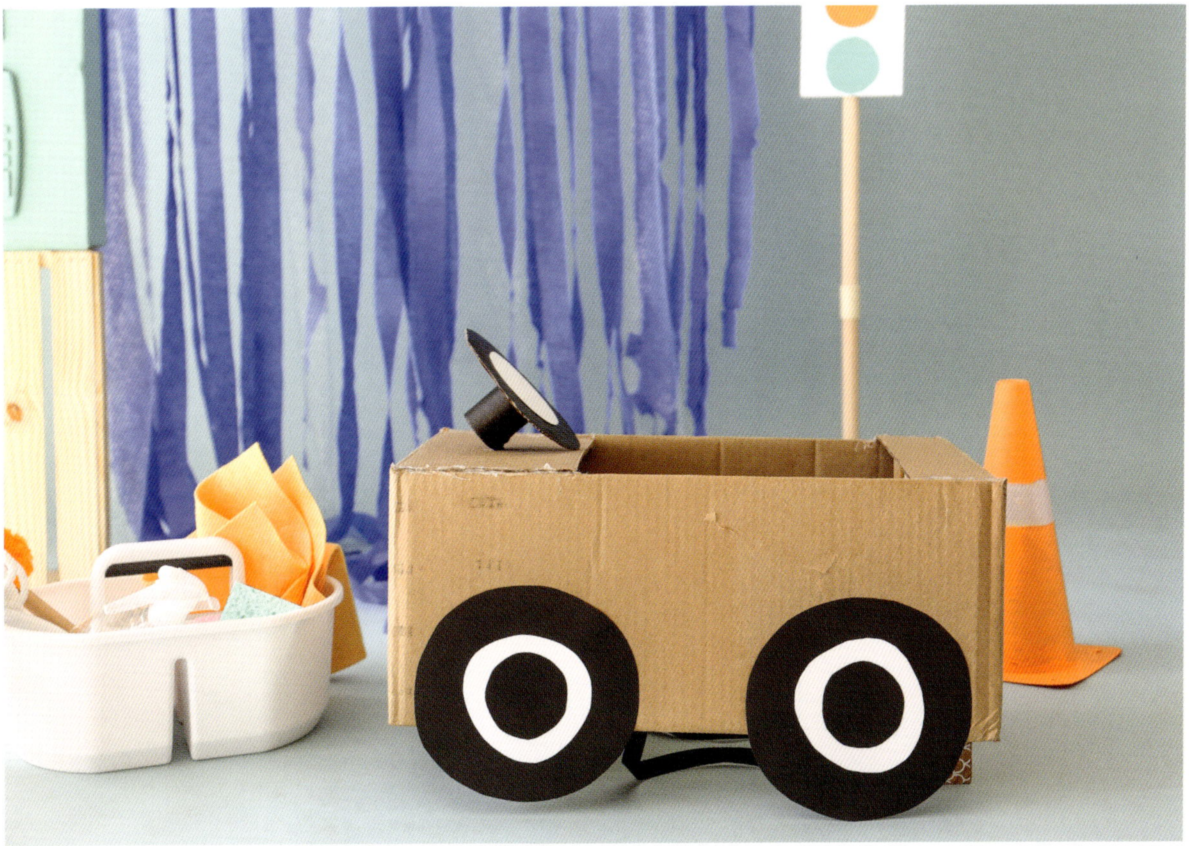

EINEN KASSENAUTOMATEN BAUEN

Er funktioniert ein bisschen anders als die traditionelle Spielkasse. Die Kinder müssen die Münzen zählen, wenn sie sie in den Schlitz stecken, und danach die Münzen, die eingeworfen wurden, sortieren. So können die Kinder auch rechnen üben; verwendet Spielzeuggeld oder 5- und 10-Cent-Stücke.

1. Klebe einen alten Taschenrechner auf die Unterseite eines Kartons, bemale die ganze Fläche und lasse sie trocknen.
2. Bastle einen Münzeinwurfschlitz. Klebe dazu silberfarbenes Duct Tape auf ein Stück Leichtschaumplatte und klebe es oberhalb des Taschenrechners auf den Karton. Schneide einen rechteckigen Schlitz in die Leichtschaumplatte und den Karton, sodass Münzen eingeworfen werden können.
3. Baue den Kassenautomaten auf einer Holzkiste auf und lege Münzen zum Einwurf bereit. Wir benutzen hierfür gern stabile Holzmünzen, da sie etwas größer sind und die kleinen Kinderfinger sie besser in den Schlitz stecken können.

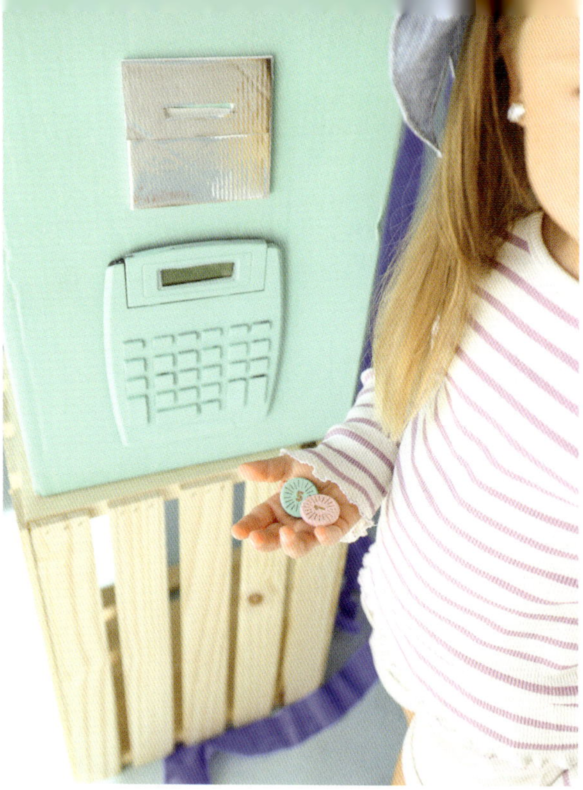

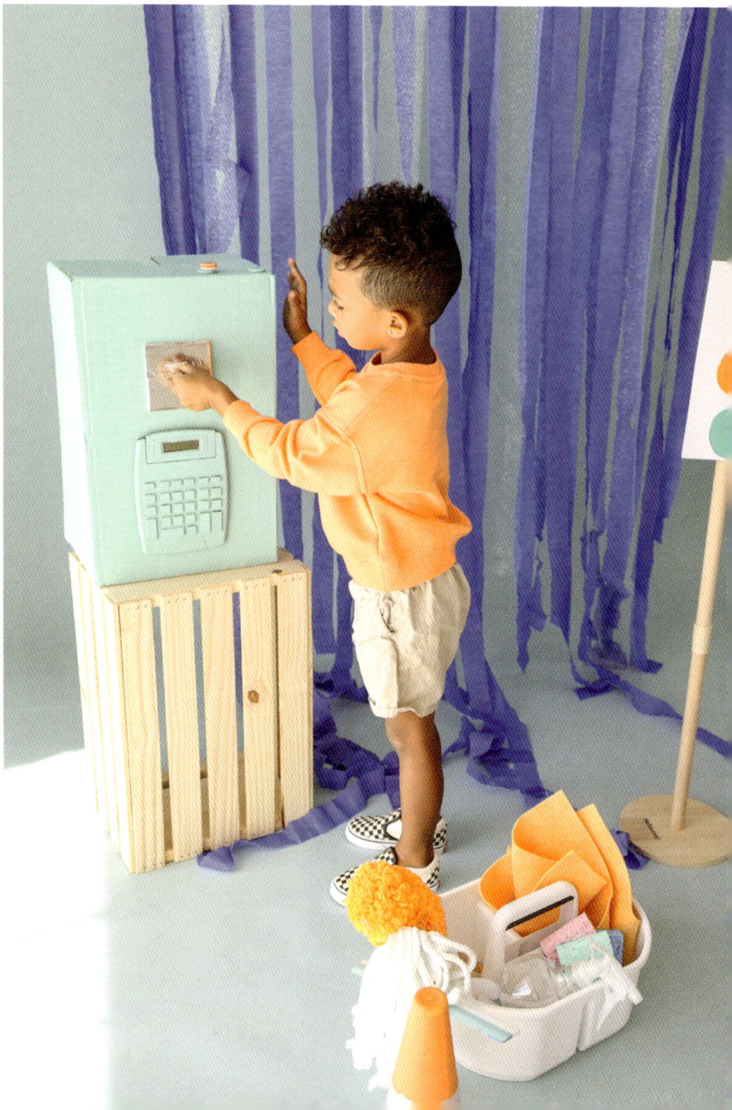

WIR LERNEN ETWAS

Beim Spielen mit Münzen macht es richtig Spaß, sich mit Zahlen zu beschäftigen und zu zählen, zu addieren und zu subtrahieren!

EINEN WASSERSCHLAUCH BASTELN

Zum Autowaschen braucht man Wasser, und genau da kommt der Schlauch ins Spiel! Mit verschiedenen Bändern und Tüll imitieren wir echtes Wasser und brauchen nebenbei noch Reste früherer Bastelsessions auf.

1. Nimm eine Poolnudel und befestige Bänder und Tüll mit silberfarbenem Duct Tape an einem Ende; am besten Glitzertüll, blauen Tüll und blaue Bänder.

2. Klebe noch einen Streifen Tape auf, damit alles festbleibt und nichts herunterfällt.

3. Du kannst die Nudel auch kürzen, damit die kleinen Kinderhände sie besser handhaben können.

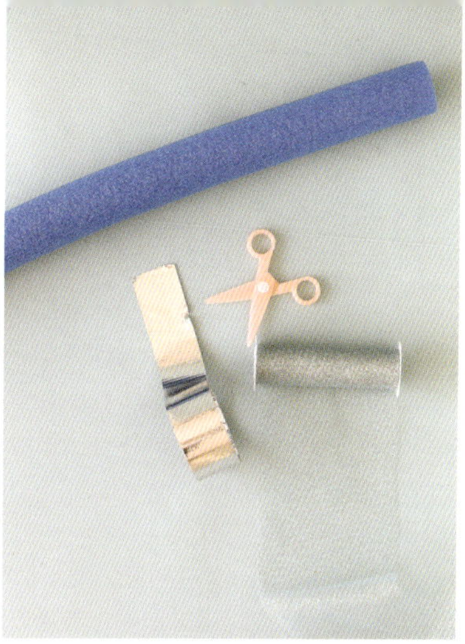

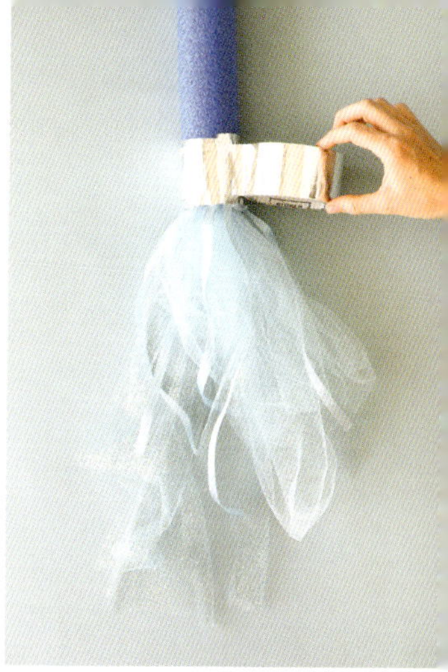

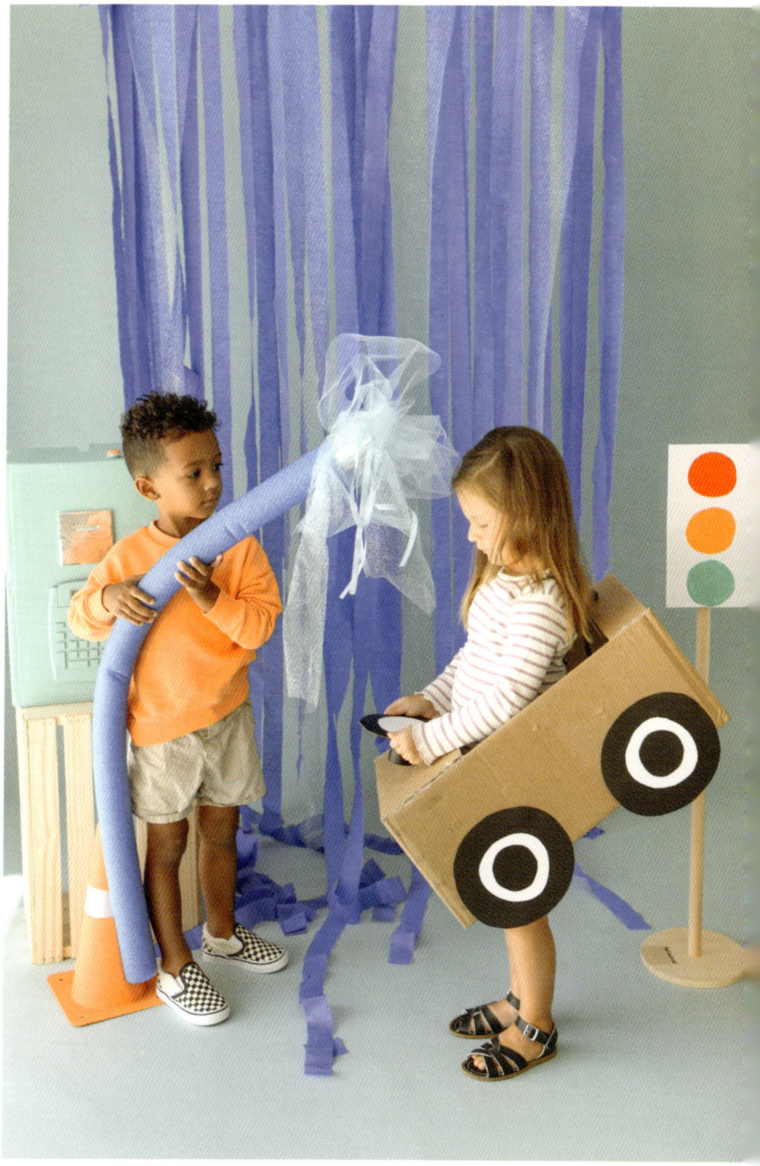

GESCHICKLICHKEITS-TRAINING

Mit dem Schlauch wird Motoriktraining ins Spiel integriert. Damit dein Kind sich wirklich bewegt, kannst du »Dreck« anbringen, den dein Kind finden und abwaschen kann; besonders gut geeignet sind selbstklebende Notizzettel.

SCHWAMM AUSDRÜCKEN

Schwämme ausdrücken macht an sich schon Spaß, aber wenn du ein paar Gefäße dazustellst und deinem Kind eine Aufgabe gibst, kann das sein Interesse an der Aktivität erheblich vergrößern und es zu weiteren imaginären Spielszenarien inspirieren. Lege Schwämme in verschiedenen Formen und Größen bereit, dann kann dein Kind ausprobieren, welche am besten geeignet sind.

1. Klebe Washi-Tape-Streifen um verschiedene Gefäße in verschiedenen Höhen als Fülllinien.
2. Stelle einen Eimer Wasser und Schwämme dazu, sodass dein Kind das Wasser mit den Schwämmen transportieren und jedes Gefäß bis zur Fülllinie füllen kann.

GESCHICKLICHKEITS-TRAINING

Das Ausdrücken von Schwämmen ist eine tolle Feinmotorikübung, und zusätzlich kann die Grobmotorik durch das Verteilen der Gefäße überall in der Spielwelt oder auf verschiedenen Höhen, damit sich dein Kind bewegt, um an sie dranzukommen, trainiert werden.

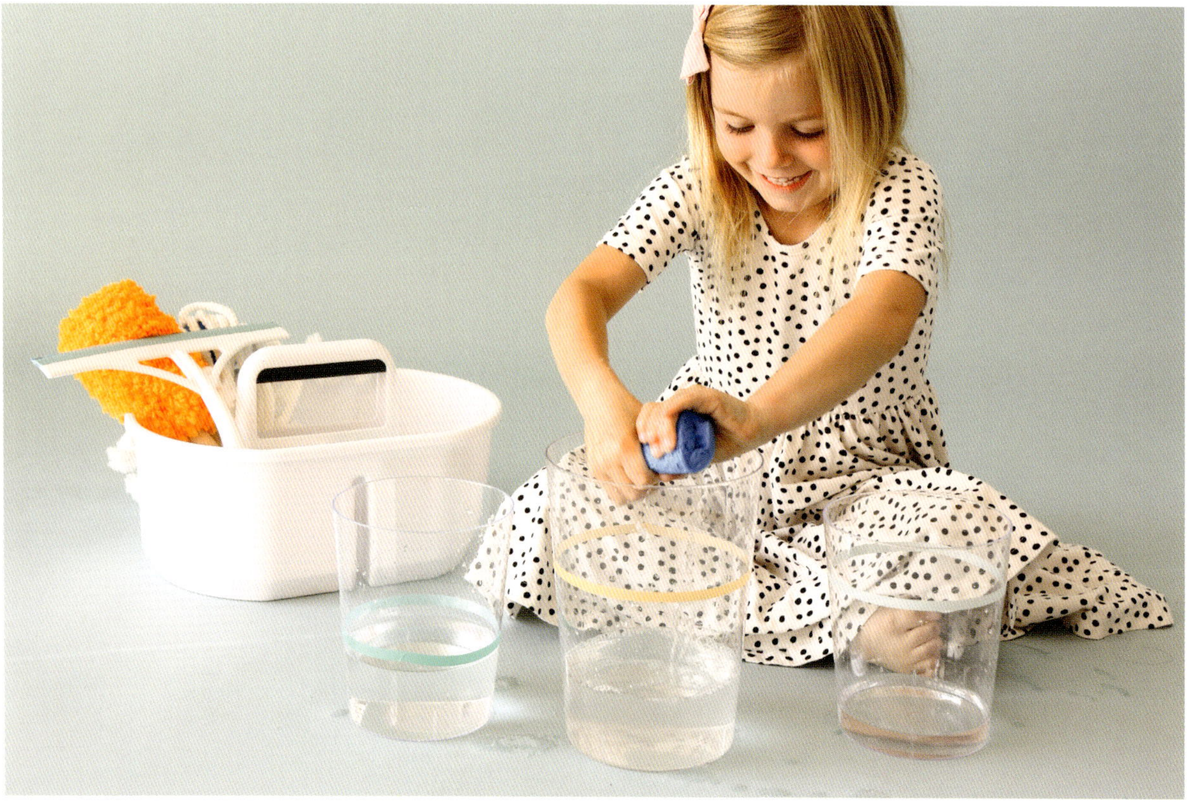

AUTOWASCH-SENSORIKBOX

Mit Sensorikboxen lernt dein Kind verschiedene Texturen kennen und trainiert seine feinmotorischen und praktischen Fertigkeiten. Bei diesem Behälter verwendet es Sprühflaschen und Schwämme und kann außerdem ein bisschen »planschen«. Manche Kinder möchten nicht so gerne malen, weil sie keinen Dreck machen wollen, aber hier ist das Teil der Aktivität und die nötigen Utensilien, um hinterher alles wieder sauber zu machen, sind vorhanden.

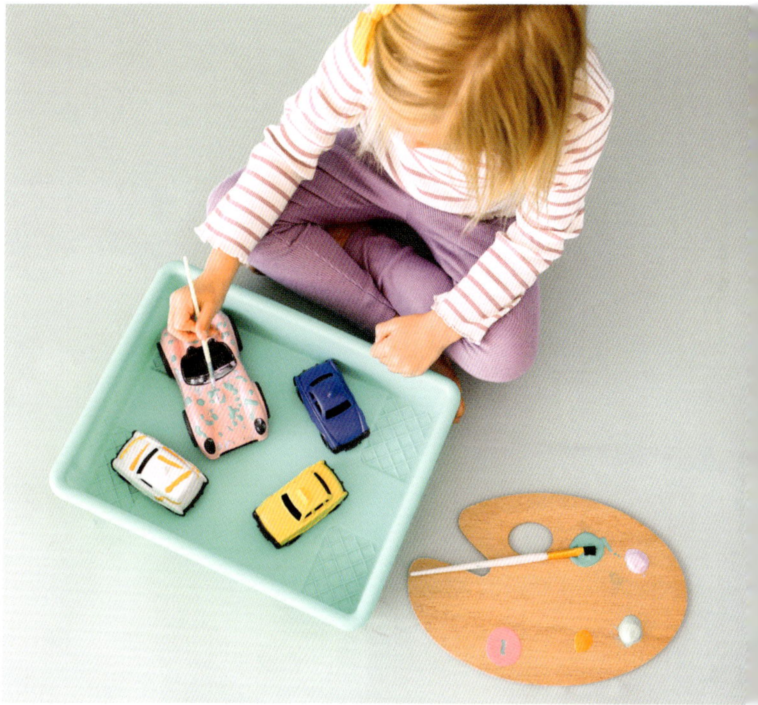

1. Lege Spielzeugautos, eine Plastikschale, abwaschbare Farbe, Schwämme und Sprühflasche bereit.
2. Zuerst darf dein Kind die Autos »dreckig« machen! Lass es sie mit abwaschbarer Farbe bemalen.
3. Sind die Autos erst einmal dreckig, kann dein Kind die Schwämme und die Sprühflasche verwenden, um sie zu putzen. Alles bleibt in der Box, und du kannst Seife oder Rasierschaum benutzen, um das Spiel zu erweitern.

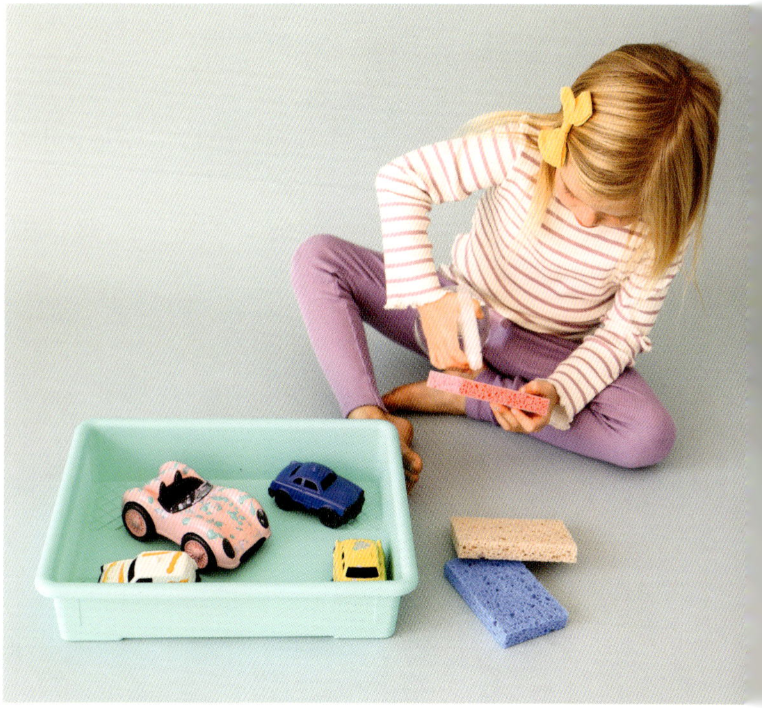

Erwachsenen-Tipp: Dein Kind kann mit seinen Autos auch draußen spielen, damit sie ein bisschen schmutzig werden, oder etwas Matsch hereinholen, um sie damit authentischer dreckig zu machen.

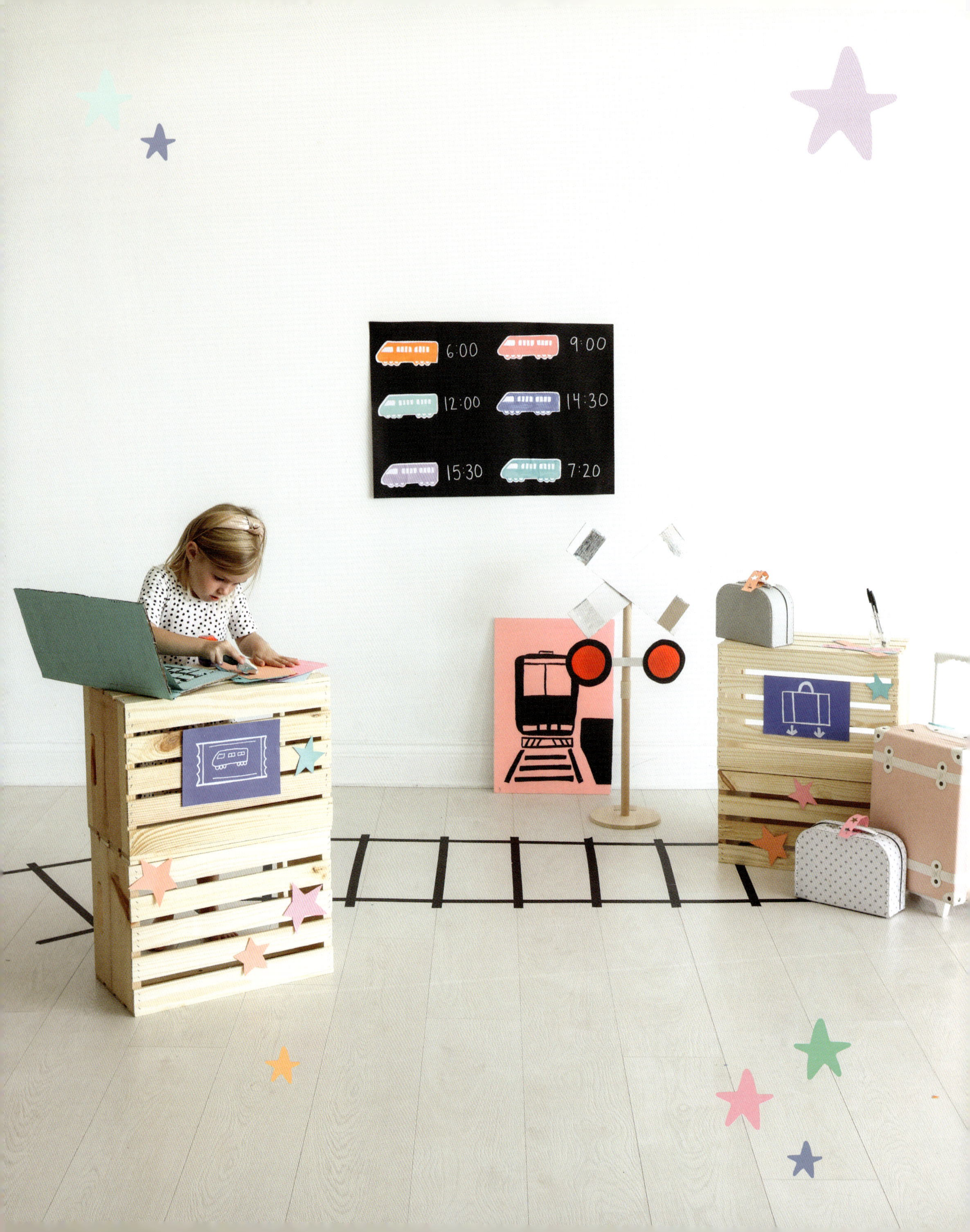
6:00
9:00
12:00
14:30
15:30
7:20

11

ROLLENSPIEL

Am Bahnhof

Alle einsteigen, Türen schließen! Mit der Bahn zu fahren ist eine wunderschöne Art, zu verreisen, und in diesem Kapitel zeigen wir dir, wie du dieses Erlebnis für dein Kind zu Hause nachbauen kannst. Gestalte einen Streckenplan, verziere Gepäckanhänger, fertige Zugfahrkarten und bastle ihm eine eigene Trillerpfeife. Kinder denken beim Zugfahrspiel über die Welt um sie herum nach; sie können so tun, als würden sie an einen ihnen bekannten Ort fahren, oder einen, an dem sie noch nicht waren. Beide Möglichkeiten regen Gedanken über den eigenen Platz in der Welt an, im wörtlichen wie im übertragenen Sinn. Reisen kann Kinder auch überfordern, da man auf viele Dinge achten muss und es viel Unbekanntes gibt, vor allem, wenn man an einen Ort fährt, an dem man noch nie war. Eine Spielwelt, mit der sie sich auf ihre Reisen vorbereiten oder nach der Heimkehr über sie nachdenken können, kann ihnen dabei helfen, die verschiedenen Emotionen, die sie unterwegs empfinden, zu verarbeiten.

DAS BRAUCHEN WIR

- Holzkisten
- kleine Koffer/Reisetaschen
- Tonpapier
- Marker und/oder Farbe
- Tape
- 9 Papp- oder Kunststoffteller
- Karton
- Klettband (optional)
- Washi Tape
- Schere
- Leichtschaumplatte
- Duct Tape, silberfarben
- Flüssigklebstoff
- Plakatkarton, weiß oder schwarz
- Stift oder Kreide, weiß
- Umschläge
- verschiedene Locher
- Klopapierrollen
- Wachspapier

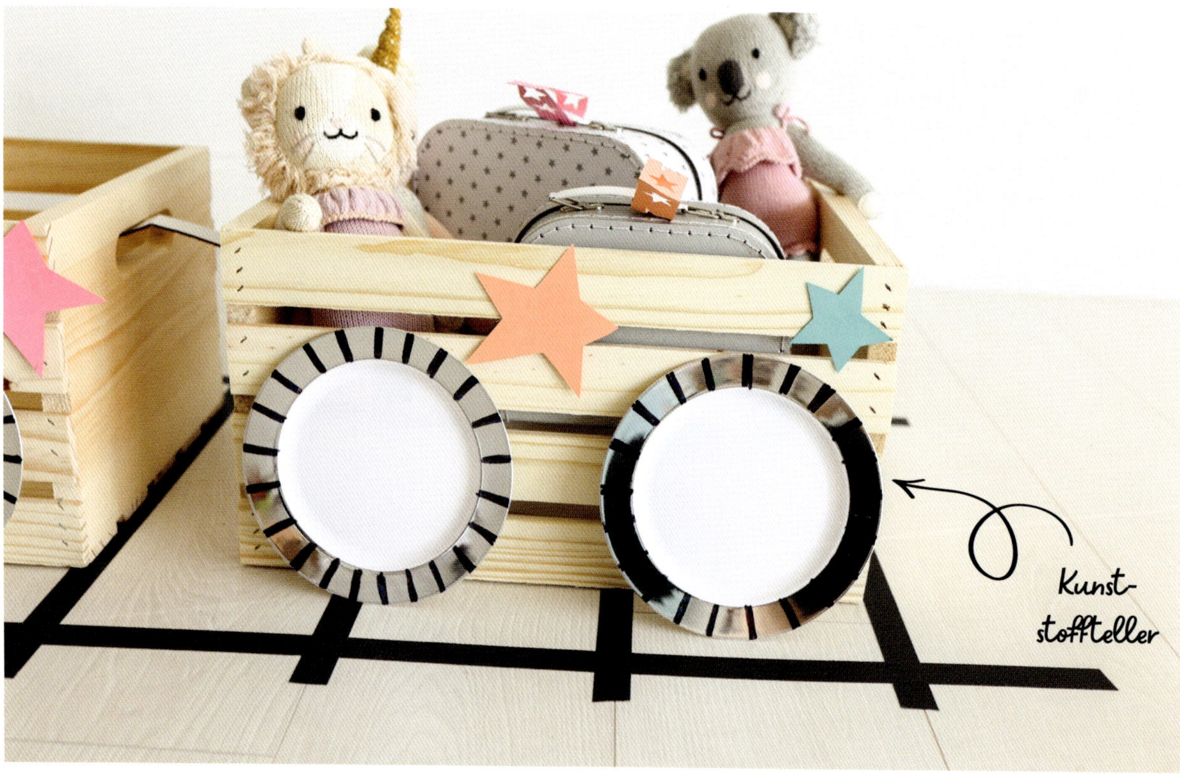

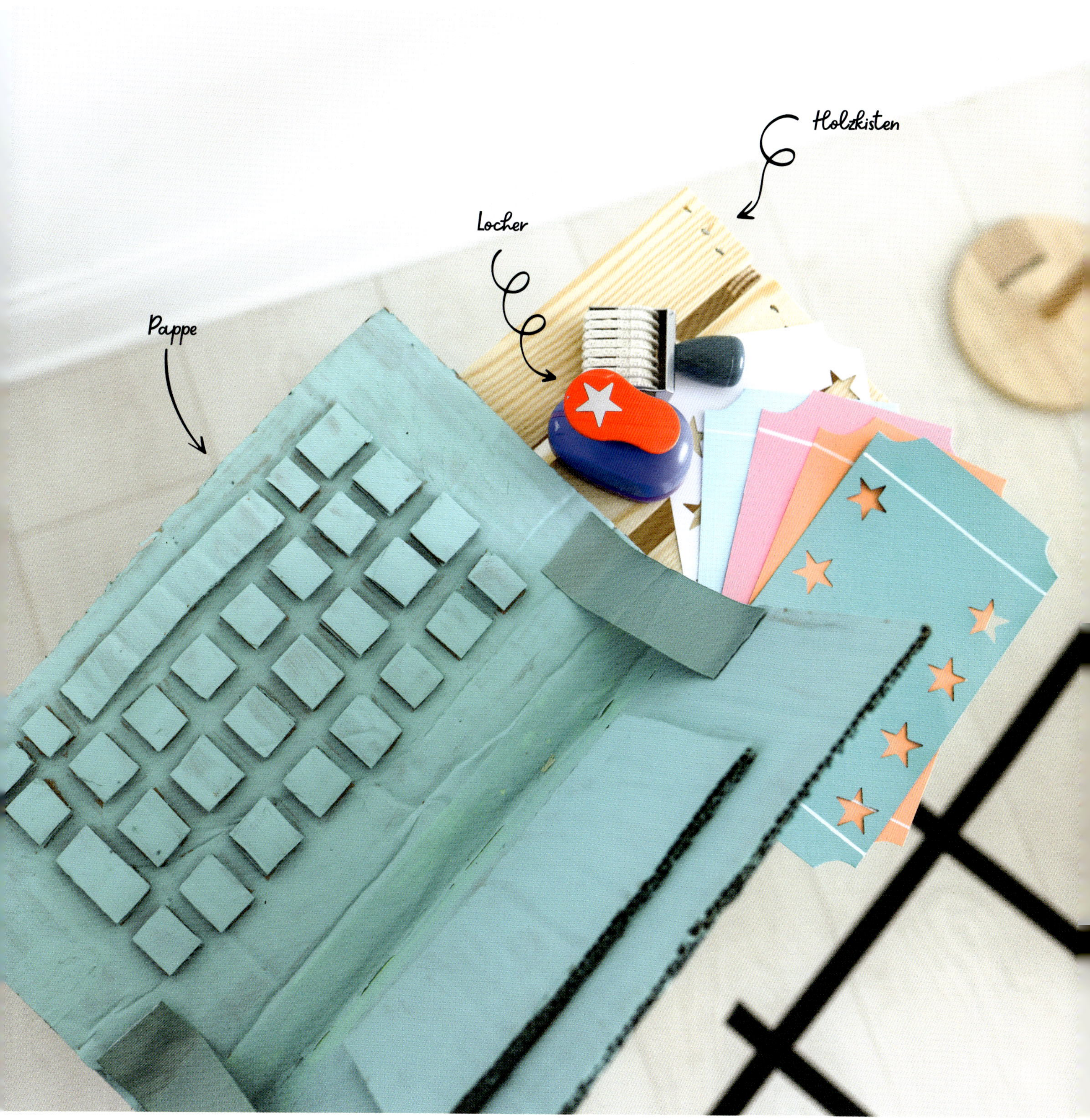
Holzkisten
Locher
Pappe

DIE KULISSE GESTALTEN

AM BAHNHOF

Am Bahnhof gibt es drei Bereiche, die dein Kind spielerisch entdecken kann: die Gepäckausgabe, den Fahrkartenschalter im Bahnhof und den Zug selbst.

GEPÄCKAUSGABE

Staple ein paar Kisten als Gepäckausgabe übereinander, an denen du kleine Gepäckstücke wie Spielzeugkoffer oder einen kleinen Rollkoffer platzierst. Du kannst auch einen Koffer mit Griffen aus einem Pappkarton basteln. Male ein Schild mit einem Koffer aus einem Stück Tonpapier und klebe es mit Tape an die Kisten.

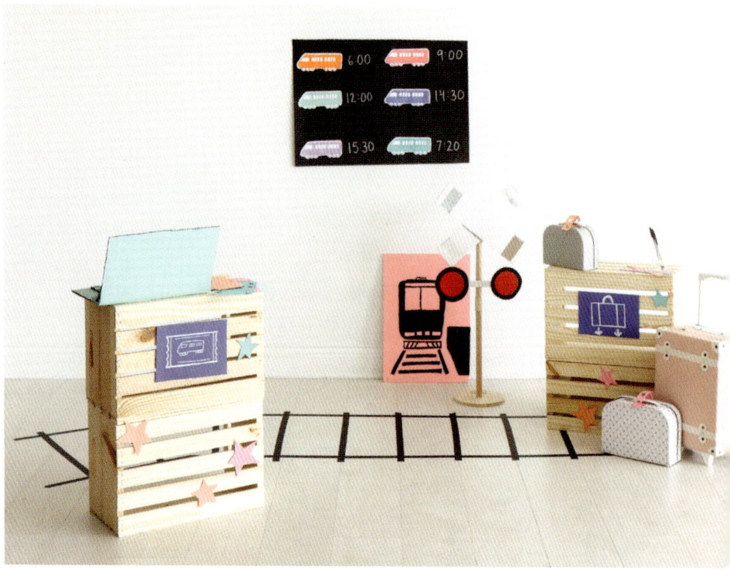

FAHRKARTENSCHALTER

Stelle ein paar Kisten als Fahrkartenschalter aufeinander. Male eine Fahrkarte auf ein Stück Tonpapier und klebe es mit Tape an die Kisten. Du kannst den Pappcomputer aus dem Kapitel »In der Arztpraxis« aufstellen. Stelle noch ein paar Fahrkarten aus Plakatkarton her, die dein Kind verkaufen kann.

ZUG

Um einen Zug zu bauen, brauchst du drei Kisten. Eine stellst du aufrecht hin, als Lok. Bringe einen Pappteller als Lenkrad auf der Innenseite an. Direkt hinter der Lok kommt eine Kiste, in der der Lokführer sitzen kann. Dahinter stellst du die dritte Kiste und verbindest die beiden mit einem Stück Pappe und Klettband, sodass dein kleiner Lokführer die beiden Waggons an- und abkoppeln kann. Nimm acht Pappteller, zeichne Speichen darauf und befestige mit Tape jeweils zwei als Räder an den Seiten der Waggons.

GLEISE

Klebe mit Washi Tape Gleise auf den Boden: zwei lange parallel verlaufende Streifen, etwa im selben Abstand wie die Zugräder. Dann klebst du noch quer verlaufende Streifen auf, mit genug Platz dazwischen, dass dein Kind in den so entstehenden Rechtecken stehen kann.

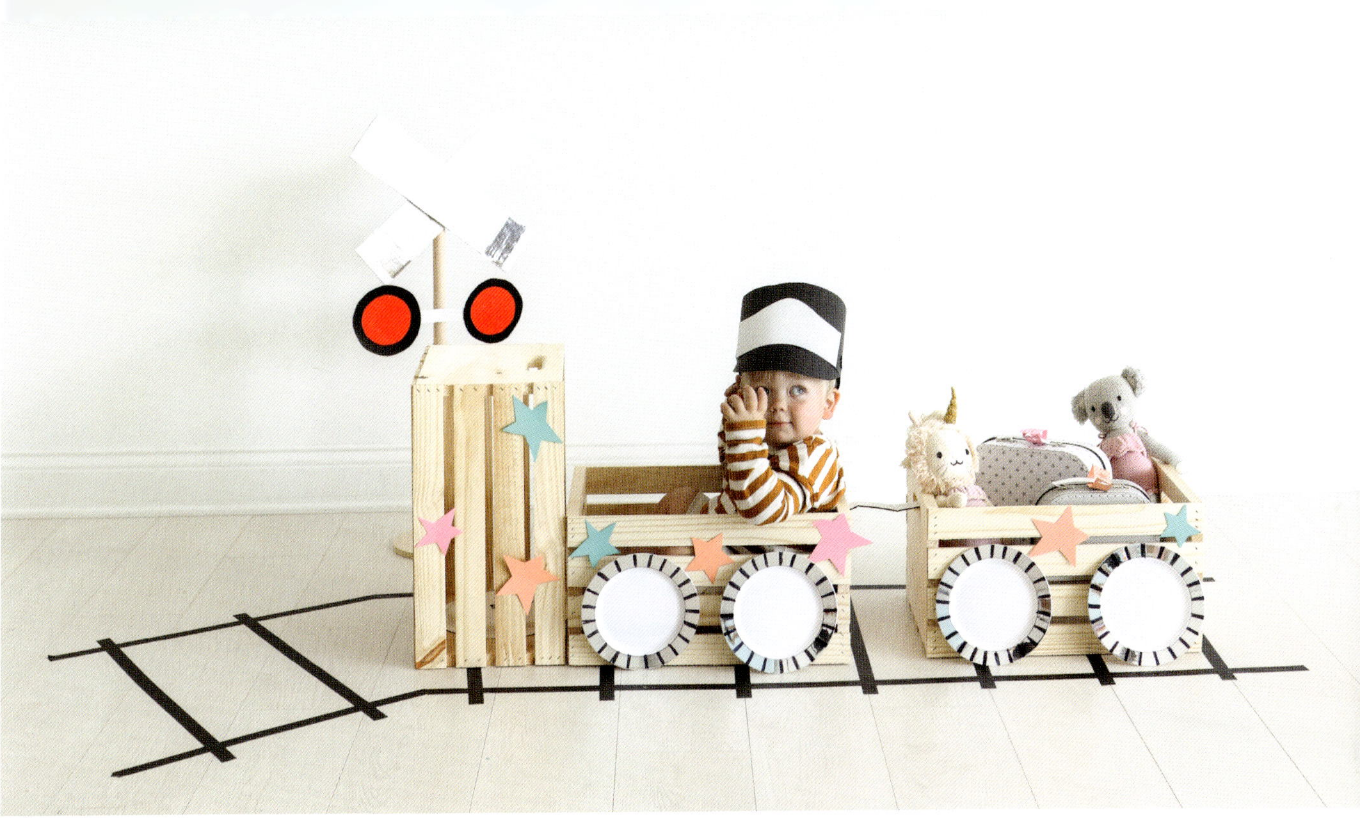

SCHILDER

Bastle ein Andreaskreuz aus zwei Rechtecken aus Leichtschaumplatte und klebe silberfarbenes Duct Tape an die Enden. Klebe sie x-förmig übereinander. Darunter kommen kreisförmige Lichter aus schwarzem und rotem Tonpapier. Schneide die roten Kreise etwas kleiner aus als die schwarzen, sodass man rundherum den schwarzen Rand sieht. Klebe die Lichter auf einen kleinen Streifen Leichtschaumplatte. Du kannst alles an die Wand kleben oder einen kleinen Ständer benutzen (im Kapitel »In der Autowaschanlage« haben wir einen gebastelt).

Stelle eine Abfahrts- und Ankunftstafel her, indem du Bilder verschiedenfarbiger Züge auf einen Plakatkarton aufklebst und genug Platz lässt, um die Zeiten neben jeden Zug zu schreiben. Interaktiv wird die Tafel, wenn du einen schwarzen Karton nimmst und mit Kreide darauf schreibst. Dann kannst du sie abwischen und die nächsten ankommenden und abfahrenden Züge aufschreiben. Oder du verwendest Karteikarten, auf denen die Zeiten stehen, und befestigst sie mit Klettband an der Tafel.

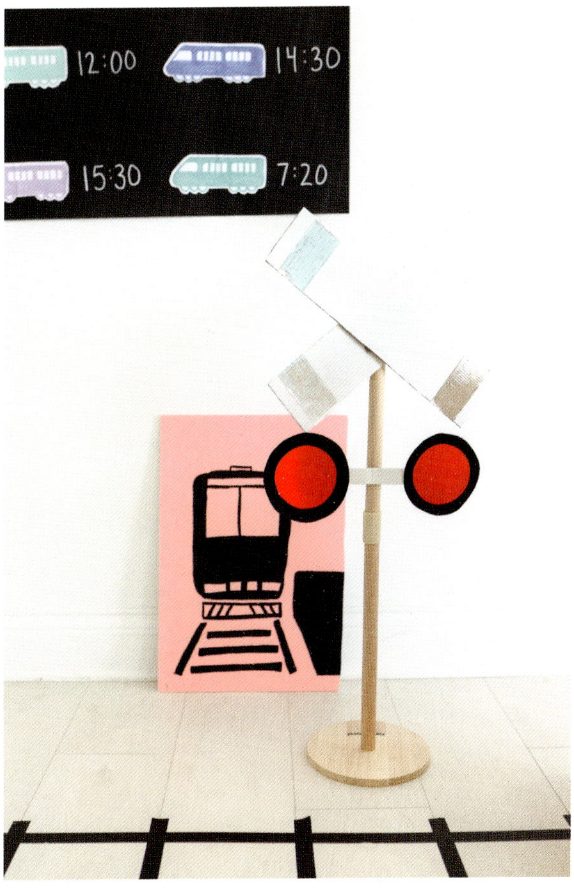

EINEN STRECKENPLAN BASTELN

Pläne sind toll für Kinder und geben ihnen die Möglichkeit, räumliches Denkvermögen zu entwickeln. Du kannst mit deinem Kind den Plan eines realen Ortes erstellen, von eurer oder einer anderen Straße, und die Gebäude am Straßenrand dazu basteln. Oder ihr erstellt einen Plan für einen Fantasieort, den sie entdecken können.

Erweitere das Spiel: Ihr könnt die gelochten Fahrkarten, die später in diesem Kapitel hergestellt werden, verwenden; bemalt sie in denselben Farben wie die Häuser auf dem Plan, dann kann dein Kind die Fahrkarten in die entsprechenden Umschläge stecken.

1. Nimm ein Stück großes Tonpapier für einen kleinen Plan oder einen Plakatkarton für einen größeren.
2. Verwende einen weißen Stift oder Kreide, um die Gleise einzuzeichnen und lass auf beiden Seiten Platz für die Gebäude.
3. Stelle Gebäude aus Umschlägen in verschiedenen Größen und Farben her; lass die obere Klappe als Dach offen und verziere sie mit Markern. Klebe sie entlang der Gleise auf, und zwar so, dass die offene Umschlagseite nach vorne zeigt.
4. Dein Kind kann die Gleise mit Modell- oder Spielzeugzügen befahren.

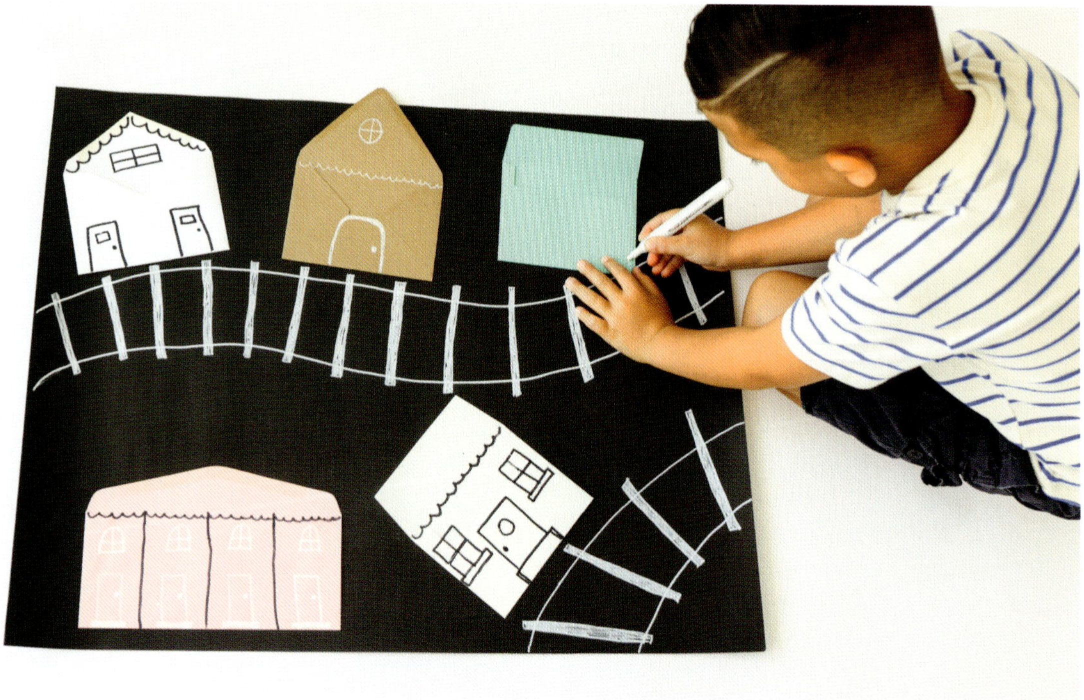

GEPÄCKANHÄNGER BASTELN

Diese Gepäckanhänger verleihen den Koffern etwas Flair. Wenn du dieselben Papierfarben verwendest wie für die Fahrkarten, übt sich dein Kind darin, die Farben zu identifizieren und zu erkennen, was zusammenpasst: Es kann kontrollieren, dass jeder, der eine Fahrkarte hat, auch ein Gepäckstück hat.

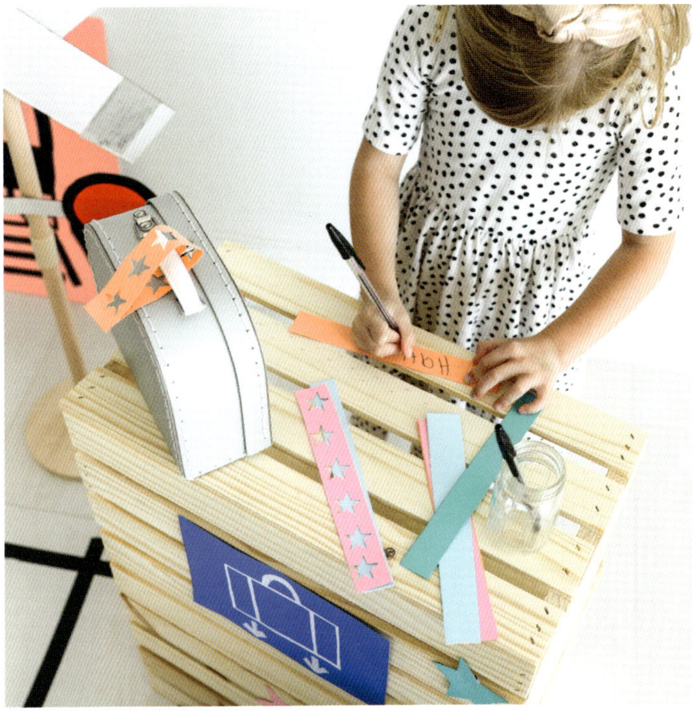

1. Schneide etwa 5 cm breite Papierstreifen aus und lass dein Kind Formen hineinlochen, entweder verschiedene oder nur einfache Kreise.

2. Wenn die Streifen verziert sind, kann dein Kind sie um die Griffe legen und zusammenkleben.

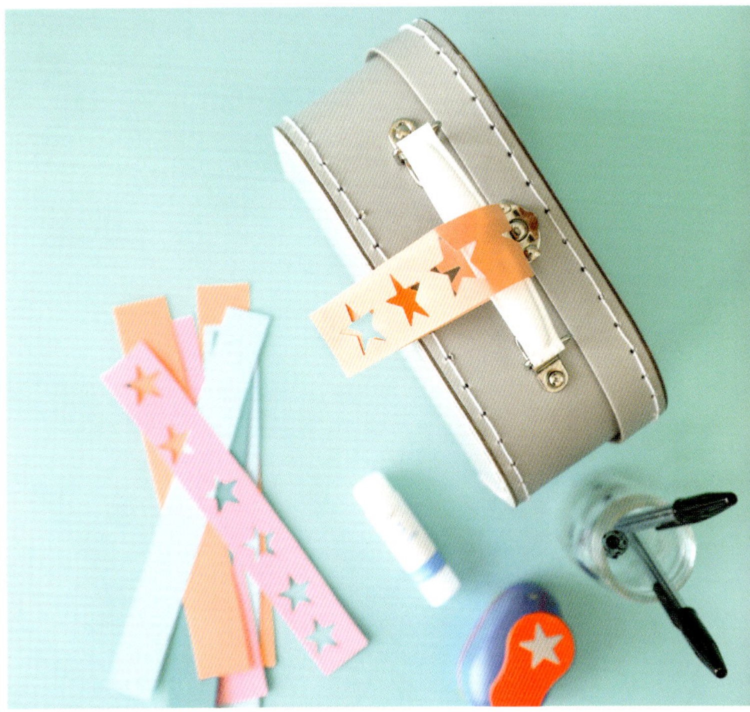

Erwachsenen-Tipp: Dickeres Kartonpapier ist für Kinder einfacher zu handhaben, da es nicht so leicht wegrutscht und sie sich besser aufs Lochen konzentrieren können.

FAHRKARTEN LOCHEN

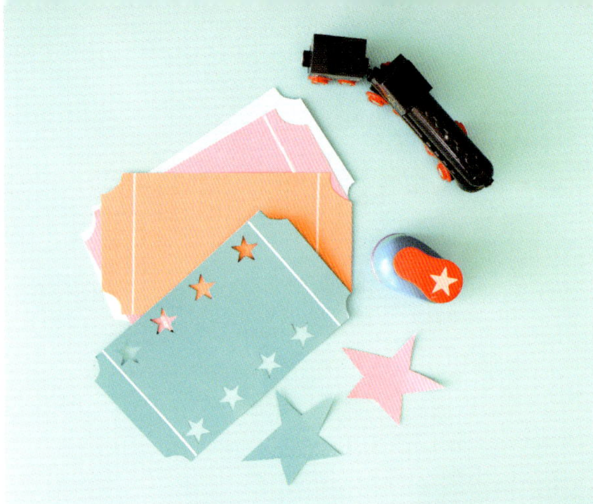

Locher trainieren die Feinmotorik, und spannender wird das Ganze, wenn man verschiedene Lochformen zur Verfügung hat. Die herausgestanzten Formen kann man für eine Sensorikbox, ein Mixed-Media-Kunstwerk (Verwendung unterschiedlicher Medien oder Techniken für ein Werk) oder als Konfetti beim nächsten Kindergeburtstag verwenden!

1. Schneide Fahrkarten aus Kartonpapier aus; ein DIN A4-Papier reicht für zwei oder drei Stück. Schneide die Ecken rund ab.
2. Gib deinem Kind die Fahrkarten und die Locher, damit es Formen ausstanzen kann.

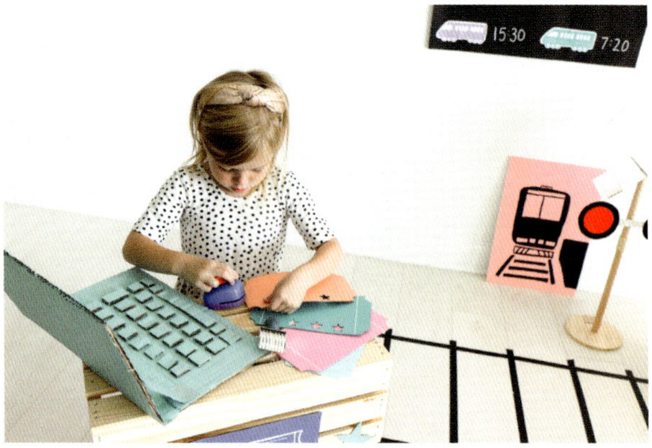

TRILLERPFEIFE BASTELN

Bei der Herstellung eigener Instrumente kann man toll mit Tönen experimentieren. Größere Kinder können untersuchen, wie Vibrationen Töne verursachen und dieses Wissen bei ihren Instrumenten anwenden. Alle Kinder sehen hier Ursache und Wirkung in praktischer Anwendung und stellen erste wissenschaftliche Überlegungen an.

1. Lass dein Kind eine Klopapierrolle bemalen, die Farbe kann es sich selbst aussuchen. Trocknen lassen.
2. Mache ein Loch in ein Ende der Rolle. Klebe am selben Ende ein rechteckiges Stück Wachspapier über die Öffnung der Rolle, nicht über das Loch.
3. Zeig deinem Kind, wie man in das offene Ende der Röhre hineinsummt, um einen Ton zu erzeugen. Es kann damit experimentieren, wie weit es die Pfeife vom Mund weghält und was für Töne es damit machen kann.

Altersgerechte Anpassung: **Größere Kinder können auch Fahrtziele, Zeiten oder Preise auf die Fahrkarten schreiben, sie trainieren dabei verschiedene Fähigkeiten.**

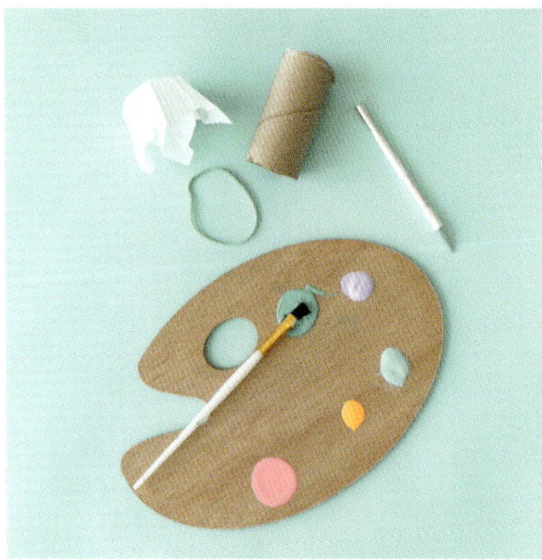

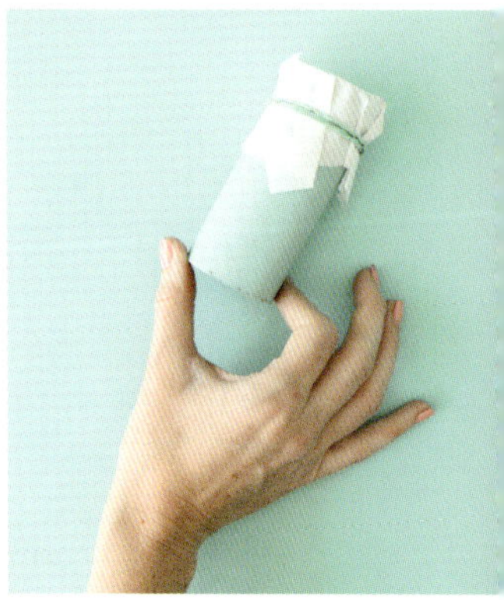

AUF DEM SPIELGLEIS UNTERWEGS

Wir wollen ja immer, dass unsere Kinder draußen herumrennen und spielen, weil das ihrer Entwicklung zugutekommt, aber mit ein bisschen Kreativität geht das auch drinnen, vor allem bei schlechtem Wetter. Diese Aktivität ist auch eine gute Inspirationsquelle für die Bahnhofs-Spielwelt. Man kann über Orte sprechen, an die man mit dem Zug fahren kann und das Kind mit dem Vokabular vertraut machen, das sich für diese Spielwelt anbietet, wie »Bahnsteig«, »Weiche« und »Strecke«.

1. Lass dein Kind sich unterschiedlich über die Gleise bewegen; zum Beispiel kann es auf Zehenspitzen gehen, von Strebe zu Strebe hüpfen, auf einem Bein hüpfen, Riesen- oder Minischritte machen, kriechen, oder was dir sonst noch einfällt.
2. Damit dein Kind diese Aktivität auch selbstständig ausführen kann, kannst du Karten mit Anweisungen oder Bildern basteln. Wenn du sie auf eine kleine würfelförmige Schachtel (z. B. eine Taschentücherbox) klebst, kann dein Kind damit würfeln.

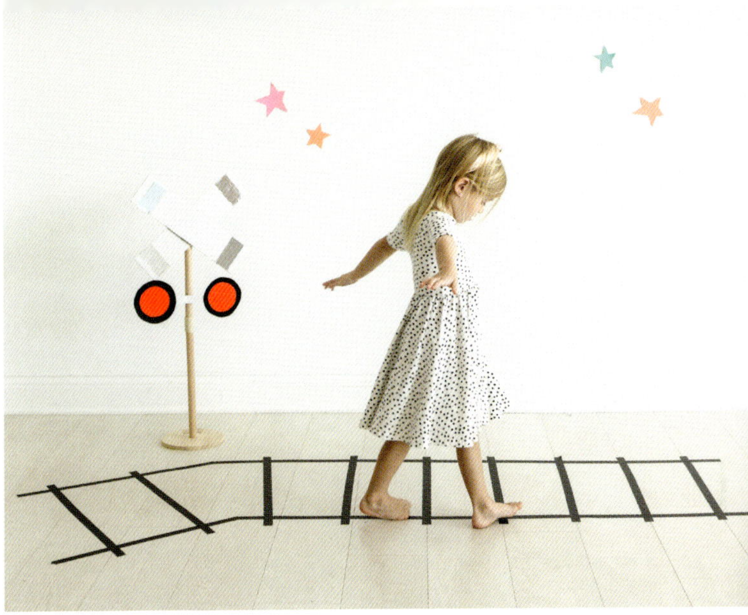

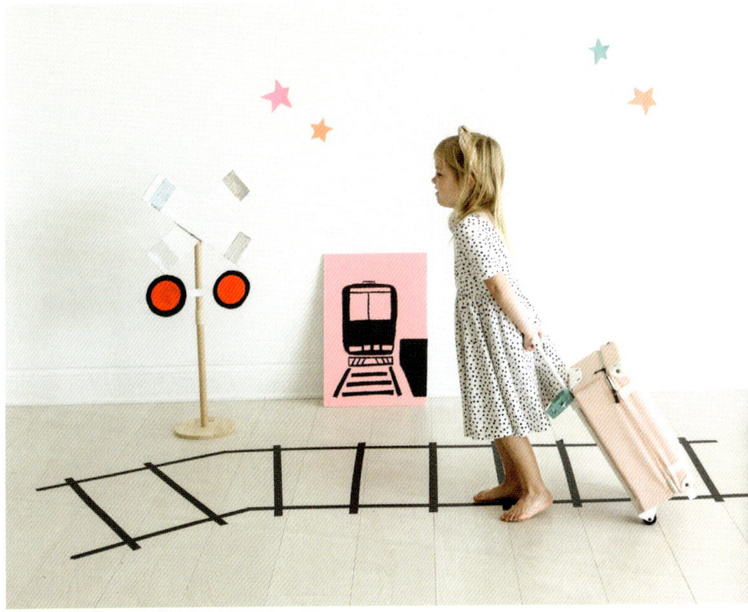

Erweitere das Spiel: Du kannst deinem Kind hierbei noch einen kleinen Koffer mitgeben, den es über die Gleise zieht. Mit etwas Gewicht daran wird das noch ein bisschen anspruchsvoller.

GESCHICKLICHKEITSTRAINING

Grobmotorische Fähigkeiten ermöglichen deinem Kind, sich geschmeidig zu bewegen, und wenn es das auf verschiedene Weise tut, stärkt es nicht nur seine Muskeln, sondern auch sein Körperbewusstsein.

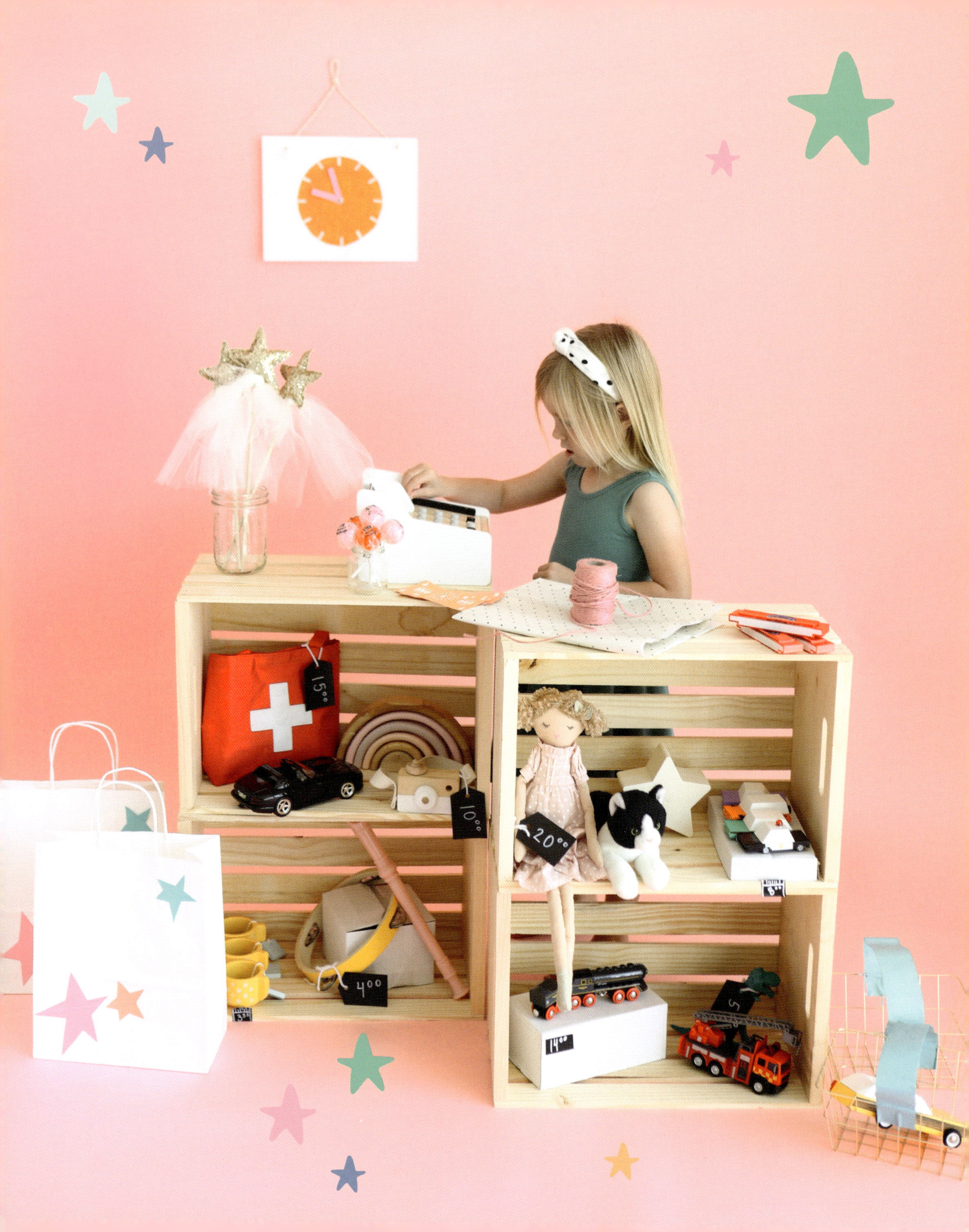

12

ROLLENSPIEL

Im Spielwarengeschäft

Welches Kind liebt nicht den Besuch im Spielwarengeschäft? In diesem Kapitel bringen wir das Geschäft zu euch, mit einer kleinen Besonderheit. Unser Geschäft hat jede Menge Spielzeug, das sortiert, bepreist und verkauft werden muss, sodass dein Kind beim Spielen seine mathematischen Fähigkeiten trainiert. Aber es gibt auch eine Geschenkverpackungsstation. Dein Kind nutzt hier auch seine sozialen und emotionalen Fähigkeiten, wenn es den Blickwinkel der anderen einnimmt, um das perfekte Spielzeug als Geschenk auszusuchen. Beim Verpacken von Geschenken vergleicht man Größe und Volumen miteinander und entscheidet, welche Box oder welches Geschenkpapier für das, was gerade verpackt werden soll, am besten geeignet ist.

DAS BRAUCHEN WIR

- Holzkisten
- verschiedene Spielsachen
- Kartonpapier
- Bindfaden
- Kasse
- Geschenktüten
- Klopapierrolle
- langen Papierstreifen
- Papierstrohhalm, ein Stück Bindfaden oder einen Pfeifenputzer
- Stift oder Marker
- Farbe und Pinsel
- Drahtkörbe
- Duct Tape
- Geschenkpapier
- Geschenkband
- Klebeband
- Schleifen
- Musterklammer

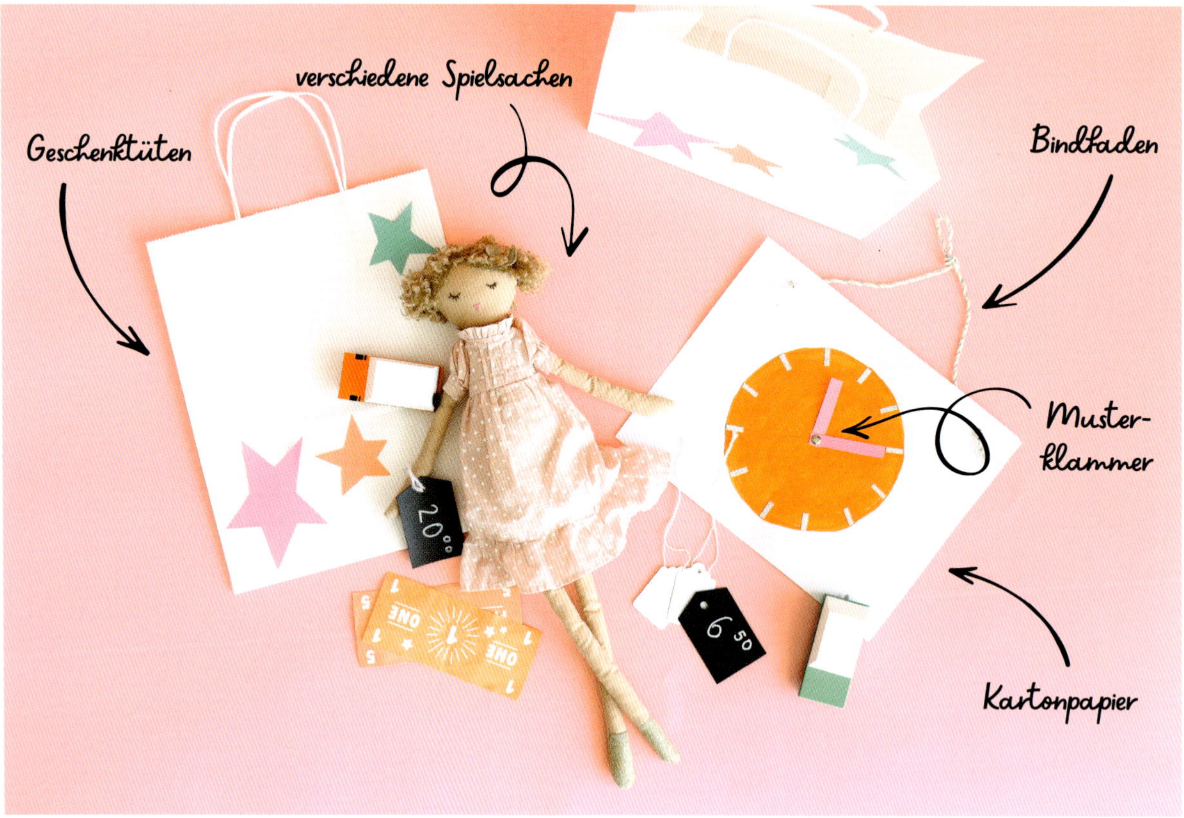

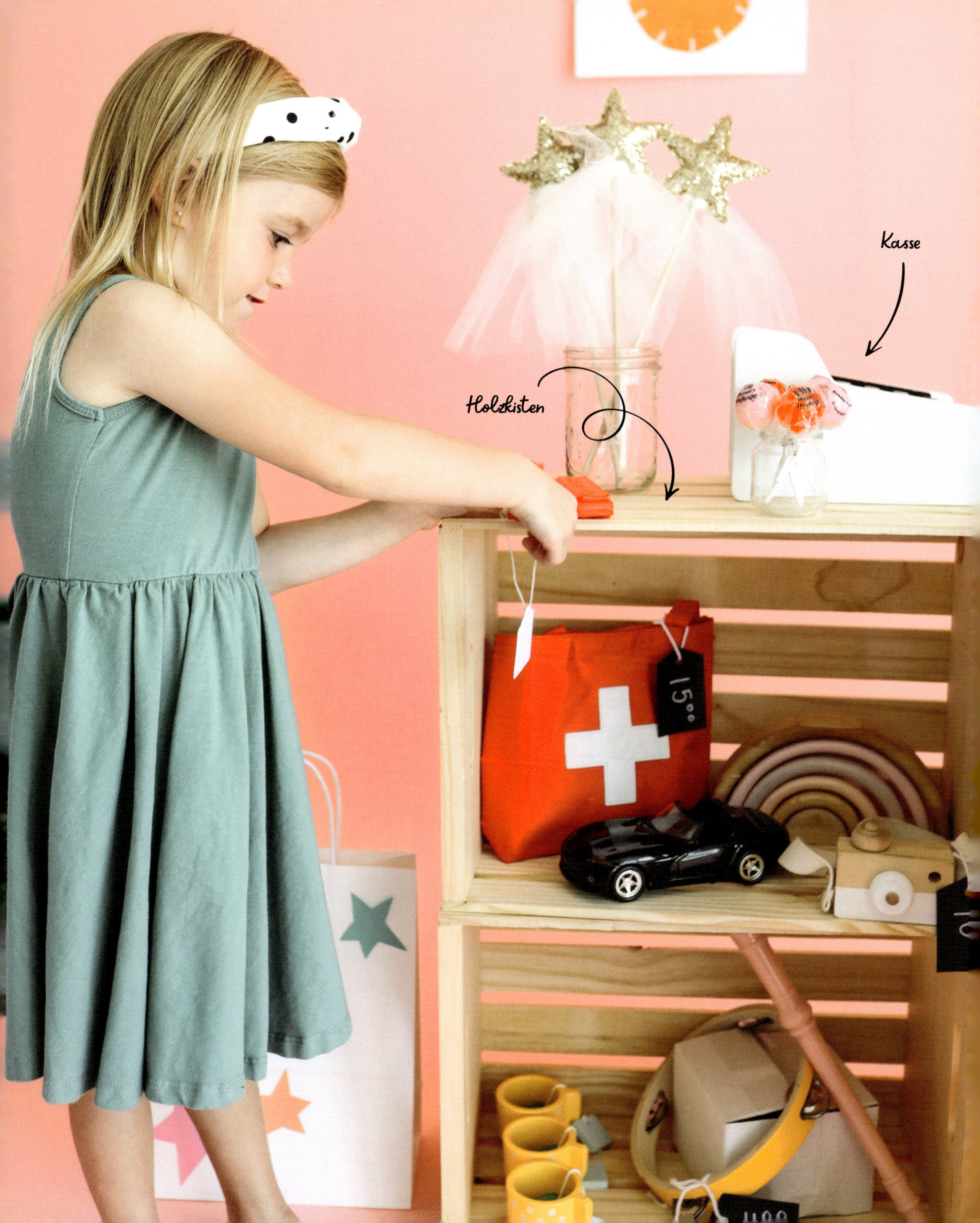
Kasse
Holzkisten
15°°

DIE KULISSE GESTALTEN

IM SPIELWARENGESCHÄFT

Der Laden benötigt Regale mit Spielsachen, eine Theke, an der der Kassierer oder die Kassiererin die Spielsachen verkaufen kann, und eine Geschenkverpackungsstation.

- Staple Holzkisten übereinander und befülle sie mit Spielsachen.
- Jedes Spielzeug erhält ein Preisschild, das du mit einem Stück Bindfaden befestigst. Du kannst auch Klebepunkte verwenden.
- Stelle eine Kasse oben auf die Kisten und lege ein paar leere Geschenktüten dazu, die die Kunden sich beim Bezahlen nehmen können.

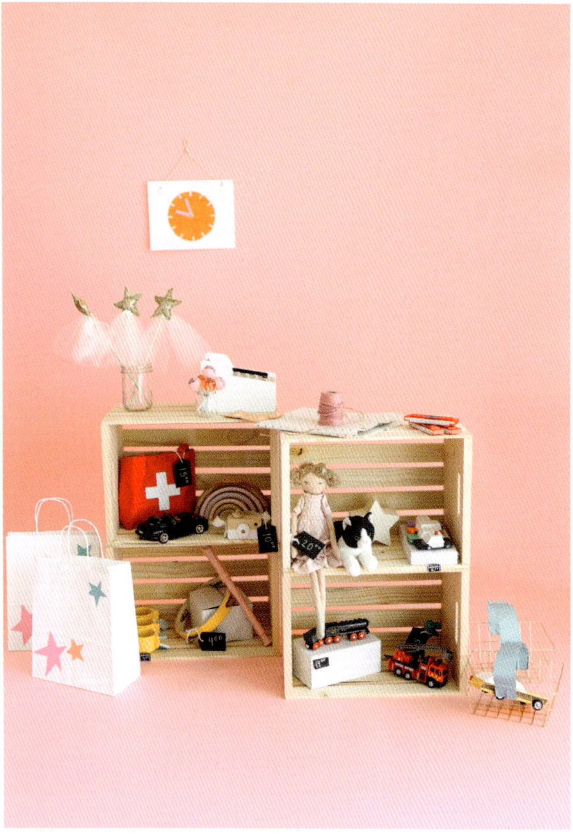

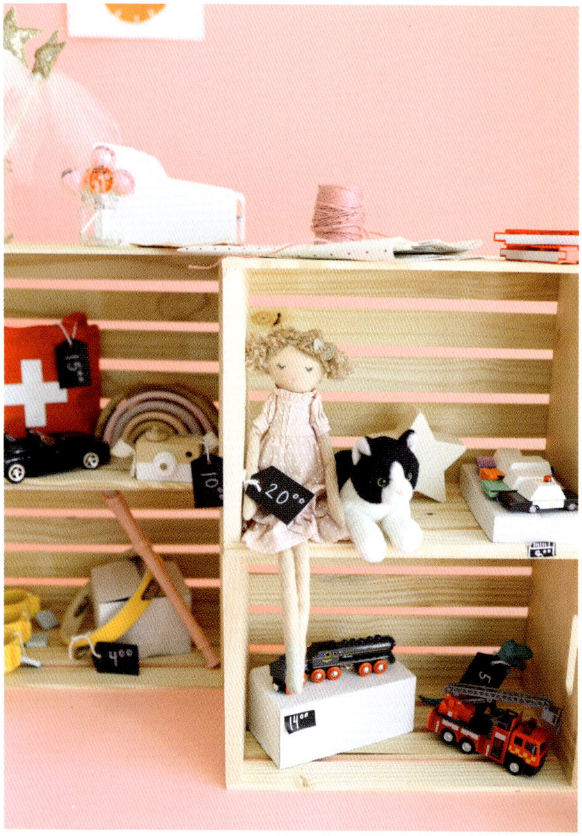

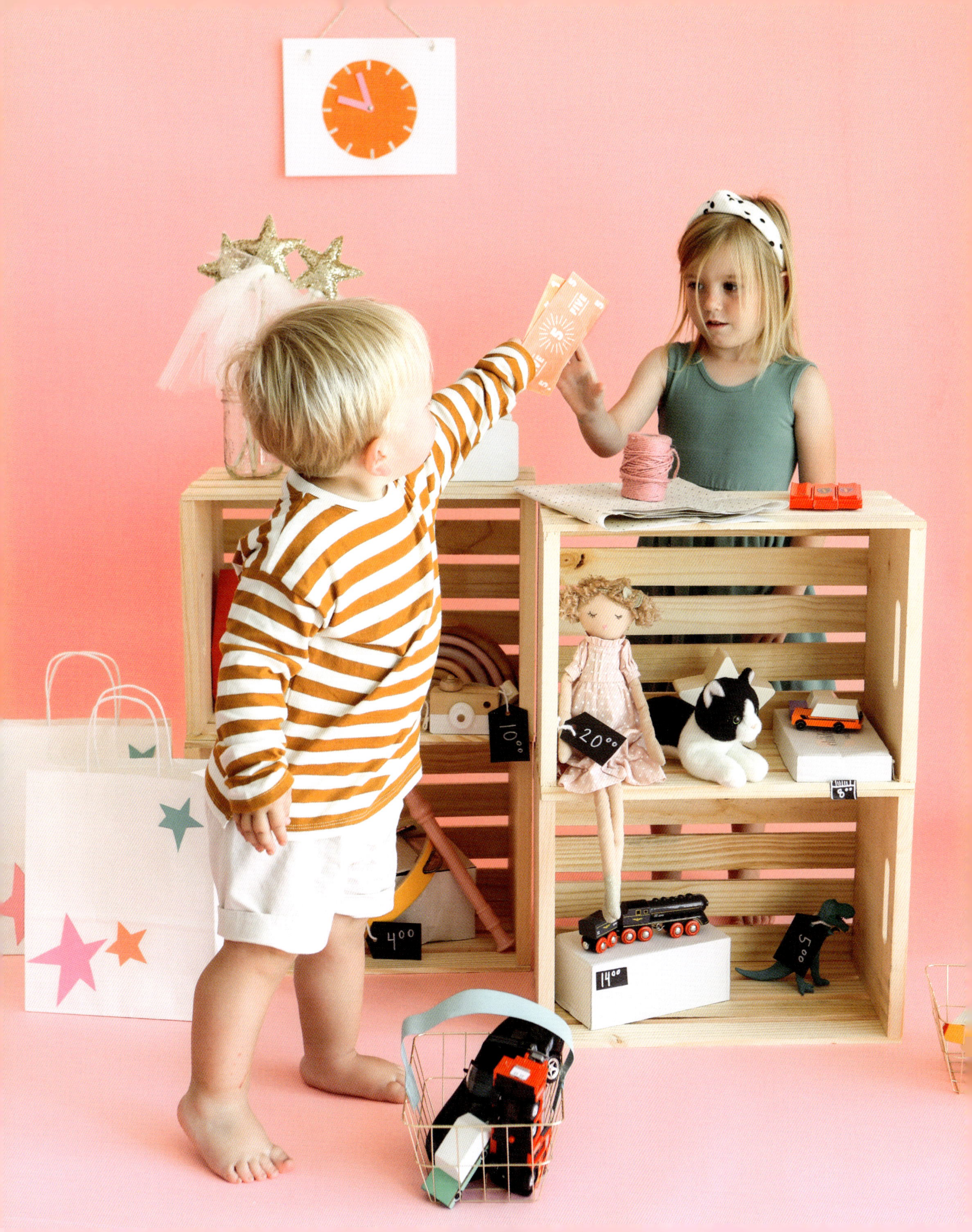
10^{00}
20^{00}
8^{00}
4^{00}
14^{00}
5^{00}

KASSENBELEGE SCHREIBEN

Wenn wir den Kassenzettel bekommen, ist das meistens der Abschluss unseres Einkaufs, und diesen zu gestalten, bereichert diese Spielwelt auf wunderbare Weise. Oft möchten Kinder, wenn man Schreiben sinnvoll und selbstverständlich in Spielsituationen integriert, schon vor der Einschulung schreiben lernen. Es ist wichtig, dass sie lernen, Buchstaben und Zahlen korrekt zu schreiben, aber das ist oft sehr anstrengend und das Ergebnis ist entweder richtig oder falsch, was Kinder, die alles richtig machen wollen, einschüchtert. Beim Belege-Schreiben liegt der Fokus auf dem Spiel, nicht darauf, ob die Zahlen richtig geschrieben sind. Das nimmt Druck raus, und trotzdem beschäftigen die Kinder sich damit.

1. Bastle eine Belegrolle. Nimm eine Klopapierrolle und einen langen Papierstreifen, der etwas schmaler ist als die Rolle.
2. Klebe das Ende des Papiers an der Rolle fest und wickle es um die Rolle, bis es komplett aufgewickelt ist.
3. Stecke die Rolle auf einen Papierstrohhalm, den du an den Seiten etwas knickst, oder auf einen Pfeifenputzer, und klebe die Enden mit Klebeband fest. So bleibt die Rolle an Ort und Stelle, kann aber gedreht und abgerollt werden.
4. Lege einen Stift oder Marker dazu und lass dein Kind die Preise der Spielsachen, die die Kunden kaufen, auf das Papier schreiben.

Erweitere das Spiel: **Größere Kinder können die Preise zum Gesamtpreis addieren. Du kannst auch einen Taschenrechner zur Verfügung stellen, dann können die Kleinen spielerisch die Zahlen üben.**

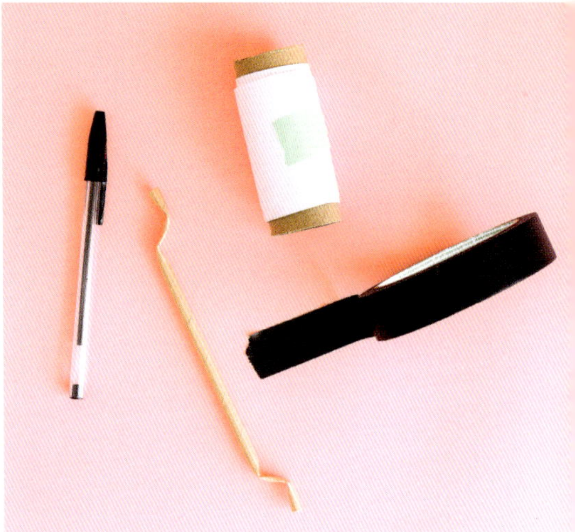

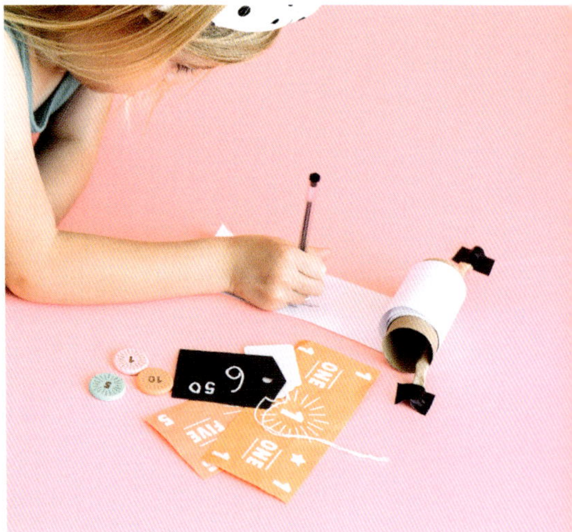

Erwachsenen-Tipp: **Du kannst Kassenrollen im Bürobedarf kaufen, aber die sind oft 30 m lang und damit sehr unhandlich für Kinder. Ein ordentlicher Streifen von einer Rolle, den man um die Klopapierrolle wickelt, ist besser geeignet. Es sollte normales Papier sein, darauf kann man besser schreiben, kein Thermopapier. Oder schneide einfach ein paar Blätter normales weißes Papier in Streifen und klebe sie aneinander.**

EINEN EINKAUFSKORB BASTELN

Deine Kunden brauchen etwas, in das sie ihre Dinge legen können, während sie durch den Spielwarenladen gehen. Dafür sind diese Körbe perfekt. Oft sind es die kleinen Details, wie ein Einkaufskorb, durch die sich eine Spielwelt echt anfühlt.

1. Nimm einen kleinen Drahtkorb und ein langes Stück Duct Tape. Klebe das Stück in der Mitte zusammen, sodass die Klebeseite nach innen zeigt.
2. Befestige den Griff mit etwas zusätzlichem Tape oben am Korb. Wenn nötig, kannst du einen zweiten Griff anbringen, je nachdem, wie groß der Korb ist.

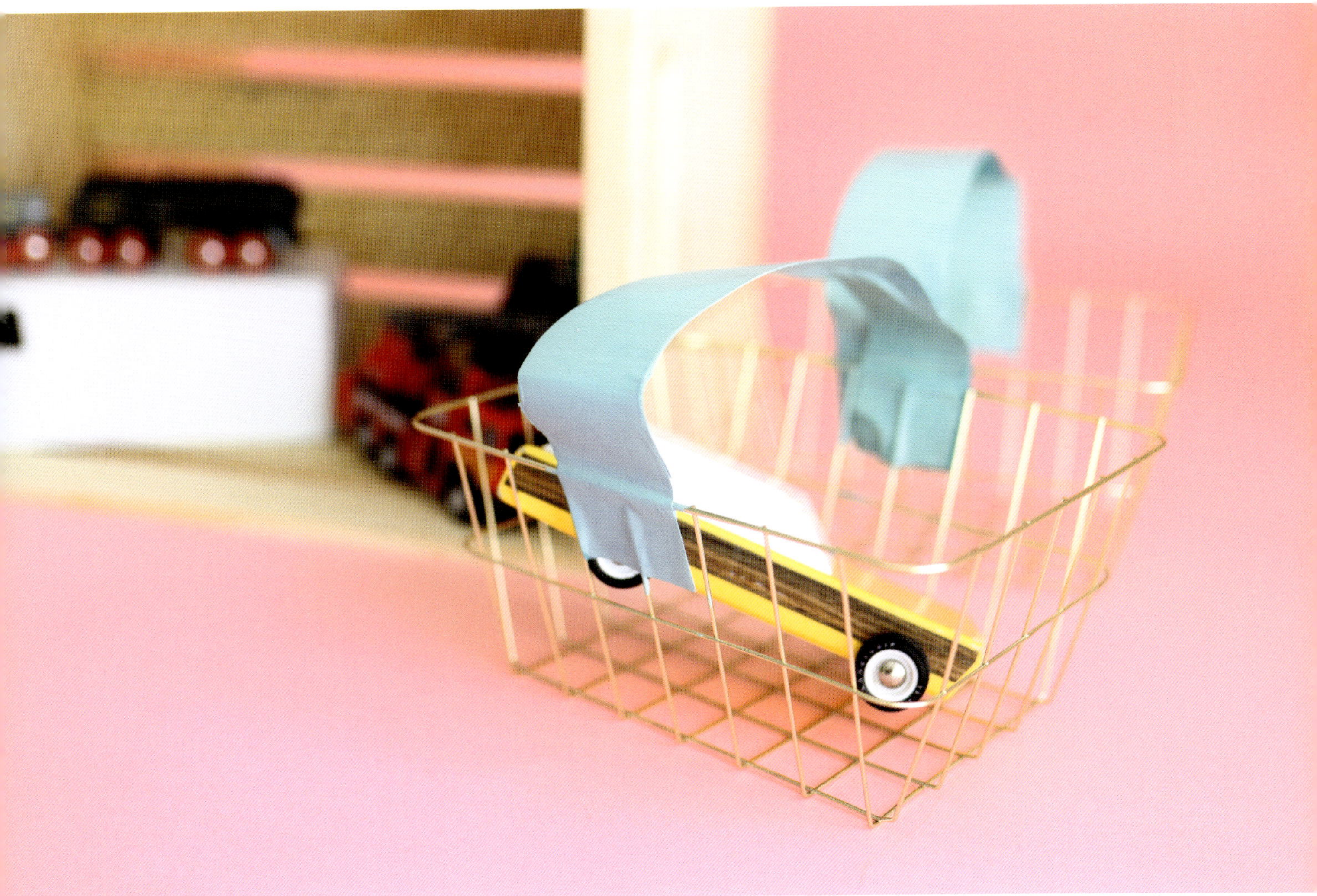

EINE GESCHENKVERPACKSTATION AUFBAUEN

Zum Einkaufserlebnis kommt ein weiteres Element dazu! Und das kann kleineren Kindern helfen, zu verstehen, wie das Schenken funktioniert; zum Beispiel sind sie oft verwirrt, wenn größere Geschwister an ihrem Geburtstag Geschenke bekommen und sie selbst nicht. Dieser Wechsel, nicht darüber nachzudenken, was man sich selbst wünscht, sondern was man anderen schenkt, kann für die Kleineren schwierig sein, weil sie noch keine Übung darin haben, die Dinge aus einem anderen Blickwinkel zu betrachten. Diese Aktivität fördert genau diesen Perspektivwechsel.

1. Sammle verschiedene Verpackungsmaterialien wie Geschenkpapier, Bänder, Klebeband, Schleifen und Geschenktüten zusammen. Du kannst Reste verwenden, die du übrig hast, oder neue Sachen kaufen.
2. Schneide das Geschenkpapier in unterschiedlich große Rechtecke. Du kannst auch das Band in verschiedenen Längen vorschneiden, wenn du magst.
3. Lege die Dinge in eine Box oder Kiste und lass dein Kind damit die Spielsachen aus dem Laden verpacken.
4. Du kannst deinem Kind auch schlichte weiße Papiertüten zum Verzieren geben; ältere Kinder haben vielleicht Lust, ein Logo für ihren Laden zu gestalten!

Erwachsenen-Tipp: Wenn dein Kind sich mit dem Geschenkband schwertut, kannst du drahtverstärktes nehmen. Achte aber darauf, dass die Enden zugeklebt sind, damit der Draht ihm nicht wehtut.

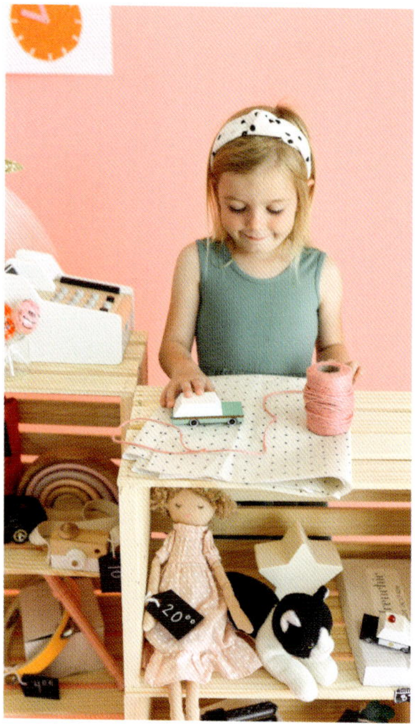

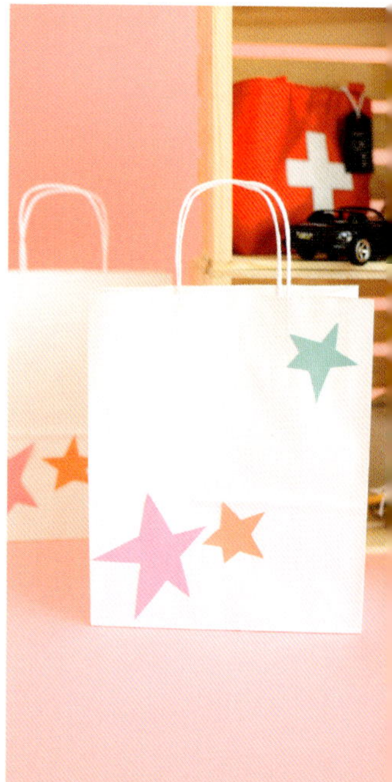

Erweitere das Spiel: Dein Kind kann auch sein eigenes Geschenkpapier herstellen, indem es auf Kraftpapier malt oder zeichnet. Wenn es getrocknet ist, ist es stabil genug und kann mehrfach zum Verpacken verwendet werden.

ÖFFNUNGS- UND SCHLIESSZEITEN EINSTELLEN

Interaktive Schilder sind immer perfekt für Spielwelten geeignet, und bei diesem hier kommt dein Kind mit einer analogen Uhr in Berührung, was heutzutage gar nicht mehr so oft vorkommt. Wir haben nur die Uhr verwendet, aber du kannst auch ein weiteres Element einbauen, auf dem die Tage und Öffnungszeiten genannt werden.

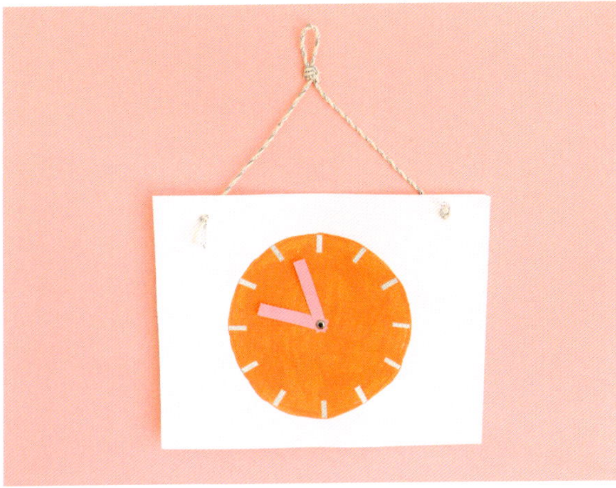

1. Male einen großen Kreis in die Mitte eines Stücks Kartonpapier. Klebe zwölf kleine Stücke Washi Tape um den Rand des Kreises, um die Stunden zu markieren.
2. Schneide zwei Stücke Tonpapier aus, die etwas kürzer sind als der Radius des Ziffernblattes. Mach ein Loch an ein Ende jedes Stücks. Befestige sie mit einer Musterklammer in der Mitte des Ziffernblattes.
3. Mach Löcher in die oberen Ecken des Kartonpapiers und fädle einen Bindfaden ein, sodass die Uhr aufgehängt werden kann.
4. Dein Kind kann die Zeiger der Uhr bewegen, um zu zeigen, wann das Geschäft geöffnet und geschlossen ist.

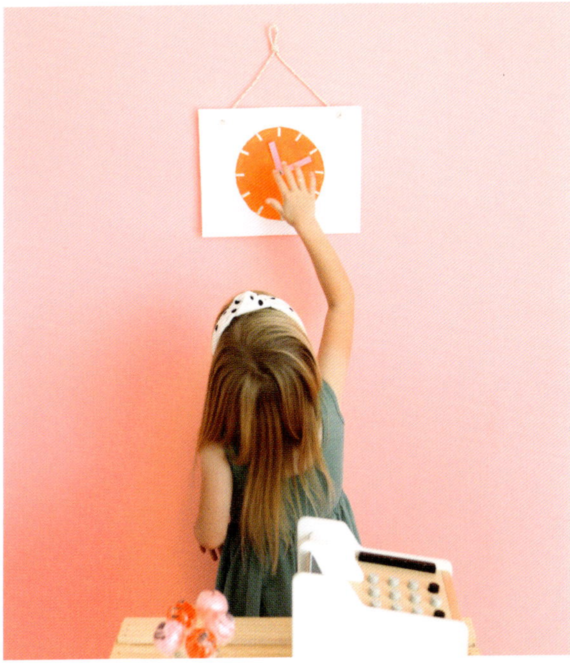

Altersgerechte Anpassung: Größere Kinder können mit der Uhr üben, die Uhrzeit einzustellen. Es kann hilfreich sein, die beiden Zeiger aus verschiedenen Farben herzustellen, um den Stunden- und den Minutenzeiger voneinander unterscheiden zu können.

Erwachsenen-Tipp: Wenn deinem Kind diese Aktivität gefällt, benutze die Uhr doch auch in anderen Spielwelten!

Dank

Ein herzliches Dankeschön an all diejenigen, die uns dabei unterstützt haben, unseren Traum, ein Buch zu schreiben, wahr werden zu lassen.

An unsere Ehemänner: JD, Austin und Tre – ohne eure unermüdliche Unterstützung wäre das nicht möglich gewesen. Ihr habt die Kids betreut, wenn wir geschrieben und gebastelt haben, ihr habt uns vor jeder bevorstehenden Deadline aufgemuntert, ihr habt uns zur Seite gestanden, auch als wir überall zu Hause unsere Bastelmaterialien ausgebreitet haben. Danke, dass ihr den Glitzer »toleriert« habt.

An unsere Kinder: Brody, Isla, Luca, Piper, Flora, Alice und Zooey – ihr wart für jede Aktivität, die wir je kreiert haben, unsere Inspiration. Eure Bereitschaft, für jede Spielszene und Aktivität unsere »Testpiloten« zu sein, hat dazu beigetragen, auch so vielen anderen Familien Freude zu bereiten. Ihr seid unsere Motivation, weiterhin hart zu arbeiten. Ihr seid der Zauber in unserem Leben.

An unsere Eltern: Danke dafür, dass ihr unsere Kindheit verzaubert habt. Ihr habt uns beigebracht, wie wichtig es ist, zu spielen, und unsere kreativen Gene und unsere Leidenschaft angeregt, die wir bis ins Erwachsenenalter bewahrt haben.

An unser Magic-Playbook-Team: Brittany, Danielle, Brooke, Ashley und JD – eure Hingabe und all die Arbeit hinter den Kulissen, die ihr reingesteckt habt, um Magic Playbook während unserer über ein Jahr dauernden Arbeit an diesem Buch weiterzubetreiben, wissen wir zu schätzen. Ohne euch wäre das nicht möglich gewesen.

An unsere Magic-Playbook-Community: Egal, ob ihr auf der Suche nach Ideen auf unserer Seite wart, mit Freunden über Magic Playbook gesprochen habt, es abonniert habt, etwas aus unserem Shop gekauft habt, zufällig über uns gestolpert seid oder uns vom ersten Tag an angefeuert habt, ihr motiviert uns dazu, weiterzumachen. Durch euch macht unsere Arbeit Sinn und wir können euch nicht genug danken.

An die, die dieses Buch zum Leben erweckt haben: Jonathan Simcosky bei Quarto, von Anfang an haben Sie an unsere Ideen und Visionen für dieses Buch geglaubt. Danke für Ihren Support bei jedem einzelnen Schritt. Raven Vasquez, es hätte keinen besseren Fotografen für den Zauber des Spielens geben können. Ihr Auge für Blickwinkel und die Art, wie Sie ganz selbstverständlich mit Kindern gearbeitet haben, um diese wunderschönen Bilder einzufangen, haben dem Buch Leben eingehaucht. Brittany Abney, unsere unglaubliche Grafikerin bei Magic Playbook, danke für deine nie endende Unterstützung und Bereitschaft, bei allem zu helfen, egal, ob es um Nachbildungen oder Kritzeleien im Buch ging. Du hast ein tolles Auge für Gestaltung und Farbe und verstehst unsere Marke genau. Danke, dass du deine unermüdliche Kreativität mit uns teilst; deine Ideen begeistern uns immer wieder. Wir sind froh, dich in unserem Team zu haben. Und unsere tollen Models Bree, Dawson, Zen, Aria, Lane, Jrew, Lia, Hatley, Silas, Michael und Charleigh: Danke, dass wir euer Lächeln und eure Freude beim Spielen einfangen durften.

Ein riesengroßes Dankeschön,
Caitlin, Mandy und Emma

Über die Autorinnen

Caitlin Kruse und Mandy Roberson sind Mitbegründerinnen von *Magic Playbook*, einem monatlichen, digitalen Activity-Abo für Kinder. *Magic Playbook* eignet sich für Zwei- bis Sechsjährige und bietet Eltern und Kinderbetreuer*innen im Wechsel der Jahreszeiten Anregungen, die Momente im Alltag zu etwas Besonderem zu machen. In mehr als einem Jahrzehnt seit den Anfängen haben Caitlin und Mandy Tausende Eltern und Betreuer*innen mit ihren Bastel- und Aktivitätsideen inspiriert. Sie möchten die Vorstellungskraft von Kindern fördern und haben auch zahlreiche Artikel und Spielsachen für *Magic Playbook* entwickelt, die Spielwelten zu vielen Menschen auf der ganzen Welt nach Hause bringen.

Emma Johnson kam als Expertin für frühkindliche Entwicklung kurz nach der Markengründung dazu und wurde schnell ein festes Teammitglied. Sie hat einen Abschluss von der Portland State University in Frühkindlicher Erziehung mit Spezialisierung auf mentale Gesundheit von Babys und Kleinkindern und arbeitet seit zehn Jahren mit kleinen Kindern. Ihr Input trägt zum Grundstein für lebenslanges Lernen Tausender Kinder bei. Caitlin, Mandy und Emma haben eine gemeinsame Passion, einfache Aktivitäten und Spielwelten zu allen Kindern nach Hause zu bringen. Sie hoffen, dieses Buch inspiriert euch und eure Kinder zu tollen Spielnachmittagen, die Groß und Klein Spaß machen!

Magicplaybook.com
@themagicplaybook

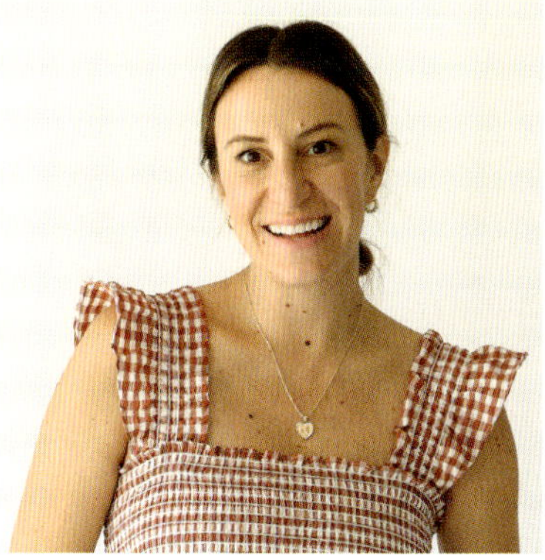

CAITLIN KRUSE

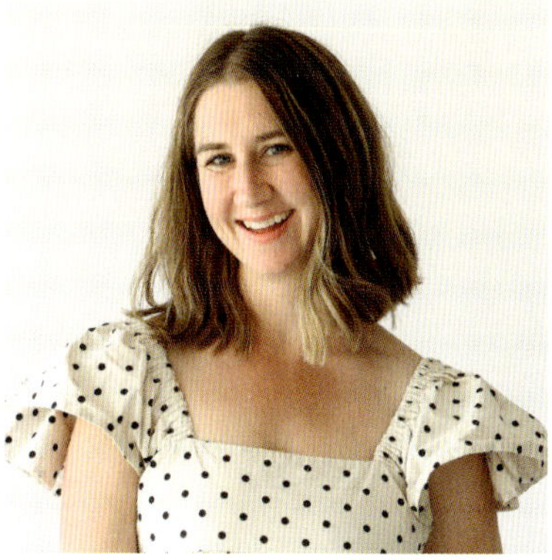

MANDY ROBERSON

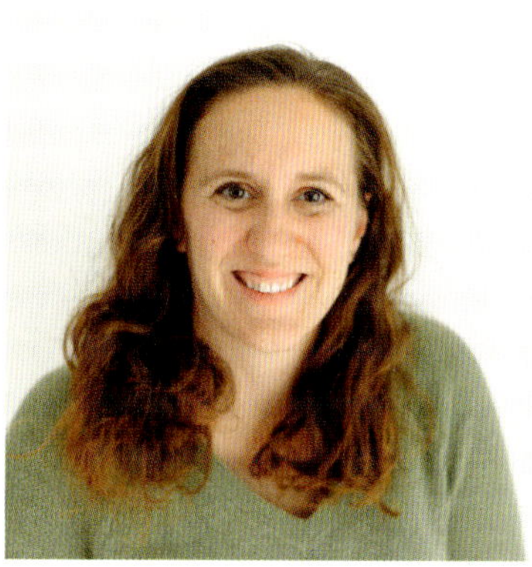

EMMA JOHNSON

Stichwortverzeichnis